变 革 之 路
——美军装备采办管理重大改革与决策

赵超阳　谢冰峰　王　磊

魏俊峰　刘文平　李宇华　编著

国防工业出版社

·北京·

内 容 简 介

美军世界一流的武器装备产生于其庞大而复杂的国防采办系统。本书聚焦于美军装备采办管理,从历史视角介绍了采办管理重大改革与决策问题。共分三部分,第一部分主要介绍美军装备采办管理概要,分为美军领导管理体制、美军装备采办管理和美军装备采办管理改革,从宏观视角勾勒美军装备采办管理的体制背景、地位作用、主要构成以及采办管理改革的总体情况。第二部分主要对需求生成机制、规划计划预算系统、项目管理制度、装备采办法规、重要采办管理机构、基于效率与效益的采办管理等重大改革进行介绍,分别阐述其产生、发展、变化及现状。第三部分主要从决策体系、决策过程、影响因素和决策影响四个方面对装备采办管理改革情况进行概括归纳,以把握理解美军装备采办管理的决策规律。

图书在版编目(CIP)数据

变革之路:美军装备采办管理重大改革与决策/赵超阳等编著.—北京:国防工业出版社,2014.10(2015.11 重印)
ISBN 978-7-118-09753-5

Ⅰ.①变… Ⅱ.①赵… Ⅲ.①武器装备管理－美国 Ⅳ.①E712.447

中国版本图书馆 CIP 数据核字(2014)第 231335 号

※

*国防工业出版社*出版发行

(北京市海淀区紫竹院南路23号 邮政编码100048)
北京京华虎彩印刷有限公司印刷
新华书店经售
*
开本 710×960 1/16 印张 16 字数 212 千字
2015 年 11 月第 1 版第 2 次印刷 印数 2001—3501 册 定价 39.90 元

(本书如有印装错误,我社负责调换)

国防书店:(010)88540777 发行邮购:(010)88540776
发行传真:(010)88540755 发行业务:(010)88540717

前　　言

美国无疑是世界头号军事强国。谈到美军,耳熟能详的便是美军的武器装备,如战力强悍的 M1A1 坦克,带有电磁弹射的"福特号"航空母舰,性能卓越的 F-22 第五代战斗机。即便如此,美军仍大力发展军事技术和武器装备,如 X-47B 舰载无人机多次在航空母舰上成功起降,X-37B 轨道试验飞行器长时间在空间进行秘密飞行试验,前两次分别在轨飞行 224 天、469 天,第三次飞行已历时 22 个月并于本月中旬返回地球,而且,每一次任务都讳莫如深。

正是这些武器装备,支撑了美军强大的战斗力。而这些精良的武器装备之所以能够产生,则源于美军庞大而复杂的采办系统。对一般读者来说,采购一词可能更为熟悉,采办则相对较为陌生。按照美国《国防采办管理概论》的解释,采购(procurement)的含义是"为政府购买物品和劳务的行动",属于采办的一部分。采办(acquisition)工作包括"科研(研究、发展、试验与鉴定)、生产、采购和使用与保障",涉及范围更广。具体来说,武器装备采办包括需求确定、方案提出、计划制定、设计、研制、试验、合同订立、生产、合同履行、部署、保障、改进及报废处理等活动,涵括武器装备全寿命管理过程。

美军装备采办有"大采办"与"小采办"之分。其中,大采办包括装备需求生成、规划计划与预算论证以及装备采办实施过程等内容,涵盖了装备采办相关的所有事项;小采办主要指装备采办实施过程,即装备规划计划与预算下达后的技术开发、研制生产和维修保障等全寿命过程。美军装备采办管理系统就像一部庞大、高效的机器,源源不断地催生出令世界为之侧目、惊叹的军事技术和武器装备。

当今世界,能够生产一流武器装备的美军采办管理系统无疑是先进的,但形成目前的采办体制机制以及政策法规,却经历了一个改革、发展、演进的过程,而且这个过程非常复杂和漫长。仅从 1947 年设立国家军事部(国防部前身),到 1986 年形成基本稳定、有效的国防部体制,美军就走了近 40 年。由于美国较为特殊的政治构架,美军装备采办管理改革并非想象地那么简单和顺利,其推进决策的过程也相当艰难和曲折。如美国前国防部长佩里在 20 世纪 70 年代任职国防部采办主管时,就曾立志进行商业化采办改革,并为此绘就了宏伟的改革蓝图。但真正实施他的想法,却要等到 20 世纪 90 年代就任国防部副部长直至部长时,他才有机会大规模推进改革。改革是美军的常态,改革也一直贯穿在美军装备采办管理发展历程之中,特别是从美国国防部成立以来,规划计划预算系统的引入与演进,装备需求生成机制的建立与嬗变,以及采办系统的运行过程、采办重要机构、众多采办政策法规等都进行了不断地迭代与变化,正是这些过程塑造了我们今天看到的美军装备采办管理现状。作为美国国防管理的重要组成部分,装备采办管理的历史发展具有其合目的性,也有其合规律性,而且在装备采办这个少了意识形态渲染的领域,某种内在逻辑或规律性的力量逐渐在历史的过程中显现出来,为我们深入学习、研究美军的做法提供了参考和依据,这也是我们筹划和撰写本书的一个主要考虑。

在搜集、翻译和整理大量文献材料的基础上,本书对美军装备采办管理改革与决策问题进行了较为深入地梳理和研究,全书分为三大部分共十三章。第一部分主要介绍美军装备采办管理概要情况,分为美军领导管理体制、美军装备采办管理、美军装备采办管理改革三章,从宏观视角勾勒美军装备采办管理的体制背景、地位作用、主要构成以及采办管理改革的总体情况,其中第一章第一节专门从美国宪法视角切入论述,想借用贯穿其中的美国宪政设计精髓思想来把握美军领导管理体制以及采办管理体制的构建之要。第二部分主要对美军装备采办管理重大改革进行简要介绍,选取需求生成机制、规划计划预算系统、项目管理制度、装备采办法规、重要采办管理机构、基于效率与效益的采办管理改革等重大改革领域,分别阐述其产生、发展、变化及现状,每个领域各成一章,而且每一章也相对较为独立。因此,从第四章至第九章,读者可以挑选或者跳跃进行阅读。第三部分主要是美军装备采办管理重大改革的决策分析,通过对装备采办管理改革情况进行概括归纳,分为决策体系、决策过程、影响因素和决策影响四章,力求把美军装备采办管理改革十分复杂的决策过程化繁为简进行介绍,以进一步把握理解美军装备采办管理的决策规律。

写作过程中,中国社会科学院美国研究所樊吉社研究员给予了热情指导,中国国防科技信息中心军控研究部邹云华研究员在繁忙的工作之余接受了我们的访问,并以其与美国前国防部长佩里的良好友谊,为我们提供了许多珍贵资料。中国国防科技信息中心刘林山、赵广志、吕彬、真臻、赵相安、李德顺、张代平、张玉华、程享明、李洁等领导和专家给予了大力支持。作者单位在美军装备采办管理研究方面成果丰富,张连超老师所著的《美军高技术项目管理》、赵澄谋老师主编的《外军武器装备采办管理》等书籍以及大量的研究报告,让本书的写作始终得益于这些丰厚的知识积淀和学术滋养。同时,我们还收集研读了许多资料,学习借鉴了国内外相关专家学者的研究成果,在此表示衷心感谢。周静、周磊、齐卓砾、王阳、许儒红、张永刚、曾昊、田志锋、蔡超、易利华等同事为本书出版提供了很多帮助,国防工业出版社田秀岩编辑为本书出版多方协调、不厌其累,我们也在此表达谢意。

本书由赵超阳策划,赵超阳、谢冰峰、王磊、魏俊峰、刘文平、李宇华具体撰写,各章分工如下:第一章(刘文平、赵超阳)、第二章(刘文平)、第三章

（赵超阳）、第四章（王磊）、第五章（李宇华）、第六章（魏俊峰）、第七章（魏俊峰、刘文平）、第八章（王磊）、第九章（魏俊峰）、第十章（赵超阳、谢冰峰）、第十一章（谢冰峰）、第十二章（赵超阳）、第十三章（谢冰峰）。赵超阳、魏俊峰最后统稿。

为了让读者能够进一步了解美军装备采办管理相关历史与现状，我们结合书中有关章节的内容，把美国宪法相关军事条款，涉及美国防部长及采办、技术、后勤副国防部长的指令和历史情况等资料，专门进行了翻译，作为附录，供大家参考。本书作者和董齐光、张成鲁、詹鸣、李维等同事参与了翻译校对，张代平、周开郅、任海燕、邹辉、张萌等专家为译稿校核付出了辛勤劳动。

因时间仓促，本书疏失之处，敬请各位读者批评指正。

编　者
2014 年 10 月

目　　录

第一部分　美军装备采办管理概况

武器采办过程和采购过程是极其复杂的技术问题和管理问题。这些问题犹如工程设计一样，对重大的高技术武器系统的研制与生产的成败，具有举足轻重的作用。（引自 1993 年美国布拉西出版公司出版的《国际军事与防务百科全书》词条 Technology Acquisition and Development）

本部分主要介绍美军装备采办管理概要情况，分为美军领导管理体制、美军装备采办管理、美军装备采办管理改革三章，从宏观视角勾勒美军装备采办管理的体制背景、地位作用、主要构成以及采办管理改革的总体情况。

第一章　美军领导管理体制

美国是世界头号军事强国,建立了特色鲜明的"文官治军"与"军政与军令相对分离"的军队领导管理体制,联合作战指挥体系简洁高效,军队建设管理部门专业性强,其做法经验常为世界所关注。认识美军的领导管理体制是深入理解美军装备采办管理的前提。本章从美国宪法的产生开始,探寻基因,介绍现状,以期能够为更好地理解美军装备采办管理改革与决策奠定基础。

第一节　美国宪法视角下的美军领导管理体制

美军无疑是世界上实力最强的军队,究其原因,重要的是美军富有特色的领导管理体制。而深刻理解美军的领导管理体制,离不开美国宪法所规约形成的精神和传统,特别是宪法形成过程中对军事问题的辩论和共识。美国宪法作为美国的根本大法,规定着美国的基本政治结构、国家组织的权力义务以及公民的基本权利,它对美国整个法律体系,包括军事法律、军事体制都有统摄作用。可以说,美军领导管理体制的形成、架构和运作都贯穿着美国宪法的精神和原则,今天的美军领导管理体制在美国宪法的形成及相关法律的流变中都能够找到源头和解释。

1607 年,英国在北美建立第一个殖民地。1733 年,北美这样的殖民地发展到 13 个。这些殖民地上的居民大都来自于英国,后来西班牙人、荷兰人等欧洲其他主要国家的人也加入其中,他们到新大陆追求自由而美好的生活,但是在开拓兴业的过程中与英国殖民统治者也发生了激烈的冲突,直到开始独立战争。1774 年 9 月,殖民地代表聚集在费城召开了第一届大陆会议,提出每个殖民地拥有自己的政府,并抵制英国对殖民地的统治。1775 年 5 月,召开了第二届大陆会议。1775 年 6 月 2 日,大陆会议创建军需部;6 月 14 日,大陆军诞生。1777 年 11 月 15 日,大陆会议通过了《邦联条例》(Articles of Confederation)。1781 年 3 月 1 日,这一条例经各州批准,正式生效,成为 13 个州的宪法性文件。但是,各州的权力非常大,军权基本上掌握在各州手中,邦联政府不能直接收税,没有足够的经费,临时组成的军队在维持上也捉襟见肘。

美国独立战争后,虽然国家获得了政治上的独立,但安全形势依然严峻。1786 年秋,由于农民生活恶化,参加过独立战争的退伍上尉谢斯在马萨诸塞州领导了农民起义,该年 12 月起义队伍达 10000 人,虽然最后被镇压,但影响很大,而且其他州也有这样的苗头。另外,印第安人在佐治亚州等地与白人冲突不断,西班牙和不甘心失败的英国也时常对新成立的美国进行威胁,在这种背景下,新的政治联合和制定共同宪法的制宪会议呼之欲出。

1787 年 5 月 25 日至 9 月 17 日,联邦制宪会议在费城召开。这一次会议产生的宪法被称为 1787 年美国《联邦宪法》,它是世界近代第一部成文宪法。在往后 200 多年里,又增加了 27 个修正案,我们现在一般所称的美国宪法是指 1787 年制定的宪法原本和后来的 27 个修正案。1787 年美国《联邦宪法》全文包括序言和 7 条正文,约 4500 字左右。虽然有 27 个修正案对 1787 年美国《联邦宪法》进行了部分改动,但其主体部分未变,绝大部分条文没有改动,基本的精神和原则未变,宪法最基本、最主要、足以影响整部宪法基本性质的部分从产生以来没有发生质的变化。而且,从 1789 年批准生效后至今,《联邦宪法》作为根本法的效力一直没有改变和中断。

制宪之时,美国刚刚经过独立战争的洗礼,且考虑当时的安全形势,军事问题在制宪过程中得到了高度的重视,后来在宪法文本中军事条款也居于重要的地位。美国宪法中与军事直接相关的条款主要有:第一条第八、九、十款,第二条第二、三、四款,以及第二、三、五、十四修正案。宪法正文中

第一条相关条款是对国会军事权力的授予,第二条相关条款是对总统军事权力的规定。第二、三、五、十四宪法修正案主要是关于州或民众在与军事相关的事务方面的权利。

理解这些简单的宪法条款所包含的深意,需要联系当时的情况,从制宪时的辩论背景说起。当时在讨论军事问题时,三权分立思想、英国军事制度和美国军事实践对军事条款的议定具有重要影响。建国时期的美国人在从欧洲向北美大陆移民时,也把欧洲著名学者约翰·洛克、孟德斯鸠等提出的三权分立的宪政理论和思想也传播到这片土地,并在宪法设计中很好地贯彻了权力分立制衡的思想。17 世纪,英国民兵制衰落,常备军兴起。1647年 8 月 6 日,时任独立派首领、"新模范军"统帅的奥利弗·克伦威尔带领军队进入伦敦清洗了国会,这不仅使英国人意识到常备军比单个国王还危险,也使美国制宪者认识到常备军可能会成为军事独裁的工具。美国军事实践表明,州的权力过大,国家在军事上难以应付当时的内外部安全威胁。

在近 4 个月的讨论中,制宪代表们对国家安全和军事问题进行了深入且针锋相对的激烈辩论,最后大都形成共识,并将其固化到具体的条款之中。这其中,最突出的特点是分权制衡和文官治军。

军事上的分权制衡是美国政治体系中分权制衡原则在军事领域的具体体现。由于联邦与州的纵向关系与装备采办关系不大,这里主要介绍国会和总统这种横向上的分权制衡。在分权上,国会享有立法权,可以通过规定和征税以及借款的方式,为国家共同防务提供经费支持,现在国会对国防预算进行授权和拨款就来源于此。"总统是合众国陆军、海军和征调为合众国服役的各州民兵的总司令"。在制衡上,主要是国会对总统的制衡权,所有有关军队和国防的重大事项均由国会立法决定;国会通过军事拨款来控制武装力量的建立、维持,包括装备采办经费;国会通过人事任命制约总统的军事权力,经总统提名的国防部长、军种部长等高官须经参议院审查批准才能任命;国会拥有宣战权(实际上,国会与总统在宣战问题上时常会发生矛盾)。

文官治军是分权制衡原则在军事领域的另一种延伸,是当今美军领导管理体制的基础。当时,英国的军事独裁让制宪者力求避免常备军的危险,由于常备军携带武器、有高度的纪律性,使得最高的指挥者拥有非常大的武力使用权,其威胁不言而喻,而且部分州也认识到这一问题,托马斯·杰斐逊就在他制定的《弗吉尼亚宪法》草案中明文规定了"应由文官指挥军队"。辩论中,制宪者梅森要求在有关条款中增加"为了有效保障人民的自由,不受和平时期常备军的危害。"但是,大多数代表认为这样"会把以军职为荣的公民弄得灰头土脸。"①最后,大家同意由文职的总统来担当陆海军总司令。为了让这一原则得到贯彻和保证,宪法规定,"总统本人必须是文官,由选民选出并由最高法院认可"。这样,总统行使军事权力,就要受到司法与民众的双重制约。

分权制衡和文官治军原则在宪法的影响下得到更进一步的落实。第二次世界大战后,美国在军事领导管理体制上进行了一系列大的改变。其中,1947 年《国家安全法》、1949 年《国家安全法修正案》、1958 年《国防部改组法》、1986 年《戈德华特—尼克尔斯国防部改组法》等几部重要法律,基本规范了国防部成立以来美军在领导管理上的体制安排,国防部统一领导陆海空三军,国防部长及其领导下的陆军部、海军部、空军部部长,都由文职人员担任。参谋长联席会议主席和各军种参谋长由军职人员担任,参谋长联席会议主席是总统、国家安全委员会和国防部长的军事顾问。全球划分为数个战区,联合作战司令部专司作战职能。这样,军事权被横向分割为军令权和军政权,用兵者不管养兵,养兵者不管用兵,两者相互牵制,军队职能的发挥始终在两种权力的交错齿合中进行。

从制宪时继承和发展而来的美军领导管理体制,在美军建设乃至美国的崛起中都发挥了重要的作用。不管是从美国建国开始,还是从 1947 年成立国防部以后进行观察,美军领导管理体制的发展既贯穿着恒一的美国政

---

① [美]麦迪逊著.《辩论:美国制宪会议记录》[M].尹宣,译.辽宁:辽宁教育出版社,2003:547.

治的精髓,也体现着时代变化所引发的弹性特征,而且,美军领导管理体制在对外保护美国利益和对内确保政局稳定发展上都具有不可替代的重要地位,其"玩火"又不"自焚"的现实值得认真分析和思考。

第二节　注重联合的美军作战指挥体制

目前,美国建立了军政系统(主管军队建设,即"养军者")与军令系统(主管作战指挥,即"用兵者")相对分离的军队领导指挥体制。总统兼任武装部队总司令,是三军最高统帅,通过国防部长及其办公厅经各军种部长对全军实施行政领导;通过国防部长经参谋长联席会议主席至各联合作战司令部对作战部队实施作战指挥。国家安全委员会是总统的国家安全决策咨询机构,就有关国家安全问题向总统提供决策咨询。该委员会由总统领导,成员包括副总统、国务卿、国防部长等。国会是最高立法机构,在军事活动中拥有立法与监督权,对总统的军事权进行限制。国会由众议院与参议院构成,两院分别设有武装部队委员会和拨款委员会等,负责军事立法、监督重大军事活动、审批国防预算等事项,批准对外宣战权。国防部是负责国防和军队建设的政府机构,下设国防部长办公厅、参谋长联席会议和军种部。

如图1.1所示,美军作战指挥体制(军令系统)通过"国防部长—参谋长联席会议—各联合作战司令部"进行作战指挥。由总统、国防部长、参谋长联席会议、各联合作战司令部、作战部队构成,主要分为三级指挥系统:国家级指挥系统、战区级指挥系统、战术级指挥系统。

国家级作战指挥系统,由总统、国防部长和参谋长联席会议、联合参谋部等领导和机构构成,主要负责指挥全球性大规模战争及核战争。总统和国防部长构成国家最高军事当局,拥有作战指挥权;参谋长联席会议是总统和国防部长的军事参谋机构,没有作战指挥权。参谋长联席会议是总统、国防部长和国家安全委员会的军事咨询机构,也负责向各联合作战司令部发布总统和国防部长的命令,由主席、副主席、陆军参谋长、海军作战部长、空

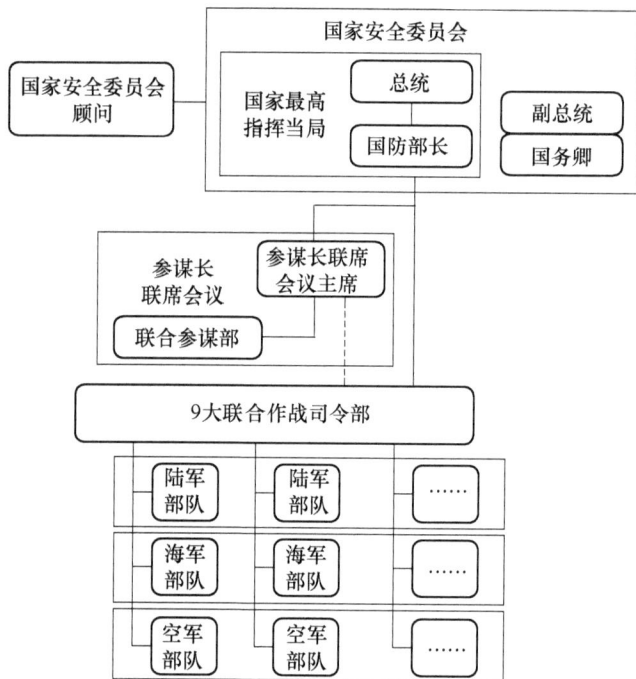

图 1.1　美军联合作战指挥体制

军参谋长、海军陆战队司令组成。联合参谋部是参谋长联席会议的常设机构,由参谋长联席会议主席领导,不具备指挥职能,其编制员额约 2000 人。联合参谋部下设 8 个职能部,其中:作战部(J3,部长为中将)直接负责作战行动,是各联合作战司令部与国家指挥当局联系的纽带;人力与人事部(J1,部长为准将)负责规划、管理和运用部队人力资源;情报部(J2,部长为少将)负责提供全源情报;后勤部(J4,部长为中将)负责后勤和装备保障;战略计划与政策部(J5,部长为中将)负责制定当前和未来军事战略、计划指南和政策;指挥、控制、通信与计算机系统部(J6,部长为中将)负责通信保障;作战计划与协调部(J7,部长为中将)负责部队的联合训练;部队结构/资源与评估部(J8,部长为中将)负责从作战资源上保障联合作战。

　　战区级指挥系统是指联合作战司令部(包括地区司令部和功能司令部两大类),负责按照总统和国防部长下达的命令对作战部队实施指挥。当前,美军共有 9 个联合作战司令部(原有 10 个联合司令部,2010 年撤销了一个功能司令部——联合部队司令部)。其中:6 个按地区设置,分别为非洲司令部、欧洲司令部、中央司令部、太平洋司令部、北方司令部、南方司令部;3个按职能设置,分别为战略司令部、特种作战司令部和运输司令部。各军种作战部队根据作战、训练任务,编入 9 大联合作战司令部。联合作战司令部司令拥有实施联合作战的全部权力,可以对整个战区下辖部队进行指挥调配,并根据作战任务建立二级联合部队及其司令部。例如,中央司令部负责美军在中东地区的一切军事行动。在 2003 年的伊拉克战争中,美军共投入4 个陆军师、6 支航母战斗群、18 个空军联队等隶属于不同战区的约 42.3 万兵力,战争中所有部队均接受中央司令部的统一指挥。职能司令部则负责履行某一职能或完成某一特定任务,在全球范围内开展行动。

战术级作战指挥系统,包括师、旅、营等各级军兵种部队指挥机构,负责对各军兵种部队实施战术控制。

按照美军正常的指挥流程,作战指令通常按照"总统→国防部长(经参谋长联席会议主席)→战区司令部→下级联合部队司令部→各级作战部队"的程序下达。总统和国防部长负责决策"打不打"、"何时打"等战略性问题,"如何打"则由战区司令部司令决定。伊拉克战争中,由布什和拉姆斯菲尔德组成的美国国家最高军事当局经参谋长联席会议主席迈尔斯向中央司令部提供战争目的、预期军事状态等宏观指导,而作战计划、兵力调拨、战争实施等具体作战事宜均由弗兰克斯将军领导的中央司令部(下辖 5 个军种部队司令部:中央司令部陆军司令部、中央司令部海军司令部、中央司令部空军司令部、中央司令部海军陆战队司令部、中央司令部特种作战司令部)完成。

不难看出,作战司令部是连接美国国家最高军事当局战略指导和作战部队具体行动的桥梁,可谓美军行军打仗的"中枢神经"。从国家角度出发,作战司令部是美军实现全球存在、全球作战的重要保证,是美国全球称霸的重要工具。

第三节　统分结合的美军建设管理体制

美军建设管理体制(军政系统)通过"国防部长—国防部长办公厅—各军种部"进行军政事务管理,主要由国防部长办公厅、军种部等构成。主要任务包括制定国防政策、国防预算、兵力规划,负责部队的行政管理、战备训练、武器装备采办等。

如图1.2所示,国防部长办公厅由1名部长、1名常务副部长、5名副部长(分别负责采办、技术与后勤,政策,财务与审计,情报,人事与战备)、14名助理部长[①]、1名法律总顾问、1名作战试验鉴定局局长和1名监察长等组成,主要负责武器装备采办、国际合作、财务与审计、人事、战备、立法、作战试验与鉴定等军政事务。下设17个直属业务局和10个直属专业机构,主要包括:

(1) 由负责政策的副部长领导的政策制定系列,包括国防安全合作局、战俘/战斗中失踪人员办公室、国防技术安全局。

(2) 由负责财务审计的副部长(兼审计长、首席财务官)领导的财务与审计系列,包括国防财会局和国防合同审计局。

(3) 由负责人事与战备的副部长(兼首席人力资源官)领导的人力与战备系列,包括国防给养局、教育局、人力资源局、医疗保健管理局。

(4) 由负责采办、技术与后勤的副部长领导的装备与后勤系列,包括国防高级研究计划局、导弹防御局、国防后勤局、国防威胁削减局、国防合同管理局、经济调整办公室、试验资源管理中心。

(5) 由负责情报的副部长领导的情报系列,包括国家安全局、国家地理空间情报局、国防情报局、国家侦察办公室、国防安全局、反间谍局。

---

① 目前,美国国防部设有14名助理国防部长,分别负责采办、亚太安全事务、全球战略事务、健康事务、本土防御与美洲安全事务、国际安全事务、法律事务、后勤与物资储备、核生化国防项目、作战能源规划计划、战备与部队管理、研究与工程、预备役部队、特别行动与小规模冲突。

（6）由负责网络与信息一体化的助理国防部长（兼首席信息官）领导的网络与信息一体化系列，包括国防信息系统局、美国武装部队信息局。

（7）由总法律顾问领导的法律事务系列，包括国防司法局。

（8）由行政与管理主任领导的行政管理系列，包括五角大楼部队保护局、华盛顿总部事务局。

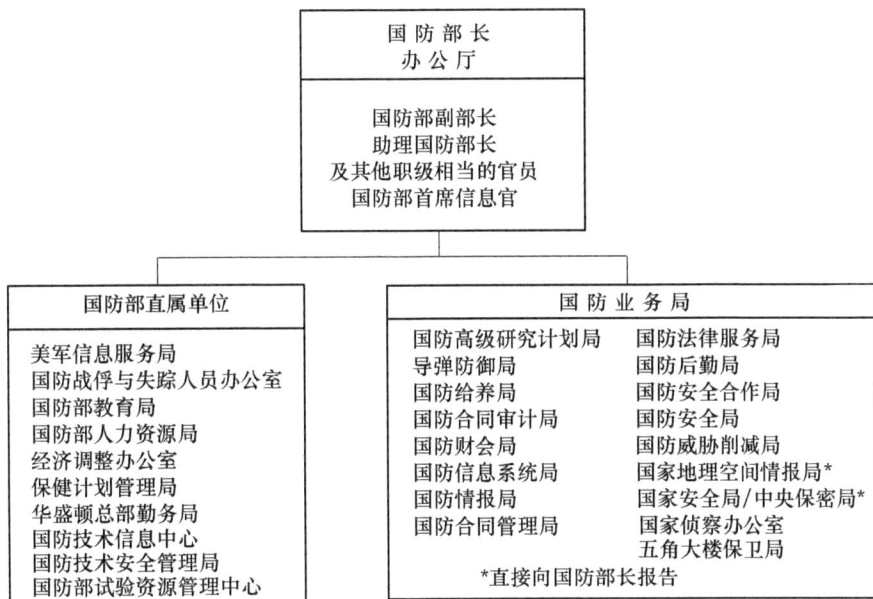

```
                    ┌─────────────────┐
                    │   国 防 部 长     │
                    │   办 公 厅       │
                    ├─────────────────┤
                    │  国防部副部长     │
                    │  助理国防部长     │
                    │ 及其他职级相当的官员│
                    │  国防部首席信息官  │
                    └─────────────────┘
```

国防部直属单位	国 防 业 务 局	
美军信息服务局	国防高级研究计划局	国防法律服务局
国防战俘与失踪人员办公室	导弹防御局	国防后勤局
国防部教育局	国防给养局	国防安全合作局
国防部人力资源局	国防合同审计局	国防安全局
经济调整办公室	国防财会局	国防威胁削减局
保健计划管理局	国防信息系统局	国家地理空间情报局*
华盛顿总部勤务局	国防情报局	国家安全局/中央保密局*
国防技术信息中心	国防合同管理局	国家侦察办公室
国防技术安全管理局		五角大楼保卫局
国防部试验资源管理中心	*直接向国防部长报告	

图 1.2　美国国防部办公厅组织机构

军种部包括陆军部、海军部、空军部，分别由部长办公厅、参谋部（海军为作战部）及其下属司令部和专业机构等组成，主要负责本军种建设事务。

陆军部由陆军部长领导（Mr. John McHugh，美国第 21 任陆军部长，文职，2009 年 9 月 21 日就职至今），主管陆军建设。如图 1.3 所示，陆军部主要由直属机构、部长公厅和参谋部等三部分机构组成。相关直属机构主要协助陆军部长管理各领域业务工作，部长办公厅主要负责人力资源、设施设备、采办、后勤等业务工作，参谋部主要负责平时陆军部队行政管理、军事训练、拟定作战和动员计划等，战时向各联合司令部提供作战部队。

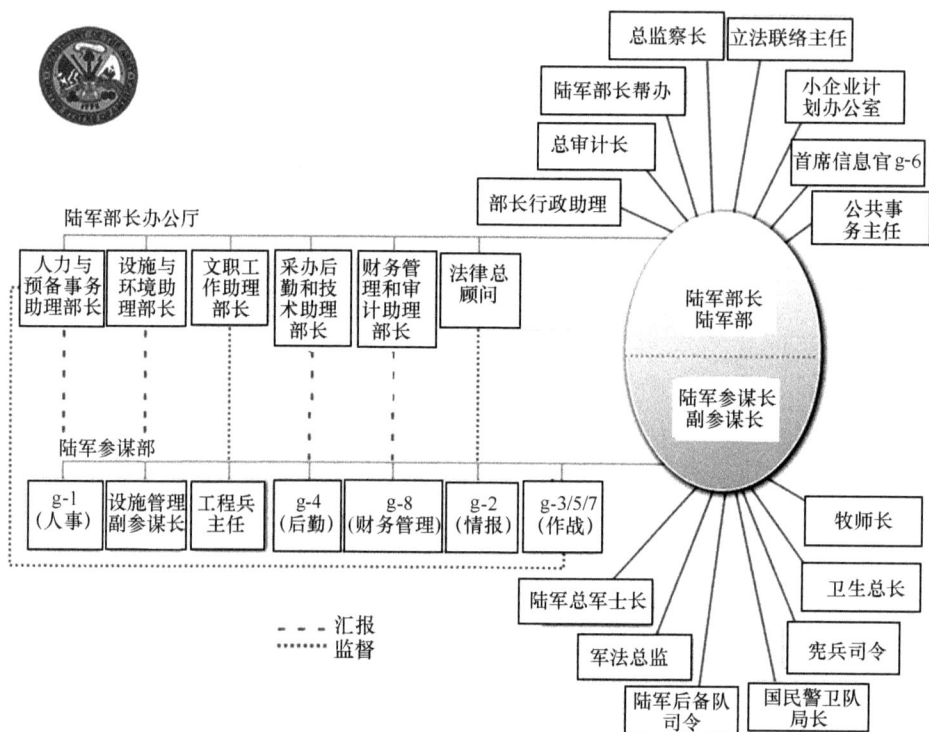

陆军部长办公厅

| 人力与预备事务助理部长 | 设施与环境助理部长 | 文职工作助理部长 | 采办后勤和技术助理部长 | 财务管理和审计助理部长 | 法律总顾问 |

陆军参谋部

| g-1（人事） | 设施管理副参谋长 | 工程兵主任 | g-4（后勤） | g-8（财务管理） | g-2（情报） | g-3/5/7（作战） |

总监察长　立法联络主任
陆军部长帮办　小企业计划办公室
总审计长　首席信息官g-6
部长行政助理　公共事务主任

陆军部长
陆军部

陆军参谋长
副参谋长

牧师长
卫生总长
宪兵司令
军法总监
陆军总军士长
陆军后备队司令　国民警卫队局长

- - - 汇报
······· 监督

图 1.3　陆军部组织机构图

海军部由海军部长领导（Mr. Ray Mabus，美国空军第 75 任部长，文职，2009 年 5 月 19 日就职至今），主管海军和海军陆战队建设。如图 1.4 所示，海军部主要由部长办公厅、作战部、海军陆战队司令部和海岸警卫队司令部等四部分机构组成。部长办公厅主要负责人力资源、财务、审计、设施设备、采办、后勤等业务工作，作战部主要负责平时海军部队行政管理、军事训练、拟定作战和动员计划等，战时向各联合司令部提供作战部队。陆战队司令部、海岸警卫队司令部分别负责海军陆战队和海岸警卫队的平时建设与训练相关工作，战时向各联合作战司令部提供部队。

空军部由空军部长领导（Deborah Lee James，美国空军第 23 任部长，文职，2013 年就职至今），主管空军建设。如图 1.5 所示，空军部主要由部长办公厅和参谋部组成。部长办公厅主要负责人力资源、设施设备、采办、后勤

```
                        ┌──────────┐
              ┌─────────│  海军部长  │─────────┐
┌────────┐    │         │  海军副部长 │         │    ┌──────────┐
│ 信息主任 │────┤         └──────────┘         ├────│ 首席信息官 │
└────────┘    │                               │    ├──────────┤
              │                               ├────│  军法总监  │
┌────────┐    │                               │    ├──────────┤
│ 立法事务官 │──┤                               ├────│  总监察长  │
└────────┘    │                               │    ├──────────┤
┌────────┐    │                               └────│ 计划评估主任│
│ 总审计长 │──┘                                    └──────────┘
└────────┘
```

助理部长（研究开发和采办）	助理部长（人力和战备事务）	助理部长（财务管理和审计）	助理部长（设施与环境）	法律总顾问

| 研究主任 | | 海军作战部部长 | 海军陆战队司令 | |

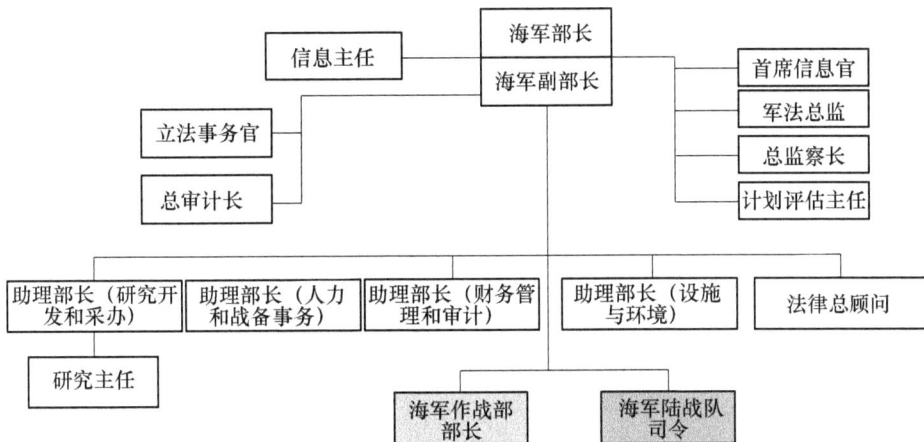

图 1.4　海军部组织机构图

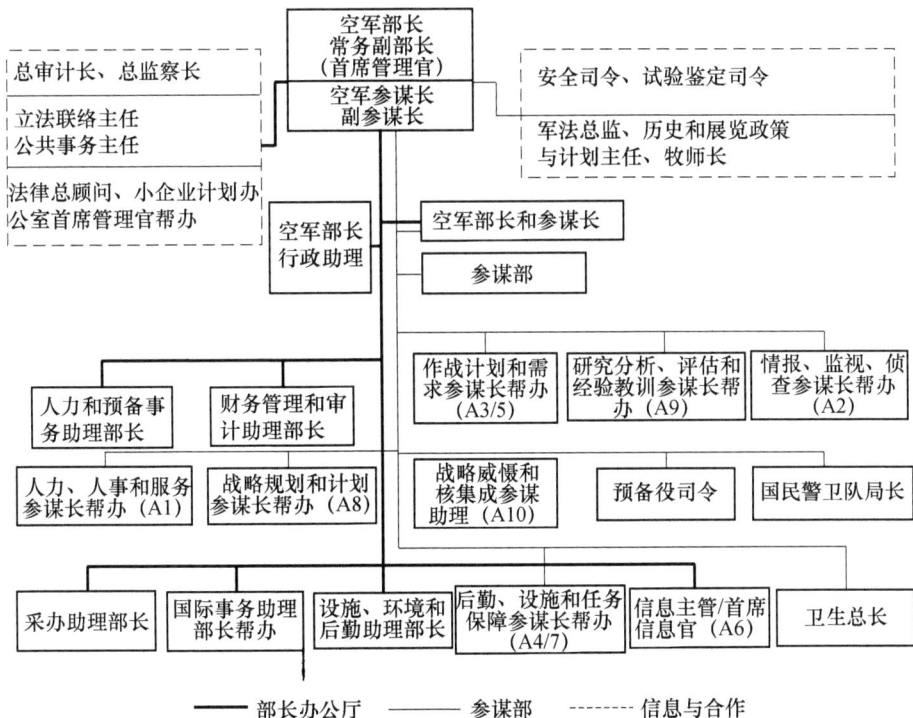

```
                    ┌─────────────────┐
                    │     空军部长      │
                    │   常务副部长      │
┌─────────────────┐ │  （首席管理官）    │ ┌─────────────────┐
│ 总审计长、总监察长 │ │     空军参谋长    │ │ 安全司令、试验鉴定司令 │
├─────────────────┤ │     副参谋长      │ ├─────────────────┤
│ 立法联络主任     │ └─────────────────┘ │ 军法总监、历史和展览政策 │
│ 公共事务主任     │                    │ 与计划主任、牧师长     │
├─────────────────┤                    └─────────────────┘
│ 法律总顾问、小企业计划办 │
│ 公室首席管理官帮办    │
└─────────────────┘
```

| 空军部长行政助理 | 空军部长和参谋长 |
| | 参谋部 |

人力和预备事务助理部长	财务管理和审计助理部长	作战计划和需求参谋长帮办（A3/5）	研究分析、评估和经验教训参谋长帮办（A9）	情报、监视、侦查参谋长帮办（A2）
人力、人事和服务参谋长帮办（A1）	战略规划和计划参谋长帮办（A8）	战略威慑和核集成参谋助理（A10）	预备役司令	国民警卫队局长

采办助理部长	国际事务助理部长帮办	设施、环境和后勤助理部长	后勤、设施和任务保障参谋长帮办（A4/7）	信息主管/首席信息官（A6）	卫生总长

━━━ 部长办公厅　**───** 参谋部　**------** 信息与合作

图 1.5　空军部组织机构图

等业务工作,参谋部主要负责平时空军部队行政管理、军事训练、拟定作战和动员计划等,战时向各联合司令部提供作战部队。

实行"文官治军"与"军政与军令相对分离",是美国军队领导管理体制的显著特征,也是世界各国军队领导管理体制的一种典型模式。且不说这种体制是否科学合理,单从美军对世界军事的影响力来看,其成就可谓举世瞩目。究其原因,可能有很多因素。其中,符合美军发展实际的领导管理体制,无疑发挥着极其重要的作用,扮演着极其关键的角色。从整体上建立对美军领导管理体制的认知,可以更为深入地探讨和理解美军装备采办管理的制度根基。

第二章　美军装备采办管理

采办管理造就了美军一流的武器装备,也支撑了美军强大的战斗力。在美军装备采办管理的背后,拥有着庞大的采办管理组织体系以及复杂的采办管理运行系统。本章主要介绍美军装备采办管理相关概念和重要作用、美军装备采办管理体制和美军装备采办管理三大决策系统,从宏观上勾勒美军采办管理的简要框架结构。

第一节　采办管理事关装备建设质量效益

一、美军装备采办管理相关概念

英语"Acquisition"源自拉丁语"Acquisition",原意为"获得、得到"。军事术语"国防采办"及"装备采办"作为法规确认的正式用语由美国"武装部队采购"(Armed Services Procurement)演变而来。

按照美国国防部对采办的定义,采办活动涉及武器装备的全寿命过程活动,采办的对象不仅包括用于执行或保障军事任务的武器与其他系统、物资或服务,而且包括了"建造"(建筑物、构造物或其他不动产的构建、改造、维修)。美国国防部军事术语定义中也明确:采办管理是对采办工作中所有活动进行的管理,其中包括对国防采办人员的培训,以及为支持国防采办系统或计划项目的规划计划预算系统所做的工作。美国装备采办有"大采办"与"小采办"之分。其中:大采办包括装备需求生成、规划计划与预算论证以及装备采办实施过程等内容,涵盖了装备采办的所有事项;小采办主要指装备采办实施过程,即装备规划计划与预算下达后的技术开发、研制生产和维修保障等全寿命过程。本书的论述采用大采办的概念。美军大采办中的需求生成工作隶属参谋长联席会议领导的作战指挥体系;规划计划与预算论证工作由国防部负责财务与审计的副部长(简称为"主计长")领导;采办实施工作由国防部负责采办、技术与后勤的副部长领导。

二、美军装备采办管理的地位作用

美军在其国防和军队建设中非常重视装备采办管理工作,将其视为实现国家安全战略和军事战略的重要保障,以有限资源实现最大装备建设效益的基本保证,以及促进社会经济和科技发展的重要手段。

(一)装备采办管理是实现美国国家安全战略和军事战略的重要保障

武器装备的作战能力和现代化水平是国家综合国力的重要标志。美军装备采办管理着眼于科学的谋划和管理,寻求利用有限资源实现装备能力和装备水平大幅度的提高,以达到遏制其他国家和地区采取敌对军事行动的意图,确保军事作战的胜利,增强国家的安全保障。第二次世界大战以后,为维持对以苏联为首的共产主义阵营的战略优势,确保国家的未来安全,美国奉行"冷战"战略,调整组建国防部并进行优化改组,建立了军政与军令分开的领导管理体制,加强对装备建设的集中统一领导。越南战争后,美军深刻反思战争教训,从编制、人员、装备、条令等方面进行全面改革,特别是在装备建设方面,加大投入力度,改革采办程序,加快新技术的利用,以求在与苏联的对抗中取得装备质量和性能上的优势,以支撑其军事战略实现和全球霸权需要。20世纪90年代以来,美国积极引领世界新军事革命,创新军事理论,发展高新技术武器装备,加快军队转型。同时,在武器装备采办管理领域进行了重大变革,推出了一系列以"更快、更好、更省"方式采购武器装备的改革举措,包括制定新的采办政策和目标,调整改革采办管理体制和运行机制,提高装备采办管理与新军事变革和军事需求的适应性,为美国国家安全战略和军事战略的实现提供了重要保障。

（二）装备采办管理是实现美军装备建设最大效益的基本保证

装备采办金额巨大,在美国国防开支中占有很大的份额,提高装备采办费用的使用效益尤为重要。随着科学技术的发展和武器装备质量与技术复杂性的提高,第二次世界大战以来,武器装备的单价急剧上升,战斗机每20年上涨10倍,坦克每30年上涨10倍,航空母舰每30年上涨10倍。例如,第二次世界大战结束时,一架战斗机的成本是10万美元,到20世纪60年代初上升为100万美元左右,80年代初为1000多万美元,而21世纪初部署的F/A-22隐身战斗机出厂价格就已经上涨到1.02亿美元。同时,武器装备的研制费、使用维修费也以类似的趋势不断增长,对国防费的支持能力提出了严峻的挑战。洛克希德·马丁公司前首席执行官诺尔曼·阿克斯丁幽默地预测说,如果费用上涨趋势继续下去,到2054年美国全年的国防预算只可能购买一架飞机。为了能用有限的资源满足装备采办需求,美军坚持不懈的努力与探索,开展理论创新、体制创新、机制创新、制度创新和管理创新,通过建立规划计划预算系统、应用项目管理理论、实施武器装备全寿命管理和推行竞争等一系列手段和措施,提高采办管理效率和效益,以实现"更快、更好、更省"的采办。

（三）装备采办管理是促进美国社会经济和科技发展的重要手段

美军装备采办管理,要求在取得合理足够的国防能力以对付敌对威胁的同时,还要在促进国防科技工业和民用科技工业发展,促进就业、技术进步、出口创汇、外交和国际合作等方面发挥作用。美国国防部通过实施一系列推进军民用技术双向转移的计划,包括技术转移计划、民用科学技术计划、小企业创新研究计划、利用民用技术节省使用与保障费用倡议等,在推行军民一体化方面取得了明显的绩效,不仅增强了军事实力,提高了装备水平和作战能力,而且节省了国防采办费用。据美国前任负责采办与技术的国防部副部长、著名防务专家甘斯勒估计,实行军民一体化,美国国防部每年能节省数以百亿美元计的费用。美国的许多"高、精、尖"的大工程,都是军用开发在先,成功后再向民用推广。例如:1969年诞生的阿帕网

（Arpanet），其目的是在爆发核战争时提供通信保障，而现在却演变成了全球都在使用的互联网；1978 年美军发射的首颗全球定位系统（GPS）卫星，其本意是令导弹更精确地击中目标，而现在全球定位系统（GPS）已广泛用于汽车道路识别等大量民用领域。

第二节　美军装备采办管理体制

装备采办管理体制，是指一个国家装备采办组织机构的设置及其职能分工制度的总称，具体包括装备采办机构设置、隶属关系、职责分工等一系列内容。从整个国家管理体系来看，美军装备采办管理体制可以说是在国家行政机构、立法机构（国会）的决策和管理下，国防部集中统一领导和军种分散实施的装备采办管理体制。

一、国家层面

涉及装备采办管理的美国国家行政机构，主要包括总统、管理与预算局、国家安全委员会和国防部（包括各军种）。此外，能源部、国家航空航天局、运输部、财政部等部门也在一定程度上参与美军装备采办管理活动。

涉及装备采办管理的美国国家立法机构主要是国会，具体包括：参议院武装部队委员会和众议院武装部队委员会，负责授权国防项目；参议院拨款委员会和众议院拨款委员会，负责为国防项目拨款；参议院预算委员会和众议院预算委员会，负责为国防费用设定上下限；其他负责监督国防活动的委员会、国会预算办公室以及政府问责办公室[①]等，对包括国防采办项目在内的国家行为与活动进行监督评估。

---

① 政府问责办公室：英文名为"Government Accountability Office"，即原来的国会总审计署（General Accounting Office），2004 年 7 月 7 日改为现名，但其工作职责以及与国会的隶属关系并未改变。

二、国防部层面

美军装备采办事务由国防部统一领导,直接负责人和领导机构是负责采办、技术与后勤的国防部副部长及其办公室。

负责采办、技术与后勤的国防部副部长同时兼任国防采办执行官,是国防部长和国防部常务副部长关于国防采办事务的首席参谋助理与顾问,具体统管国防部采办系统的管理、预研、研制、试验与鉴定、生产采购、后勤保障、安装管理、军事建设工程、环境安全、以及核事务与生化事务;负责为国防部建立采办政策与程序,并对重大国防采办项目进行里程碑决策;负责制定国防采办队伍的培训与职业发展政策。在采办事务方面,负责采办、技术与后勤的国防部副部长的职位仅次于国防部长和常务副部长,高于军种部长,在国防部系统中是第三号人物。这个职位还拥有扣留计划项目资金的职权,对各军种具有很大的影响力。在国际事务中,他相当于"军备主任",代表国防部出席重要的国际会议。

负责采办、技术与后勤的国防部副部长办公室主要是政策制定机构,同时负责监督各军种和各国防部业务局的采办机构,由各种职能部门组成,提供技术、采购、试验及其他方面的建议与帮助(见图2.1①)。其中,采办助理部长,在相关帮办和直属单位主管的协助下,负责战略与战术系统,空间和情报,指控通信与网络,绩效评估和根源分析,以及国防采办大学和国防合同管理局等工作。研究与工程助理部长,在相关帮办和直属单位主管的协助下,负责研究、系统工程、快速列装、研制试验鉴定,以及国防高级研究计划局和国防技术信息中心等工作。

---

① 该图根据2014年美国国防部负责采办、技术与后勤的副部长办公室网站资料整理绘制而成。

采办、技术与后勤副部长

局长层：
- 人力资本倡议局局长
- 采办资源与分析局局长
- 国际合作局局长
- 特殊计划局局长
- 小企业计划局局长
- 行政管理局局长
- 国防采购和采办政策局局长
- 联合快速采办小组主任
- 国防科学委员会执行主任
- 制造和工业基础政策助理部长帮办
- 国防定价局局长

采办助理国防部长
- 战略与战术系统助理部长帮办
- 空间与情报助理部长帮办
- 指控通信与网络助理部长帮办
- 绩效评估和根源分析主任
- 国防采办大学校长
- 国防合同管理局局长

核化生国防项目助理国防部长
- 首席助理部长帮办（核生化）
- 谈判和威胁削减助理部长帮办
- 核事务助理部长帮办
- 化学与生物武器防御计划助理部长帮办
- 国防威胁减少局局长

研究与工程助理国防部长
- 首席助理部长帮办（研究与工程）
- 研究助理部长帮办
- 系统工程助理部长帮办
- 快速列装助理部长帮办
- 研制试验鉴定助理部长帮办
- 国防高级研究计划局局长
- 国防技术信息中心主任

后勤与装备战备助理国防部长
- 首席助理部长帮办（后勤与装备战备）
- 运输政策助理部长帮办
- 装备战备助理部长帮办
- 维修政策与计划助理部长帮办
- 项目保障助理部长帮办
- 供应链集成助理部长帮办
- 国防后勤局局长

设施与环境副部长帮办
- 设施与环境副部长助理
- 基地管理主任
- 设施能源与私有化主任
- 住房与竞争采购主任
- 环境管理主任
- 环境安全与职业安全主任
- 设施投资与管理主任
- 经济调整办公室主任

作战能源规划与计划助理国防部长帮办
- 首席助理部长帮办（作战能源规划与计划）

试验资源管理中心主任

导弹防御局局长

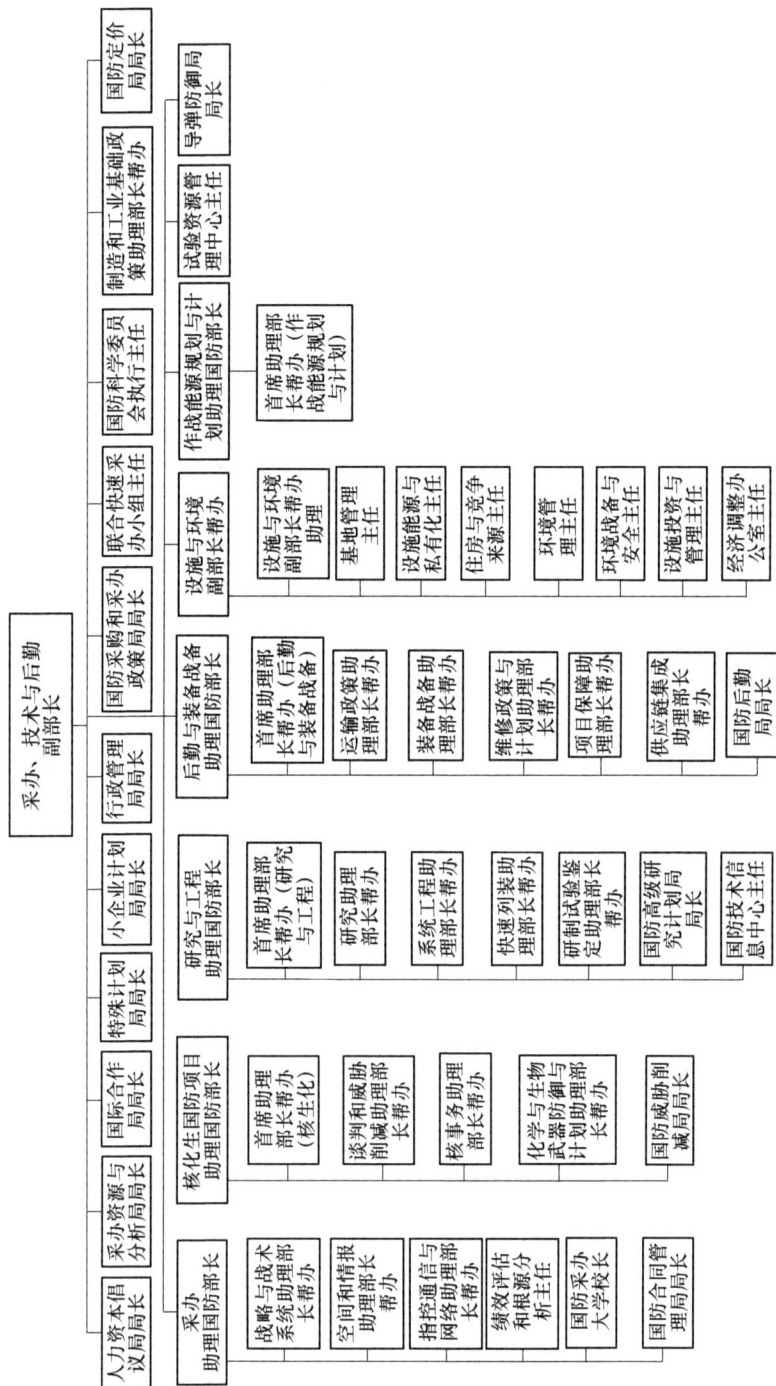

图2.1 美国国防部负责采办、技术与后勤副部长办公室组织体系

三、军种层面

美国陆海空三军在国防部内是独立的部门,法律要求它们组建、训练及装备各自的军事组织。因此,每个军种的重要职责之一就是采办武器装备(包括研究与开发),以满足其作战人员的需要。与机构的职能划分紧密联系的是国防部的管理思想。自国防部成立以来,它的基本管理思想一直是在国防部长办公厅和军种部一级集中制定政策,而在专业一级机构对项目进行分散实施。

三个军种部都是根据国会授权和国防部长办公厅的指令组建的。每个军种部都有一名本军种助理部长级别的专职军种采办执行官①。军种采办执行官的职责,是负责制定本军种的采办政策与管理本军种的采办系统。根据 1989 年《国防管理审查》要求,每个军种都建立了精干的采办组织体系,包括项目主任、计划执行官及军种采办执行官,只是不同军种的采办组织管理略有差别。在这个基本的体系结构内,每个军种都根据本军种的管理和任务需要,组建了自己的采办机构。陆军和空军组建的负责采办与维修保障的主要机构,是陆军装备司令部和空军装备司令部,都由四星上将领导。这些司令部负责统管本军种作战部队的采办与维修保障方面的人员、经费、物资资源、以及全部采办业务。海军设有四个武器系统司令部,其中两个司令部由三星海军上将领导,负责武器系统的采办和向舰队提供补给和维修保障。在军种司令部一级,每个军种都成立了专职办公室,负责监督指导采办系统、制定采办与合同政策以及编制预算。

此外,三军都分别设立了首席信息官,这表明美军充分认识到信息技术在武器系统研制及信息管理中的作用。空军的首席信息官设在采办机构内;海军和陆军的首席信息官则是独立建制,但对共同的问题要与采办机构协同解决。首席信息官负责信息技术政策、程序和标准,包括软件政策,并

---

① 陆军采办执行官为负责采办、后勤与技术的助理部长,海军采办执行官为负责研究、发展与采办的助理部长,空军采办执行官为负责采办的助理部长。

负责各自军种的信息技术和系统的研制、采办和部署。

四、采办监督

美国国防采办监督分为内部监督和外部监督,内部监督由国防部总监察长和主计长下属的国防合同审计局负责,外部监督主要由国会下属的政府问责办公室负责。

内部监督方面,总监察长负责对国防部事务进行监察监督,负责审计的副总监察长具体组织,下设负责采办和技术的总监察长帮办,协助副总监察长审查国防部采办的绩效情况。其主要职能是拟定国防部审计的政策法规,组织和监察全军审计工作,有权对全军任何部门、任何项目进行审计。各军种部均设有一名审计长,负责本军种内部审计工作。国防合同审计局在国防部主计长领导下负责对所有国防合同进行事前、事中、事后全过程审计,并为采办管理提供会计、审计和财务咨询服务。国防合同审计局成立于1965年,受国防部主计长领导,目前拥有5181名工作人员(其中:审计人员4492人,行政管理人员689人),下设5个地区审计办事处,管理美国各地300多个现场审计室。2012财年,国防合同审计局完成6700份审计报告,涉及金额1540亿美元,审计建议调减合同金额124亿美元,占国防合同金额的8%;2013财年,国防合同审计局审计合同金额1500亿美元,审计建议调减合同金额44亿美元,占国防合同金额的3%。

外部监督方面,政府问责办公室是美国国会对联邦政府的审查机构,协助国会对联邦政府各行政部门执行计划和使用资金情况进行审查,如发现问题可要求政府部门更正或向国会报告。最高行政领导是总审计长,在美国各地设有11个地区分部和3个国际分部,现有人员3250名。首席运营官协助总审计长领导和管理政府问责办公室各项业务,根据不同专业领域设有14个专业小组。其中,采办与资源管理小组和国防能力与管理小组负责对国防部采办项目的进度、经费、成本效益等进行审计,发现问题并提出意见建议,但无权实施处罚。政府问责办公室2012财年共审查了国防部86项重大项目的采办和成本情况;2013 财年发布评估报告 709 份,提出意见建议 1430 条,其中与国防相关的报告 254 份。

第三节　美军装备采办管理系统

如图 2.2 所示,为推动大采办工作的有效运行,美军建立了三套决策系统,具体包括:支持装备需求生成工作的"联合能力集成与开发系统"(JC-IDS)、支持规划计划与预算论证工作的"规划计划预算执行系统"(PPBES)和支撑装备项目采办实施工作的"国防采办系统"(DAS)。这三个系统通过有序互动,使得高层领导在做相关的采办决策时,能够互通信息,统筹安排,从而有效地利用好有限的资源,采办最需要的武器装备系统。

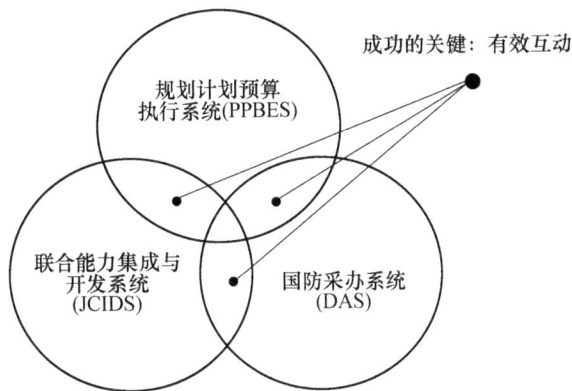

图 2.2　美军装备采办的三大决策支持系统

美军从大采办的角度建立三大决策支持系统,主要基于三个方面考虑:一是专业化管理,即三大系统都建立了成熟的管理制度,运行情况科学顺畅;二是相互制衡,即三大系统从不同的角度对装备采办产生影响,保证装备采办有效瞄准需求且符合美军的资源限制要求;三是协调配合,即美军强调制衡的目的并不是相互扯皮,而是强调科学分工基础上有效协调配合。美军强调三大系统的协调配合是美军采办顺利进行的根本保证。

"联合能力集成与开发系统"提出的军事需求,要受到"规划计划预算执行系统"资源条件和"国防采办系统"技术条件的审议和认可;"规划计划预算执行系统"的计划、预算编制,必须以另外两大系统对军事需求和计划进展情况的审定结论为依据;"国防采办系统"在决定武器装备计划是否向前推进时,不仅要考虑技术的成熟程度,同时还要考虑需求是否有变化、经费是否有保障。在三大系统中,"联合能力集成与开发系统"处于发起端,其提出的需求是规划计划与采办的基本依据;"规划计划预算执行系统"与"联合能力集成与开发系统"的过程基本并行,两者所参照的顶层战略指南文件是相同的,即装备规划与计划的内容要参照有关的需求文件,而其制定的主要依据是需求发起部门提出的《初始能力文件》以及项目管理部门提出的具体装备计划情况;"国防采办系统"的采办实施过程,以具体的需求文件为指导,且必须是列入装备计划获得资金支持。

美军装备需求、规划计划预算等都是由各军种依据国防部顶层战略指南提出,采办实施也由各军种负责。国防部主要负责需求与规划计划的评估与审查,并对采办实施工作进行评审。这种制度设计与分工,保证了国防部集中统管与各军种分散实施制度的落实。三大系统的基本成员都包括国防部长办公厅、参谋长联席会议和军种部的主要负责人,便于各个系统之间随时交换意见和协商。

美国国防部针对上述这三大系统,设有三类重要的决策支持委员会组织:第一类是支持国防采办系统的国防采办委员会和信息技术采办委员会;第二类是支持联合能力集成与开发系统的联合需求监督委员会;第三类是支持规划计划预算执行系统的高级领导评审小组。

国防采办委员会是一个高层国防论坛,负责就重大采办项目里程碑决策向国防采办执行官(负责采办、技术与后勤的国防部副部长)提供建议。国防采办委员会是一个以问题为导向的组织,关注的问题主要是拖进度、降指标和涨费用。根据国防采办委员会评审的结果,国防采办执行官做出相应的决策,记录在采办决策备忘录中。国防采办委员会由负责采办、技术与后勤的国防部副部长任主席,参谋长联席会议副主席任副主席,其他成员包括:国防部主计长,负责政策的国防部副部长,负责人事与战备的国防部副部长,负责网络与信息一体化的助理国防部长,国防部作战试验鉴定局长,陆军部长,海军部长,空军部长。

联合需求监督委员会领导联合参谋部制定确定作战能力需求的政策和程序,并负责验证和批准重大采办项目的作战能力需求。联合需求监督委员会的主席由参谋长联席会议副主席担任,其他成员包括:陆军副参谋长、海军作战部副部长、空军副参谋长、海军陆战队副司令。参谋长联席会议副主席除了担任联合需求监督委员会的主席外,同时还是国防采办委员会的副主席和高级领导评审小组的成员。

高级领导评审小组取代了原来的国防资源委员会,主要任务是协助国防部常务副部长管理 PPBES 程序,并就资源分配问题为国防部常务副部长提供决策支持。国防部常务副部长担任高级领导评审小组的组长。小组其他成员包括:负责采办、技术与后勤的国防部副部长,国防部主计长,负责政策的国防部副部长,负责人事与战备的国防部副部长,负责情报的国防部副部长,计划分析与鉴定局局长,参谋长联席会议的主席和副主席,陆军部长,海军部长,空军部长。

集中与分散相结合的思想在美军建设领域中得到了充分的贯彻和落实,尤其是在美军装备建设领域。与俄罗斯、法国、英国、德国等国家采用集权体制(国防部高度集中统管,各军种没有采办权)不同,美国装备建设实行分权体制(国防部集中统管、各军种分散实施)。一方面,分权体制可发挥国防部的集中统管职能。国防部掌管三军的需求提出、资源分配和采办管理,对各军种的装备发展实施政策指导和重大项目审查,一定程度上克服了三军分散管理所造成的各自为政、重复建设、"烟囱式"发展问题,有利于统筹考虑装备的体系发展,有利于一体化联合作战。另一方面,分权体制可调动各军种的积极性。各军种作为装备采办的具体实施部门,设有与国防部相对应的组织管理体系,在装备发展中有一定的自主权,负责提出本军种的需求和规划计划预算建议,项目的采办实施工作主要由各军种的项目管理办公室负责，积极性较高。但同时也存在一定的局限性：一是各军种分散实施，客观上形成各军种之间争项目、抢经费、占资源的格局，难以从根本上避免重复建设和"烟囱式"发展问题；二是各军种都建立庞大的采办机构和队伍，难以实现机构的精简压缩和人员的优化配置，装备建设效益有待提高。

第三章　美军装备采办管理改革

　　"改变现状,把握未来"。这是美国价值观的核心词汇和重要体现,来自于美国人加里·阿尔腾和詹尼特·班尼特所著的《理解美国——美国文化指南》(第三版)中关于美国价值观的概括。从美国国家政治体制的建立,到经济、科技和军事的发展,再到全球超级大国地位的形成,这种力求改变、追求变革的基因始终伴随其中。作为军事领域重要组成部分的装备采办管理,也鲜明地表现出这种特性,在持续变革发展中形成了相对科学高效的采办体制机制,为美军提供了世界一流的武器装备。

第一节　改革求变是美军发展的常态

　　这个世界上唯一不变的就是变,变是这个世界的常态。一个国家如此,一支军队也如此。以问题为牵引、改革求变就是美军发展的常态。

　　战争是检验军队战斗力最直接、最残酷的方式,也是暴露问题、驱动改革最充分、最有力的方式。从独立战争开始,美军由最初 13 个州的民兵临时组成的一支松散力量,经过第二次美英战争、美国内战、美西战争以及第一次世界大战,到第二次世界大战后已经独步天下,并且成为"冷战"时期资本主义阵营的引领者。后来,又经历了朝鲜战争、越南战争、海湾战争、科索沃战争、阿富汗战争、伊拉克战争、利比亚战争,锻造出世界上最强大的军队。在美军发展过程中,通过战争发现问题、战后反思突破解决、螺旋重构提升战力是贯彻其中的一条红线。由于现在美国的国防体制、力量结构、战略部署等都是在第二次世界大战后的基础上改革发展而来,战后的诸多变化充分说明了美军发展所走过的变革之路。

第二次世界大战结束后,考虑到以苏联为首的共产主义阵营的压力,为了克服军种之间难以协调的矛盾,进一步加强美国军事力量的统一组织能力,当时美国总统杜鲁门决心对国防体制进行改革。他说,"我坐进总统办公室后,最坚定的信念就是改革美国的国防体制,这样才能确保国家未来的安全,实现持久和平。"①1947 年,美国国会通过《国家安全法》,设立国家安全委员会、中央情报局、由文职国防部长领导的国家军事机构和参谋长联席会议。但是,国家军事机构只起到部门间的协调作用,三个军种部仍是内阁部。1949 年,国会通过《国家安全法修正案》,将国家军事机构更名为国防部,将陆、海、空军军种部从内阁级降为国防部所属二级部,但各军种部还保有作战指挥权;设置了参谋长联席会议主席一职,作为总统和国防部长的法定军事顾问。1958 年,国会又通过《国防部改组法》,取消了军种部的作战指挥权,明确国防部长通过参谋长联席会议主席对各联合与特种作战司令部行使作战指挥权,通过三个军种部对全军实行行政领导,从而形成了美军独具特色的作战指挥与军事行政分开的领导与指挥体制。经过改革和调整,美军基本上实现三军统一领导管理的目标。

20 世纪 60 年代,长期深陷越南战争泥潭以及越南战争中血淋淋的教训成为美军改革最深刻、最直接的驱动力。美军认识到,越南战争期间的问题很多,例如:军事战略和作战理论针对的是同苏联的全面战争,不适应越南战争这样的有限战争;战争中缺乏统一指挥,军种矛盾突出,无法形成联合作战合力;兵源数量减少,质量下降;军队内部纪律松弛,管理松懈,官兵关系紧张,士气低落等。为了解决这些问题,改变美军的形象,从 20 世纪 70 年代初到 80 年代末,美军进行了一场全面、系统、深刻的军事改革,涉及军事理论、作战指挥、体制编制、兵役制度、教育训练、武器装备发展等各个领域,从而使美军发展进入到一个新的时期。

1973 年 10 月的中东战争也让美军从别人的教训中找到改革的动力。

---

① [美]戴维·罗特科普夫.美国国家安全委员会内幕[M].孙成昊,赵亦周,译.北京:商务印书馆,2013:64.

中东战争中,阿拉伯人使用的是苏式武器装备,在很大程度上也采用了苏联的作战理论和战术,而使用美国武器装备的以色列人却遭到惨败,这让美军认为自己在欧洲也面临着相似的命运。他们觉得面对苏联在数量上的优势,必须改变单靠武器装备或靠数量取胜的观念,需要通过训练来提高作战能力。于是,1973 年,陆军成立训练与条令司令部;空军从 1975 年开始在内华达州的内利斯空军基地实施代号为"红旗"行动的对抗演习;1980 年,陆军在加利福尼亚州的欧文堡成立"陆军国家训练中心"。

尽管越南战争后美军进行了多方面的改革,但影响作战成效的联合指挥问题在很长时间内都没有解决。1980 年 4 月 25 日,为营救被伊朗扣押的美国使馆人质,美军出动联合特遣部队实施了人质救援行动,最后由于联合指挥上的严重缺陷,整个军事行动没有总体负责的指挥官,行动以失败告终。1983 年 10 月 23 日,美国海军陆战队在贝鲁特的兵营被炸,死亡 241人,事故调查表明:在华盛顿与在黎巴嫩的驻军之间存在多达 6 级指挥层次,而且没有一位指挥官认为自己拥有指挥这支部队的完全责任。1983 年10 月 24 日,美军入侵格林纳达。在此次军事行动中,美国陆军与海军陆战队无法协调行动,于是在格林纳达岛中部画线,各负责一半。停泊在近岸海域的美国海军航空母舰拒绝运输伤员的美国陆军直升机降落,理由是陆航飞行员"没经过海上起降资格认证";经过交涉降落后,海军又拒绝为陆军直升机加油,因为"先要说清楚谁掏加油费"。在这些事件的驱动下,美国政府、军方、国会多次对国防领导管理问题和参谋长联席会议作用问题开展了调查评估,国会并于 1986 年颁布《戈德华特—尼克尔斯国防部改组法》,该法明确规定参谋长联席会议主席为总统、国防部长的首席军事顾问,直接向总统和国防部长汇报。各军种参谋长不再进行战场指挥,战区司令控制参战的各军种,直接向国防部长汇报,国防部长向总统汇报。这一法案明确了参谋长联席会议主席的职权,突出强调了联合问题,推动了联合作战条令的建设工作,建立了确保联合作战的机制和程序,为美军联合作战指挥体制和战斗力提升提供了有力保障。

1991年2月,海湾战争爆发,以美国为首的多国部队首先进行空中打击,然后进行地面攻击,地面战争打响100个小时后,美国总统布什宣布停火,海湾战争结束。这场战争是对越南战争后美军改革成效的一次检验。海湾战争后,美军没有让胜利冲昏头脑,而是进行总结,立即开始一场新的改革。美军认为,海湾战争式的作战方式不会在下一场战争中重现,因而需要研究未来战争的新特点,以确保打赢下一场战争。

从20世纪90年代开始,世界新军事革命蓬勃兴起。科学技术特别是信息技术的发展,以及在军事上的广泛应用,为美军变革和改革提供了巨大的机遇。美国国防部和各军种纷纷推出军事计划,要求美军抓住机会,尽快完成从工业时代军队向信息时代军队的转变。

2001年"9·11"事件后,非常强势的国防部长拉姆斯菲尔德极力推行军事转型。以2001年12月11日小布什《加速军事转型是美国当前的第一要务》的讲话为标志,美军军事改革正式进入"军事转型"阶段。国防部成立转型办公室,作为推进军事改革最重要的协调和咨询机构,国防部和各军种都制定了转型路线图,全力推进改革工作。美国先后发动阿富汗战争和伊拉克战争,对网络中心战等理论进行了首次实践,也对20世纪90年代后开始的数字化师建设成果进行了检验。在新世纪以来的战争中,美军有意对改革的设想和成果进行验证,同时战争中所暴露的问题也为下一步改革提供了路向参考。美军在阿富汗和伊拉克的两场战争虽然取得了形式上的胜利,但却长期深陷其中,以至于今天的伊拉克仍然面临着动荡和战争威胁。现在,美军正在对这两场战争所带有的深刻意义进行着反思,西方世界也对此进行了深入研究,"新战争"这一名词应运而生。"新战争"一个最突出的特点是缺乏国家间战争所具有的典型特征——大决战,"国家已不再是战争的实际垄断者,取而代之的常常是准国家性的、部分甚至是私人的活动家——有地方军阀和游击队、遍及全球的雇佣兵公司、国际恐怖组织,对于他们而言,战争已成为一个经久不变的活动天地。"①如何应对"新战争"已经成为美军建设发展必须面对的条件和环境。

---

① [德]赫尔弗里德·明克勒.新战争[M].章林,译.北京:中央编译出版社,2006.1.

近年来,美军积极应对新的安全形势变化,不断推进新军事革命深入发展,不仅盯紧军事技术的智能化、网络化、微型化、高超声速的发展方向,加快武器装备的数字化、精确化、隐身化、无人化建设,同时在组织机构上也进行了调整改革。2009 年 6 月,在战略司令部内新增网络司令部,2010 年 5 月正式运行,网络战部队成为新型作战力量。2011 年 8 月,撤消联合部队司令部,提升参谋长联席会议部队发展部的级别,并接管联合部队司令部有关联合部队建设的职责,在国防部长办公厅增设"空海一体战"办公室。

在美军的发展过程中,美国的战略利益拓展、美军的军事能力支撑以及美军的建设发展跟进,形成了良性互动的链条,让改革成为一种惯性,潜藏在美军建设的体制机制中。而且,即使在拥有唯一超级大国地位和绝对优势的情况下,改革仍然能够主动持续进行,确保其始终走在世界军事发展的前列。

第二节　改革贯穿美军装备采办管理过程

美军之所以成为当前全球唯一的超级大国,其装备采办管理所形成和提供的武器装备功不可没。而作为美军整体建设的一部分,装备采办管理能够形成今天这样较为完善的管理体制、科学顺畅的运行机制、细致有效的法规保障,是其长期调整变化的结果,改革始终是强劲的动力和鲜明的主旋律。

美军装备采办管理改革与美军整体改革同频共振,尽管从独立战争时期采办管理就开始产生,但对当前有重要影响意义的改革还要从国防部成立算起。从 1947 年到现在,美军装备采办管理都贯穿着改革的脉动。由于美军装备采办管理与美国的战略形势和军事需求紧密相关,因此从大的方面来看,以"冷战"结束和"9·11"事件为节点,装备采办管理改革可以分为三个大的阶段。

第一阶段主要是第二次世界大战后到"冷战"结束,通过改革形成装备采办管理基本架构。第二次世界大战结束后,美军从繁忙的战时状态转为以"冷战"为背景的军队建设调整状态,装备采办管理也逐步由军种各自为政向顶层有序统筹方向转变,构建国防部集中统管的体制,处理好国防部与军种之间的关系,成为第二次世界大战后相当长时期内装备采办管理改革的主线。1947年至1949年国会先后通过《国家安全法》及其修正案,设立国防部,初步奠定国防部统一领导、三军种分散实施的装备采办基本格局。1958年,国会通过《国防部改组法》,在国防部设立了研究与工程署,将装备采办相关的基础研究、应用研究以及先期技术发展方面的工作交由研究与工程署统管,国防部从装备预研与科研入手,开始逐步加强对装备采办的统管力度。1961年麦克纳马拉担任国防部长之后,强硬推行规划计划预算系统,并进一步强化文官对国防部的控制,收缩各军种在装备采办领域的权限,着力解决军种装备重复建设和资源浪费问题。

越南战争的教训和战后装备采办领域严重的"拖、降、涨"问题,让美军装备采办管理改革进入高峰时段。这一时期的改革经过军方内部反省、公众舆论催化、国会积极推动等复杂过程,最终以1986年国会颁布《戈德华特–尼克尔斯国防部改组法》为主要标志,形成了今天美军装备采办管理的基本构架和体系。根据这一法案,美军任命负责采办的国防部副部长兼任国防采办执行官,在各军种设立军种采办执行官和计划执行官(PEO),加上原来的项目主任,建立了专业化采办指挥线,减少了采办管理的层次,提高了采办效率。另外,设立了由参谋长联席会议副主席担任主席的联合需求管理委员会,其他成员包括各军种副参谋长或作战副部长以及海军陆战队副司令,主要负责审批重大国防采办系统的需求文件,审查所需发展的装备是否与其他军种存在重复、是否充分考虑国防部/参谋长联席会议层次联合作战的需要。

第二阶段主要是"冷战"结束后到"9·11"事件,装备采办管理深度商业化时期。"冷战"结束后,随着美国国防预算大幅削减和信息技术飞速发展,美军装备采办管理以"更快、更好、更省"为主线,进行了一系列调整改革,这些改革的取向是以美国高度发达的商业化采购和信息化管理为基础,不断改造装备采办管理程序,提高管理效率和效益。

随着采办预算的减少,"冷战"期间过分强调武器装备性能和军事专用性,忽视经济可承受性,采办政策的繁琐和僵化等问题逐渐显露。为此,美国国会从 1994 年开始,连续三年分别颁布了《1994 年联邦采办精简法》、《1995 年联邦采办改革法》、《1996 年联邦采办改革法》等法律,在简化程序、现货采购、合同签订等方面大力推行改革,以提高采办的灵活性和效率。同时,深化军用标准管理改革,积极采用民用标准,促进军民两用技术开发,推动军事和民用工业基础一体化。积极适应信息化发展需要,把电子商务引入采办系统并推动采办电子化,加快采办管理信息化建设步伐。

第三阶段主要是"9·11"事件以来,突出装备体系能力建设与应急快速采办的采办转型。"9·11"事件后,基于对"威胁不确定性"的形势判断,美军战略筹划从"基于威胁"转变为"基于能力",装备采办改革围绕这一转变,在需求生成、资源分配、采办程序、国防工业等多个方面展开。

在"9·11"事件以及信息技术飞速发展等多方面因素的推动下,美军 2001 年发布《四年一度防务评审》报告,提出了"基于能力"的国防战略,积极推行"部队转型"。美军对需求生成系统实施重大改革,以"联合能力集成与开发系统"(JCIDS)取代原有的"需求生成系统"(RGS)。国防部于 2003 年发布《国防部 913 号管理倡议决定》,决定自 2005 财年开始以新的"规划计划预算执行系统"(PPBES)取代原有的"规划计划预算系统"(PPBS)。这些改革措施进一步强化了需求生成、资源分配与采办管理的结合。美军还积极推动国防工业转型。2003 年 2 月国防部发布《国防工业基础转型路线图》,首次提出"基于作战能力的国防工业基础"的战略构想,改变原来"按照产品属性划分国防工业领域"的传统做法,将国防工业分为支持"战场感知"、"指挥与控制"、"兵力运用"、"防护"、"聚焦后勤"和"网络中心战"6 个"作战能力"领域,使国防工业基础实现由"装备供应商"角色向"作战能力提供者"角色的根本转变。

2009年1月奥巴马政府上台以来,面对席卷全球的金融危机,国防部积极推进采办管理改革,要求加强采办过程控制,提供装备经费使用效益。2009年5月出台《武器系统采办改革法》,要求加大技术管理力度,提高技术成熟度;改革成本与计划评估管理机构,加强成本管理与控制,细化全寿命采办管理,强化对"成本、进度、性能"的综合管理。2012年1月,裁撤网络与信息集成助理国防部长,实现负责采办、技术与后勤的国防部副部长对武器系统与自动化信息系统采办的集中统管。2013年哈格尔担任国防部长之后,要求适应美国财政减赤及国防预算削减的要求,开展战略选择与管理评审,并在评审基础上,主要围绕精简机构、减员增效,推动新一轮国防领域深化改革。

纵观美军装备采办管理发展过程,改革是主要的推动力,也是构成发展的主要事件。据美军有关机构统计,从1947年到2005年,国防部关于组织体制、规划计划预算、采办与后勤等管理方面的改革措施共有513项,其中60项具有革命性,对国防管理以及采办管理产生了重要影响。[①] 为了进一步深化美军装备采办管理改革认识,本书第二部分将选取采办领域有关重大改革情况进行介绍,主要是需求生成机制、规划计划预算系统、项目管理制度、重要采办机构、重要采办法规等方面的改革发展情况。

第三节　美军装备采办管理改革与决策

在美军装备建设中,大大小小的改革勾勒了美军装备采办管理发展的线路,展现了美军先进采办制度形成的曲折过程,但同时还应该看到,在改革的内里和背后,改革的决策也不容忽视,甚或更加重要。在这样的考虑下,本书第二部分重点介绍一些重大改革情况,第三部分主要是对美军装备采办管理改革的决策问题进行研究,从决策体系、决策过程、影响因素和决

---

① 参见张利亭,美国国防部管理改革的主要特点[J],外国军事学术,2010(7):69.

策影响四个方面进行介绍,以提供一些带有规律性的认识。这里仅对基本概念和改革与决策的简要关系作一说明。

决策是一个耳熟能详的词汇,一般有两种理解。从狭义上说,决策就是在几种方案中做出选择。从广义上说,决策是一个过程,即以问题为导向,在一定的环境与条件下,决策主体为实现一定的目标而制定行动方案、方案选择、方案实施的活动。

装备采办管理也涉及决策问题。1978 年诺贝尔经济学奖获得者、决策学创始人、著名管理学家西蒙认为:"管理就是决策",计划、组织、指挥、协调和控制等管理活动都离不开决策。从这个意义上说,管理就是一系列大大小小的决策过程。管理决策涉及流程、资源、激励等方面,更多的是通过程序性的构建形成一种稳定的制度体系,让各种资源按照相对固定的流程进行运转。采办管理决策即是如此。这种管理决策与类似战争的危机决策不同,管理决策重在形成稳定性、程序性以及长期性的结构,而危机决策关注的是突发性,在决策应对上具有临时性。

采办管理改革决策是对改革的决策,尽管它具有采办管理决策的特点,但由于改革所产生的变动性和烈度比一般采办管理过程要大,它的复杂性、艰巨性相应来说比一般采办管理决策也要大,它不仅要考虑管理对象的处理方案选择问题,而且要对改革的方案做出决断。

决策是改革的应有之义,改革的过程也是决策过程。对于美军装备采办管理改革决策来说,囿于美国分权与制衡机制的影响,改革的影响因素多样,决策也相应变得复杂。以采办管理主体为例,从负责采办的国防部副部长到国防部长、从总统到国会、从国会对国防预算进行授权到进行拨款,一个采办项目要受到这个冗长决策链条中每一个环节的影响。

第二部分　美军装备采办管理重大改革之源变

国防采办系统非常复杂且难以改革,因为在采办过程中有许多既得利益。改革过程本身就如将一艘大型邮轮驶向一条狭窄航道,相当棘手和缓慢。因为,正如一艘巨舰,国防采办系统具有相当大的势头。采办系统中总有一些系统在运行,采办改革势必停止或延缓这些系统。还有一些不可分割的组成部分,要改变其中任何一部分就会改变整个采办系统。总之,改革是个艰难的过程。(引自 大卫·S·索伦森《国防采办的过程与政治》)

本部分主要对美军装备采办管理改革情况进行举要介绍,选取需求生成机制、规划计划预算系统、项目管理制度、装备采办法规、重要采办管理机构等重大改革领域,分别阐述其产生、发展、变化及现状。

第四章 需求生成机制的建立与嬗变

装备需求是战争的产物,自从有了战争,客观上就存在着装备需求和特定形式的装备需求生成机制。装备需求生成机制,是指需求部门从国家军事战略出发,经过一系列论证,提出装备能力需求,并经过采办部门的技术论证与预算部门的经费论证,确定具体的装备型号与采办计划的过程。第二次世界大战以来,随着联合作战样式的产生和发展,美军现代意义上的需求生成机制逐渐形成并不断完善,大体经历了各军种分散管理、国防部加强统管和基于能力的"需求革命"三个历史发展阶段。

第一节 美军装备需求生成管理改革过程

美军装备需求生成机制经过了长期的调整改革过程,1986 年初步建立了制度化的需求生成管理制度,加强了国防部层面对三军需求的统管力度,2003年进一步推动"需求革命",建立基于能力的联合能力集成与开发系统。

一、"烟囱式发展"阶段——军种主导需求生成与装备采办

第二次世界大战前,美军只有陆军和海军两个独立军种,作战样式主要采取单军种独立作战,军种部长作为内阁成员和军种的最高长官,既负责本军种的作战指挥,同时也负责本军种的装备需求和装备采办管理。

第二次世界大战中,逐渐出现了联合作战的作战样式,为此美军成立了联合参谋部,实现了作战指挥的集中统一领导。但是,美军装备需求与采办由军种分散管理与实施的状况没有发生任何变化,一个军种研制的武器装

备无法与其他军种在作战中联合使用,这大大限制了联合作战的有效开展。

第二次世界大战结束后,美军开始尝试在需求生成工作中开展各军种的合作。1947 年,国会颁布《国家安全法》,设立国家安全委员会作为国家安全问题的最高决策机构,将陆军航空兵从陆军脱离出来成立独立的空军部,成立国家军事部对三军实施指导、管理与控制,同时在国家军事部内正式成立参谋长联席会议作为总统和国防部长的顾问机构。国家军事部成立后,各军种权力依然强大,各军种在装备采办方面的主导权没有实质性削减,军种间相互间竞争激烈,矛盾难以调和。第一任国家军事部长詹姆斯·佛莱斯特受到来自美国总统的巨大压力,杜鲁门要求其加强对各军种装备建设的统管力度,但这在当时是一件"不可能做到的事情"。其后,佛莱斯特逐渐失去了杜鲁门总统的信任而被迫辞职,并因长期背负的巨大精神压力而入院治疗,后于医院中自杀。

为了克服军种各自为政的状况,1949 年杜鲁门总统推动出台了《国家安全法修正案》,将授权不足、结构松散的国家军事部更名为国防部,使其升级为内阁部,进一步强化了国防部的权力,授权参谋长联席会议主席牵头开展军事需求管理,并将军种部的级别由内阁部降为国防部的直属部。美军通过此次改革,奠定了美国现代国防统帅体制的基础,并基本确立了国防部领导三军种的采办管理体制格局。但由于军种的强势传统,军种之间仍相互争夺需求管理与装备采办的控制权。

艾森豪威尔总统任职期间,为了进一步解决军种权力过大的问题,推动出台了《1958 年国防部改组法》,将各军种部队的作战和勤务支援部队划归各联合作战司令部指挥,撤销了各军种部对本军种部队的作战指挥权,加强了国防部与联合作战司令部的权力。此后,肯尼迪总统任职期间,授权其国防部长麦克纳马拉对美军需求生成工作与资源分配工作实施改革。国防部借助兰德公司等机构,构建了规划计划预算系统(PPBS),在资源管理领域的改革取得重大突破,逐步加强了国防部对全军装备采办包括需求管理的统管力度,逐步弱化了各军种装备建设"烟囱式"发展的不利局面。

二、跨军种协调制度化——构建"需求生成系统"

1975 年越南战争结束后,美国国内反战情绪高涨。此后美国在 1979 年伊朗人质事件、1983 年驻黎巴嫩贝鲁特大使馆自杀式攻击事件、1983 年入侵格林纳达事件等一系列的军事与非军事行动中遭受挫折,美国国内对美军的能力提出强烈质疑,同时采办领域"拖、降、涨"问题日益凸显,里根总统与国会一致认为必须对国防部实施重大改革,改革内容主要聚焦于构建现代化的装备项目管理制度与需求生成机制。1985 年,里根总统委派帕卡德委员会对包括需求管理问题在内的美军装备采办制度进行了调查,国会的部分议员作为帕卡德委员会成员参与了该项调查。虽然各军种尤其是海军及其国会的支持者们进行了强烈的抗议,最终国会中支持国防部改革的议员占据了上风,采纳了帕卡德委员会提出的采办改革建议,出台了《1986 年戈德华特—尼克尔斯国防部改组法》(也称《戈德华特—尼克尔斯法》)。

根据《戈德华特—尼克尔斯法》,国防部设立了参谋长联席会议副主席的职位,领导联合需求监督委员会,负责"需求生成系统"的工作。联合需求监督委员会的成员包括各军种副参谋长或作战部副部长以及海军陆战队副司令,主要负责审批重大国防采办系统的需求文件,审查所需发展的装备是否与其他军种存在重复、是否充分考虑国防部/参谋长联席会议层次联合作战的需要。另外,参谋长联席会议副主席同时兼任国防采办委员会的副主席。设立参谋长联席会议副主席这一职位,提高了国防部/参谋长联席会议对需求生成以及采办管理系统的影响力。

在"需求生成系统"的实际运行过程中,联合需求监督委员会出现了许多困难与争议,以致联合需求监督委员会会议被称为"充满仇恨、各军种为维护自身利益进行战斗的战场"①。据媒体报道,当时的参谋长联席会议副

---

① The New Joint Capabilities Integration Development System (JCIDS) and Its Potential Impacts upon Defense Program Managers, David F. Matthews, Senior Lecturer, Graduate School of Business & Public Policy, Naval Postgraduate School, 30 December 2004, P6.

主席威廉·欧文(1994—1996年任职)对联合需求监督委员会中各军种毫不妥协的立场以及难以协调装备发展需求的状况深感失望和无能为力。由于工作处处受挫,同时军种对欧文的工作提出了严厉批评,欧文主动拒绝了继续连任参谋长联席会议副主席的机会。欧文的困境是由军种的强大势力造成的,当时军种负责进行国会答辩,应对国会的审查,很大程度上影响着采办项目的取舍。由于需求是从军种到联合需求监督委员会"自下而上"制定的,国防部对需求的统管仍然无法正式落实,难以有效适应联合作战的需要。

三、发起"需求革命"——建立"联合能力集成与开发系统"

随着信息技术的飞速发展,一体化联合作战成为未来主要作战样式,这对美军"需求生成系统"提出了更高的要求,而美军"需求生成系统"所面临的军种各自提出需求、国防部统管力度不足等问题却一直无法得到根本性的解决。这些问题主要表现在以下几个方面:一是各军种的装备需求是由各军种根据自身作战需要提出的,没有充分考虑一体化联合作战的要求;二是军事需求的提出缺乏从概念到能力的顶层设计指导,尤其是缺乏一体化联合作战的概念指导;三是军事需求分析不够深入细致,存在重复、重叠等现象,尤其在一些小项目的军事需求方面更是如此;四是对于一体化联合作战能力需求没有按照优先级别进行排序,致使一体化联合作战能力发展主次不分、重点不明;五是在寻求能力解决方案时仅将注意力集中于装备方案,忽略了非装备因素对一体化联合作战能力的影响。

小布什总统时期,由于"9·11"事件的发生,美国军事战略做出了重大调整,开始从"基于威胁"向"基于能力"转变。国防部长拉姆斯菲尔德从"基于能力"的战略出发,推动联合需求监督委员会"自上而下"地制定装备需求,确保装备"生而联合"。2003年7月,国防部发布了3170号参谋长联席会议指示与手册,对需求生成机制实施重大改革,以"联合能力集成与开发系统"取代了"需求生成系统"。基于这次改革的重要性及其对美军装备建设与军队建设产生的重大影响,美军将此次改革称为"需求革命"。

第二节　美军装备需求生成机制基本现状

美军联合能力集成与开发系统,即美军现有的需求生成系统,包括需求管理组织体系及需求论证与审查机制两方面内容。

一、"联合能力集成与开发系统"的组织体系

美军装备需求生成机制的组织与管理主要涉及参谋长联席会议和国防部各部局(军种、国防业务局、国防部直属机构)。参谋长联席会议副主席领导的联合需求监督委员会是装备需求生成机制组织与管理的最高审查与决策机构。联合需求监督委员会下设初审官、功能能力委员会和联合能力委员会等机构,作为其辅助决策和办事机构,履行其需求审查与决策职能。国防部各部局是需求发起部门,对内负责各部局内部的需求管理,对外负责向联合需求监督委员会提交需求草案(参见图4.1)。

(一)联合需求监督委员会

联合需求监督委员会(JROC)成立于1986年,是美军原"需求生成系统"和当前"联合能力集成与开发系统"组织体系中的最高决策机构,主席由参谋长联席会议副主席担任,其他成员包括陆军副参谋长、海军作战部副部长、空军副参谋长、海军陆战队副司令。主要职能是审查和批准重大装备项目的发展需求,根据功能能力委员会和联合能力委员会的建议,审批相关的能力文件,确定关键性能参数。

在美军进行"需求革命"之后,联合需求监督委员会本身的人员构成并未发生变化,只是其职能从以往被动地监督审查各军种需求以防止各军种装备重复建设,转变为从美军联合作战的高度制定政策和规划,主动管理和审查装备发展需求。

(二)初审官

初审官(Gatekeeper),是联合需求监督委员会领导下的评审官员,由联

国防部

军种部　国防部长办公厅　参谋长联席会议

联合需求监督委员会

需求发起部门　初审官　功能能力委员会　联合能力委员会

战场感知功能能力委员会　指挥与控制功能能力委员会　兵力应用功能能力委员会　兵力防护功能能力委员会　聚焦后勤功能能力委员会　网络中心战功能能力委员会　兵力管理功能能力委员会　联合训练功能能力委员会

若干功能能力工作组

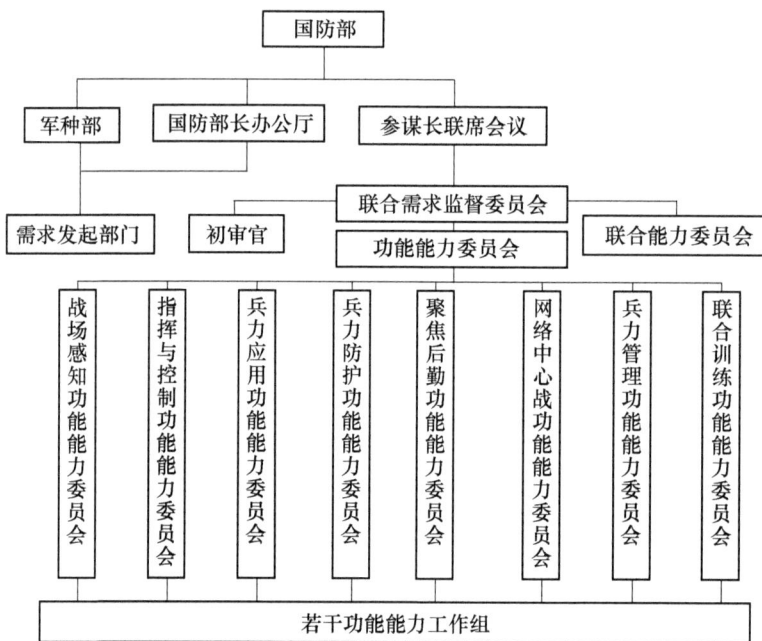

图 4.1 "联合能力集成与开发系统"的组织体系

合参谋部 J8 局的副局长担任。初审官的主要职责是在各功能能力委员会的支持下,对能力发展需求实施初审,并对相关的能力需求实施分类。初审官在需求评审过程中,对于不符合国防部有关顶层政策文件的提案,或者直接否决,或者要求军种修改;对于通过审查的能力提案,依据国防部采办项目等级标准和对一体化联合作战的影响,将评审项目四类:第一类为联合需求监督委员会关注的重大项目;第二类为联合一体化项目;第三类为联合信息项目;第四类为各军种独立项目。四类提案分别由不同部门审查、确认和批准。

（三）功能能力委员会

功能能力委员会,是"战场感知"、"指挥与控制"、"兵力应用"、"兵力防护"、"聚焦后勤"、"网络中心战"、"兵力管理"和"联合训练"等 8 个委员会的统称,它们是美军需求生成机制组织体系中的核心评审机构。其主席由联合需求监督委员会指定,一般由联合参谋部下属业务局(J1—J8)的局长或联合作战司令部的有关领导担任。其人员构成包括常设人员和临时人员。常设人员主要是联合参谋部 J1 至 J8 局的人员以及联合部队司令部人员,非常设人员是美军根据评审项目的不同临时加入的,主要是来自各军种、各联合作战司令部、采办技术与后勤的国防部副部长办公室、情报副国防部长办公室、空军空间副部长办公室、主计长办公室、成本评估与计划鉴定局以及国防情报局等部门的专家或代表。功能能力委员会的主要职能是对需求提案进行审查和确认,对联合需求监督委员会的审查提供支持,并将存在的能力差距以及条令、组织、训练、装备、领导与教育、人员与设施方面的变更建议按照优先级别进行排序。功能能力工作组是功能能力委员会对能力文件进行评估的实施机构,每个功能能力委员会都有若干功能能力工作组协助工作。

(四)联合能力委员会

联合能力委员会,是联合需求监督委员会的辅助决策机构,由联合参谋部 J8 局的局长领导,其成员主要从功能能力委员会中抽调。该委员会的主要职能是对涉及"联合需求监督委员会关注的重大项目"的文件草案进行评估,并向联合需求监督委员会提出建议,以辅助联合需求监督委员会做出决策。

(五)需求发起部门

需求发起部门(Sponsor),是指各军种、国防部各业务局、国防部各直属机构中对某一具体能力建议进行通用能力文件起草、定期汇报、提供经费支持能力发展和采办过程的机构。三军需求发起部门主要包括:陆军训练与条令司令部、海军作战部长办公室和海军分析中心、海军陆战队战斗发展司令部、空军的某些作战司令部(如空中战斗司令部、空中机动司令部等)。另外,联合需求监督委员会的各功能能力委员会,也可以提出联合能力需求,并指定某一部门作为需求发起部门。需求发起部门对所制定的能力文件负有重要责任,在提交评审与最终进入采办过程之前,都需要需求发起部门进行签字确认。需求发起部门同时还负责与联合需求监督委员会以及功能能力委员会保持密切沟通,确保需求管理工作的顺利进行。

二、需求分析与审查过程

美军联合能力集成与开发系统的运行包括需求分析过程与需求审查过程。需求发起部门根据顶层战略与作战概念开展相关的分析工作,联合需求监督委员会及功能能力委员会等对相关的需求文件开展审批。

(一)需求分析过程

需求发起部门根据联合作战概念、联合能力概念和一体化体系结构等国防部顶层文件的规定,结合实际作战需要,进行功能领域分析、功能需求分析以及功能方案分析,最终形成《联合能力文件》、《初始能力文件》等需求文件(参见图4.2)。功能能力委员会及其功能能力工作组的部分成员往往也参与该阶段的工作,为需求发起部门提供必要的支持。

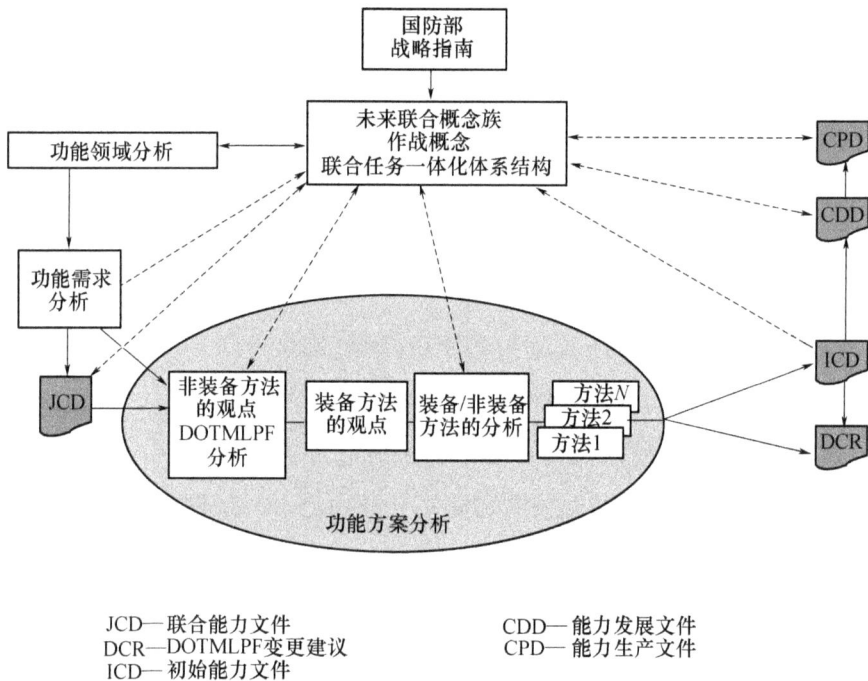

JCD—联合能力文件　　　　　　　CDD—能力发展文件
DCR—DOTMLPF变更建议　　　　　CPD—能力生产文件
ICD—初始能力文件

图4.2　"联合能力集成与开发系统"的需求分析过程

（1）功能领域分析（FAA）。功能领域分析是需求分析的第一步，需求发起部门分析确定所涉及的功能能力领域（如表4.1与表4.2所列），并根据国防部顶层文件明确作战任务、目标以及所需条件。美军"基于能力"战略的核心是明确联合作战所需具备的8大能力领域，包括联合训练、联合防护、兵力管理、战场感知、指挥与控制、网络中心战、兵力应用、聚焦后勤，在此基础上进一步细化提出21种能力领域。美军需求生成工作在上述能力框架内进行。

表4.1　美军确定的8大能力领域及其内涵

8种能力领域	能力的内涵
联合训练	对部队实施多军兵种联合训练的能力
联合防护	保护美军及美国领土免受伤害的能力
兵力管理	对兵力实施有效整合、管理、调配的能力
战场感知	使指挥官和作战人员了解他们所处的作战环境及他们所面对的敌人的能力
指挥与控制	对部队行使指挥权、指挥部队完成作战任务的能力
网络中心战	将分散在不同地区的部队通过网络紧密连接起来，充分共享战场信息并协同作战的能力
兵力应用	以致命和非致命方式对敌作战的能力
聚焦后勤	为在世界各地开展军事行动而变更部署和维持部队的能力

表4.2　美军细化的21种能力领域指导武器装备信息化建设

能力领域	细化的能力领域	能力领域	细化的能力领域
联合训练	联合兵力生成	兵力应用	联合全球威慑
联合训练	联合跨部门协调	兵力应用	联合稳定行动
联合防护	联合防护	兵力应用	联合信息战
联合防护	联合民事保障	兵力应用	联合进入与反进入行动
联合防护	联合国土防御	兵力应用	联合特种作战与非常规作战
兵力管理	联合部队管理	兵力应用	联合陆上作战
兵力管理	联合公共事务行动	兵力应用	联合海上作战/濒海作战
兵力管理	联合安全合作	兵力应用	联合空中作战
战场感知	联合战场感知	兵力应用	联合空间作战
指挥与控制	联合指挥控制	聚焦后勤	联合后勤
网络中心战	联合网络中心作战		

（2）功能需求分析（FNA）。在功能领域分析的基础上，需求发起部门评估现有的作战能力，分析确定美军存在的能力差距、能力冗余以及能力发展的优先顺序。对于涉及联合作战的功能需求，需要分析形成《联合能力文件》，确定联合任务所涉及的能力领域，在此基础上进入具体的功能领域分析。

（3）功能方案分析（FSA）。功能方案分析是需求分析阶段最重要的环节。在功能领域分析与功能需求分析的基础上，需求发起部门分析确定弥补能力差距或发展新型作战能力所有可行的方案，其中包括装备解决方案，也包括条令、组织、训练、领导、人员与设施（DOTMLPF）等非装备解决方案，并形成按优先顺序排列的一系列方案。

另外，在需求能力文件的制定过程中，需求发起部门就能力文件草案的内容及时与相关能力领域的功能能力委员会以及相关军种、业务局进行沟通，上述机构将及时把意见反馈给需求发起部门，后者将及时吸取各部门的意见进行改进，使能力文件草案更加完善。

需求分析阶段结束后，最终形成《联合能力文件》、《初始能力文件》（ICD）草案或《联合变更建议文件》（CDR）草案。在进入采办阶段后，《初始能力文件》还要经过逐步细化形成《能力发展文件》草案、《能力生产文件》草案。只有在《初始能力文件》草案获得批准以后，需求发起部门才正式启动后续两个能力文件的分析、拟定工作。

（二）需求审查过程

需求发起部门在完成能力文件草案的编制后，将把能力文件草案提交"联合能力集成与开发系统"的知识管理/决策支持数据库，初审官正式启动能力文件初审工作。初审官将根据能力文件草案所涉及的具体能力领域，对能力文件草案实施评审，并在 5 天内发布评审结果。对于不合格的能力提案，初审官将予以否决，或退回军种修订；通过初审的提案，初审官首先将其分为四类，即 JROC 关注的项目、联合一体化项目、联合信息项目、独立项目，并将需求文件交由相应层级的需求审查机构进行评审（参见图 4.3）。

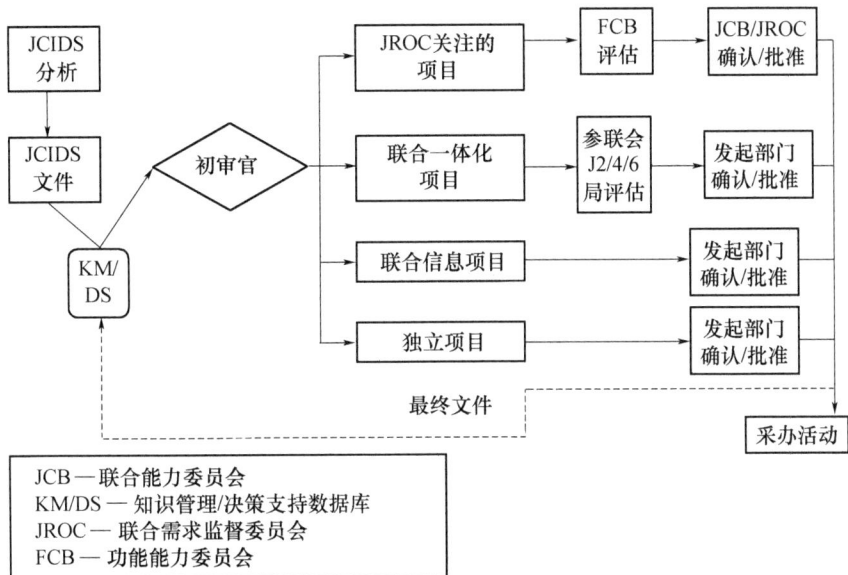

图4.3 "联合能力集成与开发系统"的审查和批准过程

对于 JROC 关注的项目,由联合参谋部 J2、J6、J8 等业务局从情报、军火敏感性以及互操作/保障性等方面进行审查,并指定专门的上校军官(O-6级军官)进行为期21天的审查。该上校军官将与联合作战司令部、军种部、国防部业务局以及联合参谋部的人员进行沟通,上述审查提出的所有问题将提交给需求发起部门进行解释和解决,并对能力文件做出相应的修订。这一审查过程也是能力文件进一步完善的过程。最后,能力文件交由功能能力委员会进行进一步的审查,功能能力委员会的审查意见连同能力文件草案提交联合能力委员会确认后,交由联合需求监督委员会批准。

对于联合一体化项目,也需由联合参谋部 J2、J6、J8 等业务局进行三个阶段的情报、军火敏感性以及互用性/保障性审查,需求发起部门根据评审结果对能力文件进行完善,最后由需求发起部门确认签署后生效,并将有关文件存入知识管理/决策支持数据库。

对于联合信息项目与独立项目,则无须进行复杂的后续审查工作,由需求发起部门根据初审结果对能力文件进行进一步完善后,即可签署后生效。

"联合能力集成与开发系统"制定的需求文件为装备采办提供了有效牵引。需求文件获得批准并纳入采办规划计划后,采办项目随即立项并进入采办程序。《初始能力文件》、《能力发展文件》和《能力生产文件》三份需求文件分别对里程碑决策点 A、B 和 C 采办决策活动提供了依据,确保所采办装备满足作战部门需要(参见图4.4)。

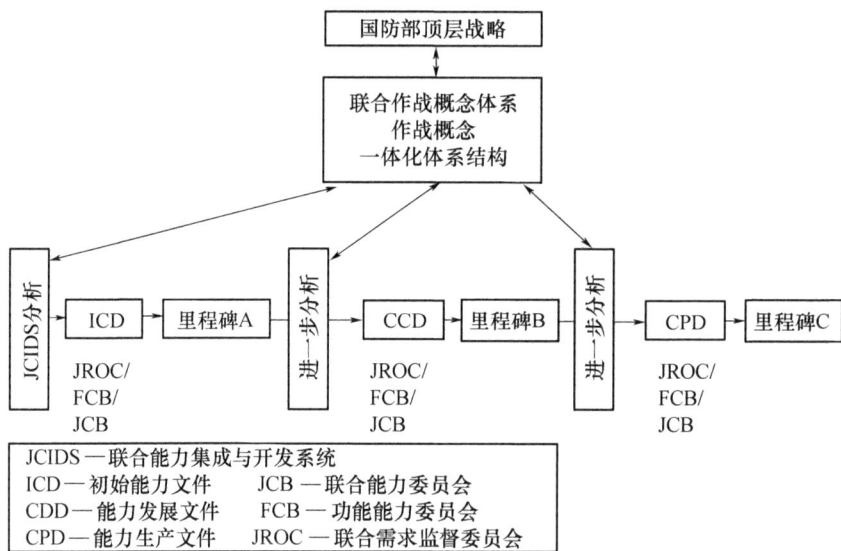

图4.4 "联合能力集成与开发系统"与"国防采办系统"的关系

美军上述三份需求文件,都包含了项目采办所需的关键性能参数,为采办工作的实施以及里程碑节点审查提供了依据。其中:《初始能力文件》为采办部门进行里程碑 A 的决策提供支撑,是采办部门开展装备方案分析与技术开发的根本依据;《能力发展文件》为采办部门进行里程碑 B 的决策提供支撑,决定着项目能否进入型号研制阶段;《能力生产文件》为采办部门进行里程碑 C 的决策提供支撑,决定着项目能否进入批量生产阶段。

第三节 美军武器装备需求生成机制的新旧对比

"联合能力集成与开发系统"是在"需求生成系统"的基础上构建的,两者一脉相承,有着一些共同特点:一是两者在美军装备建设中担任的角色相同,都是以需求为牵引推动装备采办工作的顺利进行;二是两者的核心机构与人员相同,两个系统的核心机构——联合需求监督委员会的人员构成基本没有发生变化。但是,"联合能力集成与开发系统"与"需求生成系统"相比,在指导思想、需求模式、需求分析过程、需求审查过程,以及需求文件的数量、名称和内容等方面差别显著,有着"革命性"变化。

一、指导思想从"基于威胁"转变为"基于能力"

"9·11"事件后,美军认识到21世纪美国所面临的挑战已经同以往大不相同,在"冷战"时期所面临的固定和可以预见的威胁不复存在,取而代之的是更加复杂和不可预见的威胁。因此,美军放弃了"基于威胁"的国防战略,提出了"基于能力"的新型国防战略。这种新的战略思想放弃了过去"同时打赢两场大规模战区战争"的作战设想,将注意力放在"为威慑和打败敌人需要具备的能力"上面。其本质不是通过扩军来增强实力,而是通过实施军队转型,打造"全能型军队",形成"全谱优势",从而实现慑止威胁和先发制人的战略目的,确保美国免遭未知的和意想不到的攻击。

美国国防战略的转变致使装备建设出发点由"基于威胁"向"基于能力"转变。装备需求确定过程作为装备建设的源头,必须迅速适应国防战略的转变,采用"基于能力"的需求确定方法。2003年的"需求革命"正是在国防战略发生重大变化的背景下进行的,在"联合能力集成与开发系统"中"基于能力"的思想体现得非常充分。"联合能力集成与开发系统"根据《国家安全战略》、《国家军事战略》、《作战概念》、《一体化体系结构》等顶层文件,由联合能力委员会和功能能力委员会从"基于能力"的角度统筹谋划装备建设的需求,改变了以往由各军种根据作战任务确定装备需求的做法,改变了美军需求管理中任务导向性过强、长远谋划不足的缺点,国防部对装备需求的统管力度进一步加强。

二、需求模式从"自下而上"转变为"自上而下"

美军"联合能力集成与开发系统"与"需求生成系统"重大的区别还在于需求生成机制的需求模式发生了根本变化。"需求革命"后,国防部主导的"自上而下"的需求模式取代了原有军种为主导的"自下而上"的需求模式(参见图4.5)。

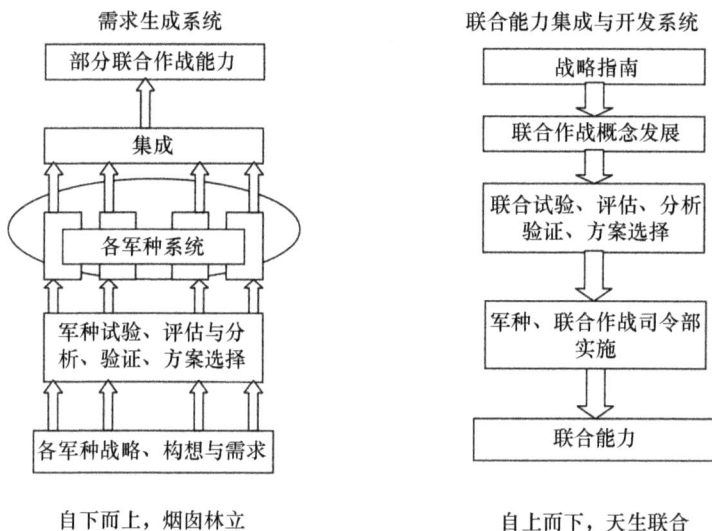

图4.5 "需求生成系统"与"联合能力集成与开发系统"需求模式比较

在"需求生成系统"中,美军采取的是"自下而上"的装备需求模式,各军种根据各自战略构想提出装备需求,经联合需求监督委员会认可后由军种进行试验、评估、分析、验证和方案选择,各军种的装备生产出来以后,国防部再考虑装备的集成与联合作战问题。这样只能形成部分的联合作战能力,经常出现各军种装备无法实现互联、互通、互操作,难以适应信息化条件下一体化联合作战的需要。"联合能力集成与开发系统"采取的是"自上而下"的装备需求模式。首先国防部制定《国家军事战略》与《联合设想》等顶层的战略指南,然后由国防部高层包括参谋长联席会议制定联合作战概念等顶层文件,指导"联合能力集成与开发系统"的功能领域、功能需求与功能方案分析,确定能力发展的解决方案,并通过军种和联合作战司令部的实施,最终形成联合能力。需求生成机制的需求模式从"自下而上"转变为"自上而下"后,国防部/参谋长联席会议占据着需求管理的主导地位,各军种降为从属地位,使得联合需求监督委员会能够站在国防部层次,从一开始就考虑联合作战的问题,所生产出来的装备"具有天生的联合性",能够满足一体化联合作战的需要。

三、需求分析过程更加注重寻求各种可能的解决方案

"联合能力集成与开发系统"与"需求生成系统"相比,需求的分析过程发生了较大变化,分析过程更为全面、具体和完备,更加注重寻求各种可能的解决方案。

"需求生成系统"的需求分析过程主要有两个步骤,即任务领域分析和任务需求分析。在"需求生成系统"中,需求文件主要以具体武器型号为目标制定,或从作战任务出发制定。在以具体武器型号为目标的需求生成过程中,需求部门往往提出需要什么样的装备,并详细规定战术技术性能,甚至提出初步设计设想,这无异于直接进入方案拟定阶段。虽然"需求生成系统"在20世纪90年代后期逐渐加强了对任务需求的分析,但是显然还不够全面和深入。

"联合能力集成与开发系统"的需求分析主要以发展某种能力为导向,通过功能领域分析、功能需求分析、功能方案分析,对现有的条令、组织、训练、装备、领导与教育、人员与设施进行基于作战的综合评估,从中找到最有可能的解决方案或方案的组合,为确定装备备选方案留有多种选择,从而消除或缩小这些能力差距。

由此可见,"联合能力集成与开发系统"相对"需求生成系统",需求分析的程序更加全面,摒弃了以往以具体型号的装备为目标的需求分析模式,转为以能力分析为核心,通过寻求各种可能的解决方案,更快、更好、更省地满足作战需求。

四、需求审查过程更加注重联合能力的审查

"需求革命"以后,美军装备需求的审查更加完善,通过新设初审官增加了初审环节,新设联合能力委员会加强了联合能力的审查,同时加强了对联合需求监督委员会关注的项目的广泛审查。

一是增设初审官,加强了初步审查。初审官由参谋长联席会议 J8 局的副局长担任,主要负责对能力文件进行初步审查,确定所提交的能力文件是否符合国防部的战略规划与政策指南,以及规定的格式要求,并对符合规定的能力提案实施分类,包括联合需求监督委员会关注提案、联合一体化提案、联合信息类提案和独立类提案。这样经过初审后,能力提案后续评审的针对性进一步提高,评审力度也得到加强。

二是增设联合能力委员会,加强了联合能力审查。联合能力委员会也是"联合能力集成与开发系统"的评审机构,委员会主席由参谋长联席会议 J8 局局长担任。该委员会依托功能能力委员会建立,根据联合能力所涉及的功能能力领域,抽调相关功能能力委员会的人员组成,负责对涉及两个或两个以上功能能力领域的能力提案实施审查,对联合需求监督委员会的最终决策提供支持。联合能力委员会进一步加强了参谋长联席会议对联合能力提案的审查,对确保装备的"生而联合"具有重要的推动作用。

第五章 规划计划预算系统的引入与演进

"规划计划预算执行系统"（PPBES）是美国国防部三大决策支持系统（需求生成系统、规划计划预算执行系统、国防采办系统）之一。"规划计划预算执行系统"（PPBES）的前身是"规划计划预算系统"（PPBS），最初由美国时任国防部长麦克纳马拉（1961—1968 年任国防部长）在兰德公司的研究成果基础上引入。该系统采用系统工程方法，统筹规划国防和武器装备建设，根据国家军事战略和财政预算限额，采用规划、计划和预算一体化编制程序，制定武器装备长远战略规划、中期计划和年度预算。该系统也被认为是麦克纳马拉留给国防部最宝贵的财富之一。

第一节 艾森豪威尔政府时期的国防预算制度

第二次世界大战以后，杜鲁门政府实施"遏制战略"，即孤立打击和遏制苏联等社会主义国家，制造"冷战"气氛，争夺世界霸权，建立全球包围社会主义国家的环型军事基地网。但是中国、朝鲜和越南革命的胜利以及朝鲜战争的结局，使"遏制战略"遭受巨大挫折。1953 年艾森豪威尔接任美国总统，着手进行战略调整，实施了以"大规模报复"为核心的"新面貌战略"。新战略的物质基础是战略核武器，但令美国政界和军方始料未及的是，由于新面貌战略核大棒威胁的刺激，苏中两国不但没有被削弱，反而相继都发展成为核大国，在国际上的影响力都大大增强。在这种情况下，白宫和五角大楼的决策者们发生了意见分歧，并且因此而造成了思想混乱。

在这种混乱局面下的国防预算毫无疑问也是混乱的。当时根据"新面貌战略"制定的国家安全基本政策既要求建立实施大规模报复的部队,又要求建立能打有限战争的机动灵活的部队,而国防预算不可能同时承担建立这两种部队的开支。国家安全基本政策规定出现战争威胁时,主要动用核部队,实际上却总是使用常规部队,弄得各军种常常无所适从。

当时的国防预算制度大体是这样一种模式:在预算周期开始时,总统就向国防部长下达指示,规定下一财政年度他认为在经济上和政治上切实可行的国防预算数字。这个数字通常是这样得出来的:首先对政府的总收入做出估计,然后扣除固定的支付款项(如支付国债的利息和付给退伍军人的款项)、国内各项计划的预计开支及援外费用等,最后剩下多少钱就给军队多少钱。这些预算方针对战略有什么影响并没有明确而系统地加以考虑。一旦总统就可行的国防预算做出决定,国防部长就在各军种之间确定一种固定的分配百分比,并按此比例分配款额。而各军种又根据其内部的习惯势力以及自己对国家安全基本政策的理解,来确定下属各单位的分配额。由此可见,当时的国防预算不是根据有关战略、军事需要和武器系统需求做出的,而基本上是各军种各自为政,各自提出自己的需求。例如:陆军制订计划主要以长期消耗战为依据,因此陆军要求储备几个月的作战补给品,以准备应付一场相当规模的常规战争;空军主要以核轰炸这种短期战争为根据,因此空军要求为核战争储备的补给品则以天来计算,而且天数不是很多。

对此,时任陆军参谋长的马克斯威尔·泰勒将军曾作过描述:"各军种互不联系,各自制订自己的预算。虽然国防部长、陆海空军各部部长和各军种参谋长之间曾就三军的共同需求问题进行过认真的讨论,但据我所知,从未把三个军种的预算方案放在一起研究过,也从未对该预算所能支持的总兵力的战斗力进行过估价。编造预算的这种所谓'纵向'法(而不是'横向'法)在很大程度上使得我们至今无法制订出一个理想的预算方案,能使财政上的重点同军事上的优先顺序协调一致起来。可以毫不夸大地说,谁都不知道我们具体的预算究竟要买些什么东西。"①

这样的预算制度导致艾森豪威尔政府不仅没实现降低遏制成本的目的,反而将国防开支维持在较高水平。杜鲁门执政的第一年,第二次世界大战尚未结束,国防开支占政府总开支的比重达到85.7%,但杜鲁门整个任期内国防开支占政府总开支的比重平均为50.7%。艾森豪威尔的继承者,肯尼迪、约翰逊政府的国防开支占政府总开支的比重平均也只有45.2%。艾森豪威尔执政的8年,平均则达到57.2%。

这种混乱的局面持续到20世纪50年代末,这时美军的常规作战能力已大大削弱,在许多武器方面丧失了对苏联的技术优势,成了一支"只能打不大可能发生的核战争,不能打很可能发生的有限战争"的军队。其实,当时很多政界和军界的要员们也意识到需要改革,但是大多数人仍然思想保守,缺少改革的锐气,甚至拒绝新技术、新方法。当时,地方企业使用电子计算机的情况相当普遍,工业管理理论已发展到很高水平。但仍有些将领认为"系统分析"、"定量管理"、"行为科学"都是无稽之谈。在麦克纳马拉之前的几任国防部长中,有的试图改革,但拗不过那些思想保守的将军,结果都不了了之。

第二节 "福特"高管走马上任国防部长

罗伯特·麦克纳马拉(Robert S. McNamara),1916年6月19日生于西海岸的旧金山,他的父亲是鞋业公司的销售经理。麦克纳马拉21岁从加州大学伯克利分校毕业,主修经济辅修数学与哲学,23岁获得哈佛企业管理硕士(MBA),24岁在普华永道会计事务所短暂工作过一段时间后回到自己获得MBA的哈佛商学院,成为那里最年轻和薪水最高的助理教授。1943年,他加入美国陆军航空队参加第二次世界大战,运用统计方法帮助空军评估

---

① [美]马克斯威尔·泰勒.《不定的号角》[M].王群,译.北京:解放军出版社,1963:64-65.

和改进轰炸机的使用率,从而大大提高了美军的轰炸效率。有一个典型的例证就是麦克纳马拉仅通过分析好飞行员和飞机的数目,并重新编排出勤时间表,就将 B-29 轰炸机的效率提高了 30%。这是他首次将自己的经管知识运用于军事的现代化管理之中。1946 年,麦克纳马拉退伍时也因此获得了功勋奖章(Legion of Merit)。

退伍后麦克纳马拉和其他几位从空军退役的军官被福特二世纳入福特公司旗下。当时的福特内部管理混乱,亏损严重,大部分高管没上过大学,对现代管理一无所知。麦克纳马拉和他的伙伴们的任务就是重振福特。他们将现代管理原则引入福特,用数量方法控制成本和产出,帮助福特公司摆脱了亏损和管理混乱。麦克纳马拉从规划和财政分析经理起步,逐步在福特一系列生产和营销策略制定中发出自己的声音。在 1957 年那个汽车还以大为美的年代,麦克纳马拉就想到:家庭主妇根本无需开着两吨重的汽车去买菜,把车做小点不仅节省原材料,也更省油,这样的车肯定有市场。在马克纳马拉的主导下,福特在 1959 年如其所愿地推出了极为成功的紧凑型"猎鹰"系列汽车,几年后又推出同样成功的瘦身版"林肯"系列汽车。

就在福特在麦克纳马拉和他的伙伴们的带领下逐渐扭亏为盈时,麦克纳马拉的事业也蒸蒸日上。1960 年 11 月,不到 45 岁的他成为仅次于福特二世的公司总裁,成为这个汽车帝国首位非本族的外姓掌门人。5 周后,同样是新当选的肯尼迪总统邀请麦克纳马拉出任国防部长。这时麦克纳马拉面临一个艰苦的选择,一则,福特这里刚接任总裁正是大显身手之时,二则,收入远比公职人员多得多,因此麦克纳马拉拒绝了肯尼迪的请求。肯尼迪总统认定麦克纳马拉是合适的人选,再度盛意邀请,于是麦克纳马拉在执掌福特公司 3 个月后接受邀请成为国防部长。1961 年 1 月,这个文质彬彬的书生、商人、华盛顿政治的门外汉,成为了美国有史以来权力最大的、也是争议最大的国防部长之一。在麦克纳马拉的数字科学观念下,美军开始了意义深远的改革。

第三节 依靠专业团队实施预算制度改革

麦克纳马拉进入五角大楼后,首先进行了数个星期的调查研究。他发现,要打破国防建设在困境中徘徊的局面,唯一办法是进行彻底改革。而要推动改革,就必须启用富有开拓精神和具有新知识、懂得科学管理的人,尤其是年轻人。于是,他很快任命了一个阵容强大、经过精心挑选、能够协调行动的知识分子集体。其中,著名律师罗斯韦尔·吉尔帕特里克担任国防部副部长;42 岁的法律专家赛勒斯·万斯为国防部法律总顾问;加利福尼亚大学利弗莫尔研究所所长、33 岁的哈罗德·布朗为国防科学研究与工程署署长;曾经为兰德公司工作的国防经济学家查尔斯·希契为国防部总审计长,"规划计划预算系统"就是由他提出来的,而且他还曾经在 1960 年和罗兰·麦基恩合著了《核时代的国防经济学》一书,深入探讨了国防经济的效率问题,并建议在军事设计上应将各种可行方案的成本与效益做出比较。此外麦克纳马拉还任命了一个"神童班子"——一批意气风发的年轻的专家学者,担任较低的职务。例如,同样也是来自于兰德公司的经济学家阿兰·恩索文,当时年仅 30 岁,麦克纳马拉任命其领导新成立的系统分析办公室,专门协助其在国防部内推行系统分析的思想、工具和方法。他还聘请一些专家担任顾问,如麻省理工学院的威廉·W·考夫曼教授、兰德公司战略学家的魁首艾伯特·沃尔斯泰特等,他们都经常被麦克纳马拉召唤到办公室进行咨询。

麦克纳马拉和他的团队把注意力集中在搞好总体设计、调整军事战略上,提出用系统分析提供的科学方法,设计整个军事改革蓝图,即:在纵向上,依据对未来国际战略环境的预测,以国家战略为指针,制定军事战略,然后再依此制定军事作战战略和军事协调战略,进而拟制编制改革计划、训练计划和武器系统研制计划;在横向上,打破军种界限,按照未来作战及平时管理的需要,把国防系统按照职能分为战略报复部队、国土防空部队、一般任务部队、空运和海运部队、后备队和国民警卫队等,以及研究与发展、支援(包括训练、后勤、基建等)、退役金、民防、组织与管理、军人薪金补助和人员限额等分系统,再根据对国防系统整体优化的原则,对每个分系统进行功能评估。

麦克纳马拉和他的团队为了彻底改造落后的、低效率的国防机器,经过复杂而审慎的论证,提出了一个大胆的改革方案:把军事战略、国防预算、部队需求和武器研制有机地联系起来,把远期、中期、近期计划紧密地衔接起来,建立统一完整的国防计划体制。

第四节　强势推动成效卓著

五角大楼的主要职责其实就是两项活动:预算和执行预算。编制预算每年周而复始,从不间断。执行预算就是使用已拨付的经费,去获得和保持所需的战斗力量。履行这些职责表面上看似很简单,但是正如艾森豪威尔政府所发现的那样,事实却完全是另一回事。问题不在于如何编制预算或使用资源,而在于如何把基本战略方针同作战部队和预算联系起来,以及如何根据目的以最经济的方式去使用经费。

麦克纳马拉在到达五角大楼之后不久,就将自己的角色定位为领导人而不是法官,将国防部长的职责定位为提出和制定新的主张和计划,而不仅仅是对争论做出裁决和对利益进行调和。国防部长要做的根本性的工作就是通过周密的分析而提出各种可供选择的计划,然后在这些计划中做出明确的选择。在此基础上,麦克纳马拉决定在国防部建立一套金字塔式的决策机构和行政制度,将一切可能的决定都推到金字塔的底层去做。同时,在金字塔的高层制定基本政策,用以指导金字塔底层做出明智的决定,以确保底层的行动与这个组织中其他单位的决定相符合。

麦克纳马拉选定的用来协助他做出这些决定的方法,就是制定"规划计划预算系统",即采用系统分析方法,统筹规划国防和武器装备建设,根据国家军事战略和财政预算限额,采用规划、计划和预算一体化编制程序,制定武器装备长远战略规划、中期计划和年度预算。

一、"规划计划预算系统"

在艾森豪威尔政府时期,规划阶段主要是由参谋长联席会议制定"联合作战目标规划"。这个规划分两部分:第一部分是提出世界范围内存在的可能对美国的战略威胁;第二部分是针对这些威胁提出相应的部队规模。由于部队规模与每个军种的利益息息相关,因此各军种总会强烈要求这个规则文件反映出他们的需要,但是各军种相互竞争,要求往往最终会变得不切实际。

麦克纳马拉将推行"规划计划预算系统"的任务交给当时的国防部总审计长查尔斯·希契,希契原本希望用 18 个月时间建立起这套新的系统,但麦克纳马拉决定在 6 个月内把它建立起来,并用来制定新政府负责的第一个预算——1963 财政年度预算。

新的"规划计划预算系统"的规划阶段,麦克纳马拉要求首先要研究军事和经济需求,做出实现国家安全目标的多种方案,根据成本效率的对比做出选择。负责开展这些研究的是恩索文领导的系统分析办公室,他们运用系统分析方法和工具进行研究,并将其写入"总统备忘录草案",发到国防部的 9 个任务职能部门(负责分配国防预算)。"联合作战目标规划"也进行了改革,虽然仍由参谋长联席会议牵头,各军种部代表参加,每年制订一次,但是相对之前来讲,更加注重研究和分析。首先,需要进行情报估计,分析近期和远期世界战略格局的发展变化,预测重要敌对国家可能采取的战略和战役行动;然后,进行联合长远战略研究,分析敌、友、我的战略方针及变化趋向;接着,规划联合战略能力,根据未来将要进行的战争,提出三军兵力、后勤、装备、情报等方面的需求;最后,在明确上述各点之后,制订出联合战略规划,阐明敌方的威胁、己方要打击的目标以及所需的兵力等。

计划阶段是规划和预算之间的桥梁,比制定规划更具体,主要工作就是确定军队建设的具体项目以及所需要的资源,是整个过程中的关键。国防部长接到"联合战略目标规划"和"总统备忘录草案"就表明计划阶段开始。国防部长在审查了前述两个文件后,开始牵头起草"五年国防计划",这个计划主要描述整个军队的五年建设设想,然后就此计划征求各军种的意见和建议,在综合他们的需求和建议的基础上对其进行修改。系统分析办公室则对军种的意见进行分析,并向国防部长就各军种的修改建议提出设想和解决方案。与此同时,参谋长联席会议也对"总统备忘录草案"进行审查并提出他们自己的建议。每年夏天麦克纳马拉在系统分析办公室和其他参谋人员协助下,对参谋长联席会议和各军种的建议做出决定,在8月底发出"总统备忘录草案",作为最后制定预算的基础。计划阶段是最为艰难的一个阶段,麦克纳马拉需要对各军种提出的各种要求和修改意见做出决定,而这常常会招致军人们的不满。但是麦克纳马拉坚定不移地将他的改革向前推进。

在大部分争议得到解决和平衡后,就进入了预算阶段,通常预算从当年9月份持续到12月底。预算期间同样仍然会有争论,但是由于大部分争议已经在计划阶段暴露,因此预算能够较为顺利地制定。

由此可见,规划、计划、预算制度把军事战略、国防预算、部队需求和武器研制有机地联系起来,把远期、中期、近期计划和年度预算紧密地衔接在一起,形成了一个完整而统一的制度;按军事功能来编制计划和预算,同一类任务的各军种项目纳入同一类计划,加强国防部的综合平衡,从而减少了重复浪费,大大提高了经费使用效率。

二、系统分析

"规划、计划、预算系统"是建立在系统分析方法的基础上的。系统分析最初是兰德公司的研究成果,它把要解决的问题作为一个系统,对系统要素进行综合分析,找出解决问题的可行方案。兰德公司认为系统分析是一种研究方略,它能在不确定的情况下,确定问题的本质和起因,明确咨询目标,找出各种可行方案,并通过一定标准对这些方案进行比较,帮助决策者在复杂的问题和环境中做出科学抉择。这恰恰与麦克纳马拉对国防部的改革思路不谋而合,于是他邀请来自兰德的阿兰·恩索文在国防部推行系统分析方法,并成立系统分析办公室,专门协助其运用系统分析解决来自国防部和各军种的各种问题,如军队规模、武器采购或者军队训练等。

　　麦克纳马拉提出的系统分析这一变革,遭到的诽谤最为厉害。主张系统分析的人把它称为"解决决策问题的一种合理方法"。这种方法运用了各门学科的原理,主要是数学、经济学和统计学。有的人将其誉为一种用科学代替"凭直感作判断"的绝妙工具;有的人则骂它是一种试图用数量来表示无法计量的东西的点金术。事实上,这两种说法都不正确。系统分析不过是利用提出多种选择方案的方法,将相互关联的事实、合乎逻辑的主张和各种假设分离开来,并加以分析。这样,决策者就可以做出明智的判断,使目的和手段之间的关系尽可能地完善起来。

　　系统分析的目的之一是保证在费用和效率之间尽可能做出最好的权衡。图 5.1 是有关武器采购的一个典型例子。如果某一武器系统坐标落在 A 点上,那就表明不是所追求的目标过大就是需要更多的钱。如果该系统的坐标落在 B 点上,则再增加一点费用就可以大大提高效率。D 点表示最好的目标,因为如果超过这一点,上升的效费比曲线就逐渐成水平线。如果

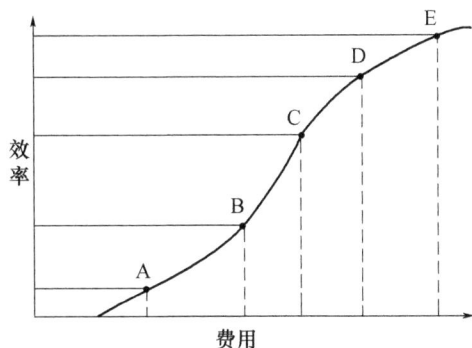

图 5.1　"效费比"曲线图

该系统的坐标落在 E 点上,则效率开始递减。此曲线图还能确定效率相差的幅度。例如,在 A 点或 E 点上,经费稍有变化,不会对效率产生较大影响,但在 C 点上增加或减少少量的钱,就会大大提高或降低效率。这种研究的成果是好是坏,还是不好不坏,要取决于分析者的智力、教育程度、经验和有无偏见。错误的假设只能得出完全歪曲事实的结论。但是不管怎样,系统分析同规划、计划、预算制度一起使用,仍然是一种非常有效的管理工具。

系统分析的方法使得希契、布朗、恩索文及其同事们可以比较出执行相同或类似任务的武器计划的相对价值。此外,这一程序迫使各军种必须调查各项武器计划的费用情况,重视分析一种武器在其全寿命期间(可能延续到后 20 年)的各种费用(包括人员、保养、改进、部署等费用)。在新设立的系统分析办公室的苦心努力下,这种新技术得到了多方面应用。利用这种方法,可以拒绝各军种的无理要求,驳斥职业军人所做的无法量化的判断。

三、成效与争议

基于系统分析的规划、计划、预算制度在当时引起了很大的争议,特别是在系统分析方面。但是这套管理方法使得国防决策在两个大的方面有了改进:第一,对战略、军队需要和费用问题综合在一起进行分析,而不是各军种进行谈判进而任意的分配资源;第二,为国防部长提供了一个独立的、主要由文职人员组成的分析参谋班子。

这套制度使麦克纳马拉从各军种那里获得了主动权。例如,"总统备忘录草案"是提出设想的办法,这样实际上也就限定了解决办法。麦克纳马拉所推行的改革,使美国国防系统不仅焕发了新的活力,而且跨进了现代科学管理的新阶段。仅在他本人担任国防部长期间,就节约了 150 多亿美元的国防开支。美国前总统约翰逊给了他很高的评价,称赞他"把美国的武装力量建设到了一个实力和效率的新高峰"。但同时,这一系统也使国防部办公室、参谋长联席会议和各军种间,乃至与国会的各个部门之间产生的矛盾日益突出。

敢于从根基上动摇旧体制,是麦克纳马拉成功的关键一步。在他之前的两位国防部长尽管看出当时美国的国防体制已经与新的形势不相适应,也做过一些改革的尝试,但面对重重困难和错综复杂的矛盾,他们不敢下狠心动大手术,只是对旧机制进行某些修补。结果不仅没能使整个国防系统彻底改观,就连一些微小的改革成果也巩固不住,因为经过改革的分系统受到未经改革的那些分系统的制约,很难发挥新机制的功能。麦克纳马拉的魄力,比他的前任者们具有明显优势,他选择了艰难的全面改革的道路,从制定新的军事战略入手,抓住国防计划体制这个起决定作用的关节,用系统思想和方法进行综合治理,这样就给整盘机器注入了新的活力,而不是仅仅擦拭或改造一两个零件。

由于与国防力量建设相关的各种因素发生了很大变化,现代国防已成为一个极复杂的系统。麦克纳马拉入主五角大楼时,接过来的是一个扯皮的摊子、一个运转失灵的摊子。他敏锐地看出症结在于管理不善,于是倾注全部精力,运用现代管理科学知识,在国防系统建立起一整套先进的管理制度和管理方法,并且培养了一大批懂得现代管理的人才。正确和错误,常常都需要经过一段相当长的时间才能被人所认识。美国将军们后来看见了科学管理给军队建设和军事作战带来的显著效益,终于由反对、怀疑转变为由衷地拥护。

麦克纳马拉的实践说明,军事改革非常需要借助于各种现代科学,同时也需要借鉴经济改革的一些成功经验。拒绝接受新的科学方法,或者过分强调国防的特殊性,都只会捆住自己的手脚。然而,国防建设毕竟有它自身的特点和规律,不能照搬企业管理和经济改革的具体原则和做法。麦克纳马拉本人以及他的许多助手都不曾当过将军,改革中出现的一些缺陷与此不无关系。

第五节　规划计划预算系统的后续改革和发展

规划计划预算系统(PPBS)在国防资源分配和装备建设中发挥了重要

作用,为美国建成世界上最强大的武装力量提供了科学合理的经费保障。但是随着形势和任务的变化,PPBS 也暴露出诸多问题,不能适应一体化联合作战的需要,主要表现在:一是规划计划预算编制程序复杂,协调量大,工作效率低。实行一年一次规划计划预算编制制度,计划预算编制程序复杂,每滚动制定一次在国防部运行需要 24 个月,国会审批还要 8 个月。此外,各军种上报计划与国防部(往往代表联合作战司令部,更关注联合作战装备计划)关注重点出入很大,在计划和预算评审时双方分歧较大,需要花费大量的时间和精力进行协调,计划和预算结果往往是双方妥协的产物,而不是资源的最优配置。二是对国防经费执行评审不足,降低了经费的使用效益。国防部和各军种都更关注于规划计划与资源分配过程是否符合国家预算编制要求,而对所投入的国防经费是否能取得预期的成效、是否能获得所需的联合作战能力、是否符合军事战略要求,没有实施有效的评估,对后续规划计划与预算编制工作没有提供有效的支撑,不能适应新的任务要求。为解决上述问题,国防部决定对 PPBS 进行改革。

1986 年国会授权实行两年一次的预算编制制度,要求国防部试行预算年和非预算年编制。但在总统预算的签署与国会的审批过程中,国防部提交的计划和预算仍然采取每年一次的编制方式,PPBS 制度没有发生根本性变化。

2003 年,国防部提出采用新的"规划计划预算执行系统"(PPBES)取代"规划计划预算系统(PPBS)",以更好地适应新形势和新任务的需要,并于 2005 财年正式实施。"规划计划预算执行系统"继承了 PPBS 在组织体制、运行程序、工作文件、职责分工等方面的许多做法,又针对联合作战和能力建设的要求做了大量修改。例如,正式实行两年一次的预算编制程序,分预算年和非预算年分别制定运行程序,把预算执行作为程序的一个正式阶段,持续开展计划和预算评审,加强资源分配与联合能力需求的结合,进一步强化与需求生成系统和采办系统的结合。

新的"规划计划预算执行系统"每两年编制一次。日历年中的偶数年编

制新的计划和预算;奇数年则只是对上年制定的计划和预算进行调整。各阶段主要工作如下:

规划阶段。主要任务是根据国家安全形势分析,制定牵引军事发展的战略和规划,明确未来6年的发展目标和指导方针。该阶段工作由国防部常务副部长牵头,国防部长办公厅、各军种、联合参谋部、作战司令部等机构派代表参加。

一是制定顶层指导文件。美军作战主管部门(参谋长联席会议)协同各作战司令部、军种、国防部业务局等机构,先后制定《国家军事战略》和《联合规划文件》等顶层指导性文件。二是制定具体的指导性文件。国防部长办公厅会同参谋长联席会议等部门先后制定《战略规划指南》和《联合计划指南》等具体指导性文件,明确未来的主要任务和优先发展能力,为计划和预算阶段的工作提供指导。在非预算年,一般不再发布新的具体指导文件(除非国防部长或常务副部长特别要求)。

计划阶段。在计划阶段,如果是预算年,其主要任务是制定装备发展中期计划,提出人力、财力需求。如果是非预算年,其主要任务是对计划进行调整。该阶段工作由成本评估与计划鉴定局牵头,国防部长办公厅、联合参谋部、联合作战司令部、各军种和业务局派代表参加。

一是预算年编制提交计划文件。各军种和国防部业务局根据自身情况编制计划文件(《计划目标备忘录》),报国防部长办公厅;非预算年,编制单位根据当年调整情况上报《计划变更建议书》(与上年预算总数相同,如对某个项目增加预算,则要对其他项目削减等额预算)。二是国防部审议各单位上报的计划文件,具体由国防部办公厅组织评审。三是形成正式计划文件。上述文件评审后,形成《计划决策备忘录》,由国防部常务副部长签署发布。成本评估与计划鉴定局制定《未来年份国防计划》,对未来6年计划项目做出详细预算安排。

预算阶段。与计划阶段的工作同时进行。预算年的主要任务是确定未来2年的预算。非预算年的主要任务是对预算进行调整。该阶段工作由主计长领导,各军种、国防部业务局、国防部长办公厅、总统行政管理与预算局等参加完成。

一是提出预算提案。预算年各军种和业务局编制《预算估计提案》;在非预算年根据调整情况提交《预算变更建议书》。二是审议提案、做出预算决定。主计长办公室和行政管理与预算局联合举行听证会,联合评审《预算估计提案》,根据评审和听证结果制定一系列《计划预算决定》,经各军种和国防部业务局讨论修改后,由主计长办公室复查,报国防部常务副部长批准形成正式的《计划预算决定》。三是正式发布预算。上述预算决定经总统签署后报行政管理与预算局审查,经总统签署形成《总统预算》,提交国会审议。国会审查后提交总统签署正式预算法案(《国防授权法》和《国防拨款法》)。

执行阶段。主要任务是按计划拨款并执行预算。《国防拨款法》签署后,财政部发布拨款文件,行政管理与预算局将款项拨付给国防部,国防部再将资金分配给各军种、国防部各业务局、联合作战司令部等部门,执行预算。

总体来讲,PPBES 把国防建设看作一个大系统,将装备采办、人员工资、基地建设等工作均纳入系统之中,运用系统工程方法编制计划和预算,有利于强化国防部综合平衡,减少由于各军种分别安排而造成的交叉重复和资金浪费。

第六章　装备采办项目管理
制度的形成发展

　　武器装备采办项目管理(亦称计划管理或型号管理),是指根据武器装备发展需要而建立的特定组织形式或管理方式,由美军创立,随第二次世界大战期间特编组织的出现而诞生,是目前美军武器装备采办最主要的管理方法。美国《国防管理杂志》曾将这种管理方式推崇为美军对当代管理理论与实践的重大贡献之一。另有管理专家小组采用"德尔菲"调查方法,确认美国国防部对当代管理科学与实践有 13 项重大贡献,其中项目(型号)管理位列首位。

第一节　项目管理制度在美军的发展过程

　　现代项目管理起源于美军。从"曼哈顿"计划开始经过 70 余年的发展,武器装备项目管理制度日趋成熟,成为国防采办中的一种重要管理方法,通行于世界。

一、"曼哈顿"计划——项目管理的诞生

　　第二次世界大战期间,为加速法西斯灭亡进程,美国陆军牵头,于 1942 年开始实施研制原子弹的"曼哈顿"计划。为提高管理效率,陆军把分散在军队、大学和各研究机构的人员汇集起来,组建一个专门的组织机构,由陆军格罗夫斯少将任项目总负责人,著名物理学家奥本海默任技术总顾问。美国政府赋予该计划管理特别的优先权,对其实行集中统一管理。

"曼哈顿"计划有两大实施原则:一是制造出的原子弹供军队使用;二是要在德国人之前造出原子弹。因此,计划有严格的进度要求,实施过程美国政府全力支持,最后投资达 25 亿美元。"曼哈顿"计划被分解为 16 个分支工程,各自有其负责人。计划初期 15 万人参与,最高峰时达到 54 万人。为确保首先研制出原子弹,陆军部还成立代号为"阿尔索斯"的秘密行动小组,负责搜捕德国核能研究科学家、搜集重要的战略物资,以及其他国家研制原子弹的情报。

"曼哈顿"计划管理取得了显著成效,仅用四年时间就制造出三颗原子弹,成为武器装备项目管理的第一个成功范例。"曼哈顿"计划具有行政支持、组织严密、分工明确、高效协调等特点,开创了科学、军事和工业三位一体的"大科学"典范。1946 年,原子弹成功研制一周年之际,美国通过《1946年原子能法令》,将原"曼哈顿"计划的全部财产和权力移交原子能委员会。

二、"北极星"计划——项目管理开始广泛应用

"曼哈顿"计划的成功使项目管理受到美军关注。20 世纪 50 年代,海军计划用核潜艇发射"丘比特"导弹,同陆军一道资助"丘比特"项目。为推进项目,海军组建了它的第一个项目管理机构——特种计划办公室。其后,特种计划办公室确认:"丘比特"改型导弹尺度太大,不能用作潜射导弹,只有改用固体燃料才有出路。1957 年 1 月,海军放弃"丘比特"项目,决定独立研制采用固体燃料的潜射导弹,海军发展战略核潜艇及导弹的计划被称为"北极星"计划,由海军特种计划办公室负责组织,最终有 8 家总承包商、近 300家分包商和 9000 多家转包商参与计划。

1957 年 10 月,苏联发射第一颗人造卫星。受其影响,美国认为所有西方国家都会受到苏联核导弹的威胁,为此决定加快发展核武器项目,责令海军压缩"北极星"计划进度,务必在 1959 年年底至 1960 年年初,制造出第一艘弹道导弹核潜艇。为赢得时间,"北极星"计划被分为两部分:一部分由特种计划办公室继续组织"北极星"导弹的研制;另一部分由格罗顿船厂根据

已经确定的导弹尺度设计核潜艇。

海军特种计划办公室与洛克菲勒、汉密尔顿两家公司组成联合研究小组,在"北极星"导弹研制计划中开发出"计划评审技术管理方法(PERT)"①,以网络分析为基础,借助电子计算机合理安排人力物力,使"北极星"导弹研制周期缩短了 20% 以上,提前 2 年完成研制任务。1959 年年底,海军第一艘"北极星"弹道导弹核潜艇"乔治·华盛顿"号下水。1960 年7 月 20 日,"乔治·华盛顿"号成功发射"北极星"导弹,整个项目取得巨大成功。而计划评审技术在"北极星"计划中的出现和应用被认为是现代项目管理的起点,也是美国较早把项目管理技术应用于装备采办管理中的典范。

纵观 20 世纪 50 年代,美军武器装备采办权力集中在军种,国防部很少进行干预。军种均成立研究与发展司令部和装备司令部。其中,研究与发展司令部负责项目的计划需求论证管理,装备司令部则负责采购与维护武器装备。1958 年,国会通过《国防部改组法》,首次要求将采办项目的审批权集中到国防部一级,为之后的项目管理体系设置奠定制度基础。

三、"阿波罗"登月计划——项目管理获得巨大成功

项目管理在军方取得成功后,1961 年,美国启动"阿波罗"登月计划,历时 11 年,动员了上百个科研机构、120 所大学、2 万多家企业,参加人数最高时达 30 万人,耗资约 255 亿美元。

"阿波罗"计划规模宏大,面临技术和管理上的双重挑战。牵头的国家航空航天局(NASA)认识到,必须建立强有力的计划管理体制和一套严密而科学的组织管理方法。为完成这一划时代的艰巨任务,NASA 四次改革其组织管理体制,不仅搭建了集权与分权结合、决策与执行分立的四级管理架构,而且以美国国防部为样板,创造了更好地规划、管理和实施科技重大专

---

① 计划评审技术首先将项目分成若干活动,这些活动再细分成若干工序,根据工序的先后次序绘制网络图;然后,估算各个工序所需的完工时间,计算完成整个计划所需的时间;最后,确定关键路径(所需时间最长的活动)上可以调整的人力、物力和财力,将其转移到关键路径上去,以保证用最短的时间完成计划。

项的系统工程方法。

在体制上，NASA 建立了总部决策层、"阿波罗"计划办公室到 3 大载人航天中心组成的内部层级管理架构，并吸纳 3 家承包商提供辅助管理，形成了既集权又分权、决策与执行边界明确、互相联系、互相制约的管理体制。

在机制上，NASA 制定了《阿波罗计划指令》，除对计划实施过程中各航天中心主任的职责进行了详尽规定外，对载人飞行具体软硬件的生产、检查、发射和飞行诸环节，以及航天中心间关系也做出了约定。NASA 还围绕技术问题建立了一系列航天中心间协调小组，专门成立小组评审委员会（PRB）对这些协调小组的活动进行监督，以保证各航天中心在技术问题上群策群力，密切合作。NASA 从行政管理和技术管理两个层面促进中心间的协调配合，整个计划得以高效推进。

在方法工具上，"阿波罗"计划采用了随机网络技术（GERT）和系统工程方法。随机网络是一种能反映多种随机因素及其随机变量间相互关系的网络技术。在随机网络模型中，包含着各种随机成分，如时间、费用、资源耗费、效益、亏损等，并且可以处理系统中各种活动及其相互影响的随机性问题，即某活动按一定概率可能发生或不发生，相应地反映在活动开始或结束的节点或支线也可能发生或不发生，从而为许多复杂的、包含多种随机因素的系统或问题的研究和分析，提供了有效途径。系统工程则是综合利用多学科成果的方法和过程，用于开发、验证和维持完整的装备采办全寿命周期，并与系统、人和过程相平衡，提供满足需求的解决方法和技术手段。

在团队建设上，NASA 充分依靠国防部给予的支持，从空军借调有丰富系统管理经验的军方特派员。特派员制度是 1959 年艾森豪威尔总统批准，由 NASA 和国防部之间协商确定的协议。它确立了协调 NASA 人才借调请求与国防部人才供应的程序，设定人员借调期为 3 年（可延长 1 年），任何一方可以提前解除任命，NASA 的监察员要编写军人效能报告，NASA 要向军方支付人员薪水和津贴。1960 年 NASA 有 77 名军方特派员，1966 年上升到 323 名，之后数量逐渐趋稳，为保障计划顺利实施做出巨大贡献。

四、成本进度控制系统——项目管理逐步走向成熟的标志

20世纪60年代,国防部长麦克纳马拉在美军强制推行规划计划预算系统(PPBS)制度,使国防部获得巨大权力,能够主导国防资源在全军的分配。麦克纳马拉主政时期,装备项目的成本增长、进度延期问题日益严重。从本质上看,成本、进度控制是武器装备项目管理的主要目标之一,也是风险管理中最为关注的问题之一。成本支出、资金消耗量的大小同进度的快慢、提前或滞后有直接的关系。如果对成本和进度分别管理,就会造成相互之间缺乏紧密的联系,带来很多问题。因此要真正有效地控制成本,必须连续监督花在项目上的资金量,并与工作进度进行对比。为了提高采办项目的管理水平,有效控制武器装备项目合同的成本和进度,美军探索采用成本进度控制法来对进度和费用风险进行监控。

成本进度控制法(也称为收益值方法),主要是把完成工作的实际成本和计划值进行比较,计算出成本差异和进度差异,在此基础上对项目的成本、进度等指标的完成情况进行评价,从而随时掌握项目的成本、进度以及所面临的技术风险等情况,对可能出现的问题及时采取对策,最大限度减少风险。

1967年,美国国防部在借鉴民用项目成本进度控制成功经验的基础上,总结了装备项目管理多年来的经验和教训,编制了“成本进度控制系统”的基础性文件——“成本进度控制系统准则”,并以国防部7000.2号指令的形式颁布实施。

成本进度控制法在美军武器装备项目管理中的使用,较好地克服了装备采办中存在的超概算和拖进度问题。美国国防部官员曾对使用“成本进度控制法”的110个大型、复杂合同(经费总额730亿美元)进行研究,发现“经费超支只占总经费的2.5%”。联合攻击战斗机、F-22战斗机、F/A-18E/F战斗机等大型武器装备项目都普遍使用这一方法,应用效果良好。

五、军内项目管理体制改革——"冷战"高峰期的权力之争

1969 年,尼克松总统任命梅尔文·莱尔德为国防部长。与此前 9 位曾担任企业或律师事务所高管的国防部长相比,莱尔德管理经验并不充足。但十余年的众议员生涯使他善于沟通和处理问题。在其担任国防部长期间,美国军队已被拖入越南战争漩涡多年,军队裁减三分之一以上,武器大量削减,国防费大幅下降。为改变现状,莱尔德着手实施改革,并任命戴维·帕卡德为国防部副部长。70 年代初,帕卡德针对 60 年代麦克纳马拉时期国防部统管权力过大的问题,主张实行"多方参与的管理",并由此推行一系列重大举措。例如,明确规定国防部与军种各自职责,发挥军种的作用,增强基层管理组织——项目(武器型号)办公室的职能。自此,国防部不再包办所有应由军种实施的工作,而是集中精力把握国防采办工作的大政方针,控制经费预算,对军种实施的重要计划进行重点把关。1971 年,国防部首次颁布 5000.1 号指令《重大国防系统的采办》,奠定了现代武器装备全寿命管理的重要基础。第一版 5000.1 号指令将国防采办项目全寿命周期分为 3 个阶段(项目启动阶段、全面研制阶段、生产与部署阶段),设立里程碑决策点,对武器装备实行分阶段、逐段推进的项目管理。

20 世纪 80 年代初,采办项目管理权限集中在军种,装备司令部(陆军、空军)和系统司令部(海军)都有各自的装备采办组织,统管本军种的装备采办项目。各军种根据任务需要,在装备(系统)司令部之下,根据武器系统计划或型号设立型号(项目)办公室,直接管理每个特定项目。在这种管理体制下,国防部统一管理力度不够,从上到下的指挥线不够明确,军种采办缺乏必要的监督,资源浪费现象十分突出。当时的美国政府问责办公室和国防部总监察长曾经尝试审计美军项目,但最终宣布这是一项不可能完成的任务。空军财务分析人员菲茨杰拉德在调查军种一般器件上的花费情况时发现:空军为 B - 52 轰炸机的一个普通尼龙塑料凳子腿帽花了 1000 美元;海军为一个家用铁锤花了 436 美元,为一对弯嘴钳花了 600 美元。最致命的

一点是菲茨杰拉德让人们认识到现代先进军用飞机的成本与这些乱花钱购买的部件是"比翼齐飞"的。这些事件经媒体宣传引起轩然大波,迫使国防部再次实施改革。

1983 年,美国国防部国防系统管理学院组织编写了《系统工程管理指南》,从系统工程管理的角度,对武器装备项目管理的相关工作进行了规范。1984 年,美国项目管理协会推出《项目管理知识体系》,规范和促进了项目管理的职业发展。随后,美国国防部出台了《国防部项目管理知识体系》,推动了武器装备项目管理规范化的进一步发展。

1986 年,为解决采办领域存在的严重"拖进度、降指标、涨费用"问题,里根总统委派前国防部常务副部长帕卡德组成特别委员会(亦称"帕卡德委员会"),对国防采办进行评审。此次评审确认,军种在装备采办管理中的权限过大,国防部主要负责政策制定与监督指导,装备采办的具体工作主要由各军种承担,各军种部长或副部长具体负责,例如:海军采办工作由海军部长亲自主抓;陆军和空军采办工作由本军种副部长负责。军种采办工作形成的"军种部长(副部长)—装备司令部(陆军和空军)或系统司令部(海军)—项目(或型号)管理办公室"体制,是按行政系统层层指挥与管理的。这种行政指挥线,造成军种部以及装备司令部或系统司令部的两级权力较大。从国防部和军种的关系来看,由于军种部长(或副部长)负责各军种的采办工作,更多地从本军种部门考虑问题,国防部采办的方针政策在军种一级经常被扭曲和改变。从军种与装备司令部(或系统司令部)的关系来看,由于军种装备采办的经费及权力很大程度上由各司令部掌握,军种部长(副部长)难以对项目办公室的实施情况进行有效监督和管理。这种按行政隶属关系设置的采办指挥线,机构重叠、渠道不畅,难以实现采办政策的上传下达,造成装备采办效益低下。

以帕卡德为首的国防管理特别委员会向国防部提交报告,建议对国防采办项目管理进行重大改革。委员会呼吁成立负责全盘采办管理的权力机构,对采办执行负全部责任,并成立简明的采办项目管理指挥线。根据这个建议,总统发布了第219号《国家安全指令》,建立以国防采办执行官为首的项目管理体系,形成"国防采办执行官—军种采办执行官—计划执行官—项目主任"四级项目管理指挥线,实现对武器装备项目的专业化管理,提高装备项目管理的效率。

国会随后通过了《戈德华特—尼克尔斯法》,对采办业务进行全面改革。根据该法案,国防部任命了负责采办的国防部副部长,并兼任国防采办执行官,实现了装备预研、科研、研制与采购的集中统管。在各军种设立专职采办工作的军种助理部长兼军种采办执行官。

1989年,国防部长切尼批准了《国防管理审查》,进一步精简采办机构:每个军种建立精干的采办组织体系,包括项目主任、计划执行官及军种采办执行官(每个军种的管理略有差别)。陆军和空军都有由四星上将领导的负责采办与后勤保障的主要司令部——陆军装备司令部和空军装备司令部。海军取消了装备司令部,建立了四个下属的海军系统司令部,其中两个司令部由三星海军上将领导,负责系统的采办和向舰队提供后勤保障。这样形成的国防采办指挥线,规避了行政指挥线的弊端,理顺了采办管理体制,提高了装备采办管理效率与效益。

第二节　装备采办项目全寿命管理体系

装备全寿命(Life Cycle)是指武器系统寿命周期的各个阶段,包括研究、开发、试验与鉴定、生产、部署(库存)、使用与保障以及退役处置,即"从生到死"的过程。美军是装备采办项目全寿命管理理念的提出者和倡导者。目前,美军装备采办管理系统主要由全寿命项目管理、合同管理、合同支付、合同审计四大部分组成,这四种职能分别由不同的机构承担。全寿命项目管理系统是美军采办管理系统最主要、最核心的组成部分。20世纪80年代后,美军国防采办经过历次改革完善,逐步在国防部建立起了一个比较简明的采办项目全寿命管理组织体系,如图6.1所示。

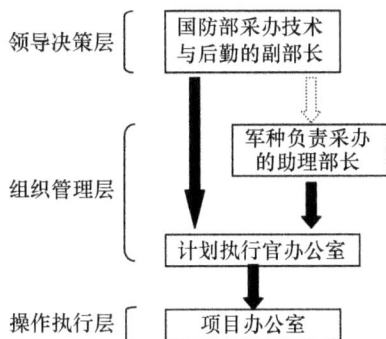

图 6.1　美军"三层四级"的采办宏观管理指挥线

一、领导决策层

国防采办执行官由负责采办、技术与后勤的国防部副部长兼任,他是美军装备采办的最高领导,既负责装备预研、研制与采购管理,也负责装备维修保障管理。该副部长领导 5 名助理国防部长和 1 名副部长帮办,其中 3 名助理部长与装备全寿命管理直接相关:研究与工程助理部长领导国防部近、中、远期研究与工程工作,下设 4 名帮办,分别负责研究、系统工程、新兴能力与样机、研制试验与鉴定,还管理国防高级研究计划局(DARPA);采办助理部长负责装备采购工作,制定美军采购政策并负责监督政策执行,下设 3 名助理部长帮办,分别负责战略与战术系统、空间与情报系统、通信指控与网络空间,还管理国防采办大学和国防合同管理局;后勤与装备战备助理部长负责装备保障工作,下设 5 名助理部长帮办,分别主管运输政策、装备战备完好性、维修政策与计划、供应链集成、项目保障,还管理国防后勤局。

二、组织管理层

军种采办执行官由负责研究、发展与采办(陆军和海军)或负责采办(空军)的军种助理部长担任,业务范围覆盖采办全寿命的各个阶段,既向国防采办执行官报告项目采办事宜,又向军种部长报告行政管理及本军种装备采办发展情况。

军种采办助理部长领导的装备司令部(海军为系统司令部),是装备全寿命管理的组织管理部门,设有技术开发、研制、采购、维修保障、退役处理等管理机构,并下设若干计划执行官办公室,按照装备类别对采办工作实施管理。目前美军共设有41个计划执行官,其中:陆军12个、海军13个、空军16个。

计划执行官由军种负责采办的将军级军职人员或高级文职人员担任,负责监督计划项目(如陆军地面作战系统计划执行官办公室主要负责监管地面作战系统、无人车辆、装甲车辆、榴弹炮等项目)的实施,审批计划项目的基线(项目初始设定的在项目到达某一时点时应具备的技术、成本或进度指标要求,以此作为项目工作是否达到计划要求的衡量标准)。计划执行官向军种采办执行官汇报采办计划的实施情况。

三、操作执行层

各军种在每个计划执行官之下,设立若干项目管理办公室,作为项目管理的主体,对采办项目实施全寿命、一体化管理。如图6.2所示,项目管理办公室下设计划、合同、质量、财务、系统工程、成本价格、试验鉴定、维修保障、系统集成等一体化产品小组(IPT),人员主要来自各军种装备(系统)司令部,并在采办各个阶段吸收合同管理、试验鉴定、维修保障等相关部门人员参加,有时还会吸收军工企业相关人员。每个项目管理办公室人数在数十至数百人,大型项目管理办公室人数甚至超过300人,例如:F-22项目管理办公室人数为333人,C-17运输机项目管理办公室人数为130人,"战斧"导弹项目管理办公室人数为119人。美军目前采办队伍共15.2万人左右,其中:陆军4.2万人,海军5.3万人,空军3.4万人,国防部相关部门2.3万人。相关人员主要纳入项目管理办公室,承担繁重的装备采办管理任务。

目前,美军约有300多个项目管理办公室,在装备(系统)司令部和计划执行官的领导下,承担相应装备采办全寿命管理工作。计划执行官和项

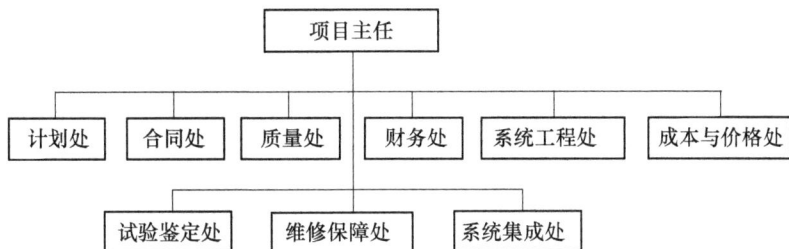

图 6.2　美军典型项目管理办公室组成示意图

目管理办公室的工作,在工程制造与开发、生产与部署阶段主要接受采办助理部长的指导和审查,在使用与保障阶段主要接受后勤与装备战备助理部长的指导与监督。

美军装备项目管理组织结构主要有两种类型。

第一种类型是职能型组织结构。这是一种传统的金字塔式层次组织结构。职能型组织结构成员按专业职能分组,每个人对上分别接受合同管理、技术管理、财务管理、试验与鉴定等职能部门领导。各职能部门独立性较强,项目管理中的协调在各职能部门的领导层次进行。项目负责人是这个项目的上级行政领导。

第二种类型是矩阵型组织结构。这是各职能组织人员兼职进入项目机构而形成的一种组织结构形式。矩阵型组织结构成员中专职人员少,兼职人员多,大多是根据需要从各职能型业务部门(如装备司令部的技术、计划、合同、财务、后勤等部门)临时抽调来的。这些人员接受双重领导,既对项目办公室负责,又要向原来单位汇报工作。

第三节　项目全寿命管理的运行

美军采办项目实施全寿命管理。在项目实施过程中,计划制定和监督审查是两项重要工作。

一、项目管理办公室实施装备全寿命管理的主要内容

项目管理办公室对装备项目"从生到死"实施全寿命管理,在采办程序上分为装备方案分析、技术开发、工程与制造开发、生产与部署以及使用与保障五个阶段,并设立 A、B、C 三个里程碑评审点,如图 6.3 所示。

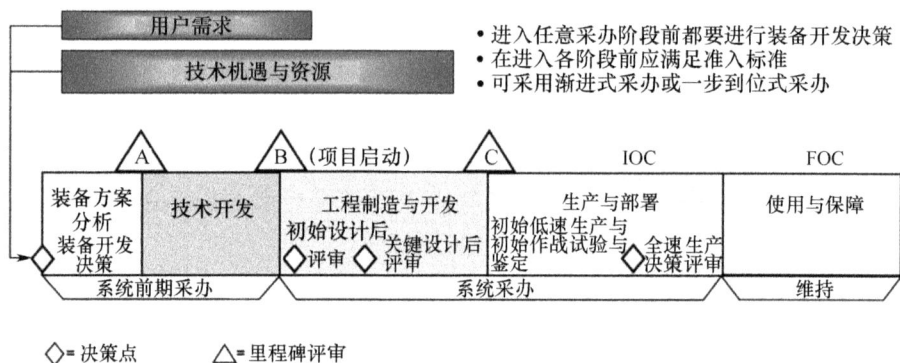

图 6.3　美军武器装备采办程序

项目管理办公室成立主要分为两个阶段:在里程碑节点 B 之前为筹建和形成阶段,在里程碑节点 B 之后为正式运行阶段。在装备方案分析或技术开发阶段,要书面任命一位项目主任,由项目主任负责组建项目管理办公室。对于完全新上项目,项目主任在装备方案分析阶段组建项目管理办公室雏形,一般为一个工作小组,负责装备方案分析,并开展相关工作;在技术开发阶段,不断完善项目管理办公室,增加相关人员。对于延续性项目,在装备方案分析阶段就形成相对完整的项目管理办公室。

装备方案分析阶段。项目管理办公室或其雏形主要负责对既定的装备需求进行进一步细化,明确具体的装备技术方案,研究制定初步的采办策略,包括维修保障方面的策略与计划(草案)。

技术开发阶段。项目管理办公室根据既定的采办策略与计划,开展承包商竞争招标,选取胜出的承包商并签署合同,开展技术演示验证,并进行样机研制,不断提升技术成熟度。

工程与制造开发阶段。装备项目通过里程碑 B 决策评审后,项目管理办公室要先后制定采办计划、采办策略和承包商选择计划,组织开展装备研制合同的竞争招标,从 2 家以上企业中选取合格的承包商,签署装备研制合同。竞争获胜的承包商负责开展工程与制造开发阶段的装备研制工作,进一步开展部件、分系统和系统集成,开展型号工程研制与演示验证,最终研制出具有实战能力的装备型号产品。

生产与部署阶段。装备项目通过里程碑 C 决策评审后,项目管理办公室要先后修改采办计划、采办策略和承包商选择计划,组织开展装备生产合同的竞争招标,从 2 家以上企业中选取合格的承包商,签署装备生产合同。竞争获胜的承包商负责开展小批量生产,小批量生产完成后要经过严格的作战试验与鉴定评估,作战试验部门要向国会和国防部长提交评估报告,各部门评审通过后进入大批量生产阶段。

使用与保障阶段。项目管理办公室组织签订装备维修保障协议,选择装备保障集成方(军方大修基地或承包商),由集成方选择承担维修任务的机构,协调维修保障资源,分配维修保障任务。项目管理办公室负责监督装备维修是否达到装备维修保障协议规定的战备完好性指标。军方大修基地由军种装备司令部实施统管。

二、制定项目计划

项目计划是项目管理者保障项目顺利实施的有力工具。在装备项目管理中,美军实行采办项目基线(APB)的管理办法,通过与全寿命分阶段管理手段相结合,加强采办项目的过程控制和管理。

(一)采办项目基线概况

在装备项目管理工作中,承包商一般通过制订详尽的进度计划、质量计划、经费使用计划来指导和监督项目的运行。但对军方而言,它并不需要具体了解承包商这些计划的制定过程与内容,不需要严格限制这些计划的执行与落实。为便于宏观掌控项目的实施,同时赋予承包商承担项目的自主性与创新性,军方通常设定项目管理各阶段承包商所要达到的技术性能、进度、费用指标的计划值,并通过分阶段评审来检查项目运行的实际效能,对承包商项目管理做出宏观调控与约束,从而保证装备项目的履行符合军方利益。这种计划方法就是采办项目基线法。

具体而言,采办项目基线是由项目办公室制定的一组用于指导各阶段采办活动的性能、进度和费用的目标值和门限值。在采办项目运行过程中,一旦出现费用、进度和性能指标突破相应参数门限值的情况,就必须报请高层管理部门审查,进而采取一定的控制和管理措施。

所有重大武器系统项目采办周期的早期都要确定一个项目基线,随着系统进入研制过程并掌握到较准确的信息,在以后的阶段决策点上对采办项目基线做出修改。在采办的不同阶段采办项目基线的存在形式分别是方案基线、研制基线和生产基线。方案阶段的基线可采用较为粗略的度量参数;研制基线以较为具体的系统规范为准;生产基线是在研制基线参数上的进一步修正值。

(二) 采办项目基线内容

采办项目基线的内容十分丰富,某些项目(例如 F – 16 战斗机)列入采办项目基线的费用、进度和性能参数就有 100 多项。常用采办项目基线参数指标主要有:

1. 关键性能参数,包括:系统性能,如射程、精度、有效载荷、速度、任务可靠性等;信息交换要求;后勤和战备完好性,如执行任务率、作战可用度、维修平均间隔时间等;其他性能要求,如机动性、火力、生存性、易损性、杀伤力、预警能力、战场识别能力和环境要求等。

2. 进度参数,包括:内容要求,如实现初始和全面作战能力需做的工作,在特定时间范围内必须到位的投入使用的系统数量、使用和保障人员、设施、保障结构以及基层、中继和后方基地级保障要素;时间要求,确定完成特定工作的时间;负面影响的说明,说明参数目标无法实现将产生的消极作用。

3. 费用参数(经济可承受性),包括:总拥有费用(Total Ownership Cost) 目标值,如该系统的研究、研制、试验和评价费用,采购费用,军事建设费用,使用和保障费用,报废费用,与该系统有关的直接费用和间接费用以及不与该系统直接有关的基础设施费用等;与成本和资金有关的费用参数,如计划单位成本和平均采购单位成本等。

(三)突破采办项目基线时的报告

在重大采办项目进行过程中,如果出现采办项目基线被突破的情况,项目主任必须在《国防采办执行情况概要》报告中进行说明,并提交突破基线的有关报告,如《单位成本报告》等。根据基线参数被突破的幅度情况,分别由不同的决策当局做出审查和评估,以了解"突破"门限值的原因,探索如何才能使项目恢复到正常状态,决定项目的去向问题。如果不提交相关报告,则意味着采办项目将被终止。

采办项目基线的形成,从作战要求文件开始,经过作战部门的论证,吸纳工业部门参与研究,达成费用、性能和进度指标的平衡,实现了使用部门、采办管理部门和工业部门的多方折中,具有全系统、全寿命决策的科学保障作用。采办项目基线既是费用/进度/性能权衡中的主要依据,又是采办管理实施激励措施的重要工具。

三、成立一体化产品小组监督审查并辅助实施项目

美国在项目办公室中还采用一体化产品小组(Integrated Product Team, IPT)的管理模式,打破传统的研制、生产、使用保障和采办管理部门之间的界限,把不同部门、不同专业的人员组成各种一体化产品小组,监督审查项目实施情况,综合考虑武器系统的研制、制造、试验与鉴定、部署、保障和退役处置的各项工作,最大限度提高武器装备项目管理效率。美国项目管理体系的一体化产品小组通常由顶层一体化产品小组、综合一体化产品小组和项目层一体化产品小组等三个层次组成。每一项重要的国防采办计划,都要成立一个顶层一体化产品小组、一个综合一体化产品小组和至少一个

项目层一体化产品小组。项目层一体化产品小组可按职能分成若干个专项产品小组（如试验、成本/性能、合同等）。

顶层一体化产品小组主要负责监督与审查重大采办项目,包括政策性指导、项目评估和重大问题的解决,成员主要包括项目主任、计划执行官、军种总部、联合参谋部和国防部长办公厅等部门中与特定计划项目有关的主要官员。

综合一体化产品小组主要负责协调各项目层一体化产品小组工作,协助项目主任编制采办策略、采办计划、起草合同、估算成本、评估备选方案、组织后勤管理以及成本性能权衡等。综合一体化产品小组通常由项目主任领导,成员由各项目层一体化产品小组的高级管理人员组成。项目主任可邀请国防部长办公厅有关官员来共同领导该小组。

项目层一体化产品小组细分为试验、费用与性能、合同、后勤保障等专项一体化产品小组,分别辅助管理试验、费用与性能、签订合同、后勤保障等工作,向项目主任提供咨询意见,如图6.4所示。

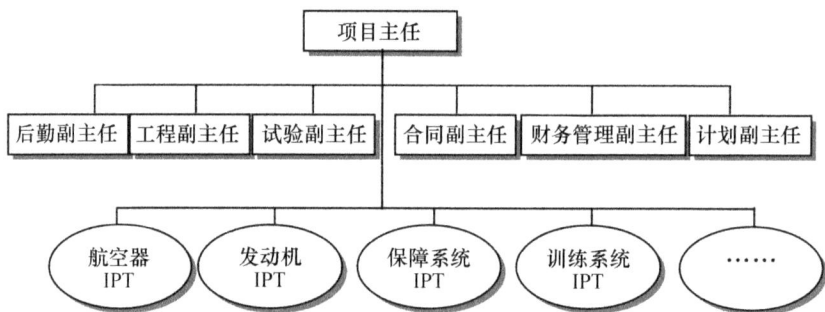

图6.4　美军典型项目层一体化产品小组示意图

工业界代表可参与部分一体化产品小组会议,并向一体化产品小组提供信息、意见和建议,但工业界代表不能成为一体化产品小组的正式成员。在一体化产品小组就采办策略或竞争等敏感问题进行商议,或者讨论与他们有关的营销或竞争优势时,工业界的代表不应出席。

一体化项目小组方式在武器装备项目管理中的广泛应用,简化了阶段审查,能够及时发现和解决问题,避免采办计划出现大的反复。多年实践表明,采取这种方式,在缩短装备采办周期、降低采办费用、提高采办效率等方面取得了明显成效。

第七章　装备采办法规发展更迭

美军在装备建设领域每年有上千亿美元合同，要同数万家主承包商及数十万家转包商和供应商保持业务往来，仅合同管理一项工作就雇用了上万人。如此庞大复杂的国防采办系统能够有效运行，必须"遵循成千上万页包括数十万项规章制度的晦涩难懂的文件"①。目前，美军已建立起由法律、法规和指令指示等组成的完备的国防采办法规体系，为采办管理提供了系统而细密的指导、规范和保障。本章在梳理国防采办法规历史发展的基础上，对法规现状以及《联邦采办条例》和国防部有关采办文件进行了介绍。

第一节　国防采办法规的历史发展与现状

美国在立法制度方面很大程度上传承于英国，属于普通法律制度（也称英美法律制度），与以成文法为表现形式的大陆法律制度相对应。在建国初期，美国以普通法判例为主，虽然也制定一些成文法，但数量相对较少。1825 年后，随着美国政治、经济的发展，联邦政府行政管理职能逐步加强，处理日益复杂的社会关系要求建立统一、完善的法规制度体系，国会立法的重要性越来越突出，成文法开始在美国法律体系中扮演重要角色。1850—1900年期间，由立法机构制定的成文法律开始多于由普通法判例组成的法律。随着时间的推移，美国对成文法不断做出修订，以反映新的变化、适应新的需要。

---

① ［美］大卫·索伦森. 国防采办的过程与政治［M］. 陈波，王沙骋，等译. 北京:经济科学出版社,2013:1.

国防法规在美国主要以成文法的形式存在。国防采办法规是美国国防法规的重要组成部分,与之相关的法规分散于美国国防法律法规体系中(既存在于国会制定的法律中,也存在于联邦政府部门制定的条例、要求、规范和指令指示中)。此外,一些联邦法律法规(如政府采购法、签订合同竞争法等)具有一定程度的普适性,其基本原则也适用于国防采办工作。

一、美国国防采办法规的历史发展

国防采办涉及国防科研、采购和维修等广泛事务,在军队建立之日起采办活动即已展开。从历史上看,美国与国防采办相关的立法工作主要经历了三个阶段:第一个阶段从建国开始延续至第二次世界大战结束;第二阶段从第二次世界大战结束开始直至"冷战"结束;第三个阶段从"冷战"结束开始持续至今。

(一)第二次世界大战结束前美国的国防采办立法情况

从建国到第二次世界大战结束的近 170 年里,尽管美国国防采办的概念还没有明确确立,但国防采办所涉及的政府采购、合同管理、竞争招标等方面的立法工作已逐步开展并逐步完善。这个时期武器装备比较简单,技术也不太复杂,技术规范明确,经费数额不高,技术风险不大。为增强采购透明度、减少政府采购腐败,美国提倡采用公开竞争招标的方法签订合同,战时也会出台一些快速采购法规制度。

1792 年,国会出台了一部联邦政府采购方面的法律(现编入《联邦法律汇编》第一篇),规定陆军部所需的一切物品均由财政部负责采购,并明令禁止签订独家承包合同。为解决在合同签订和履行过程中政府官员滥用权力的问题,国会于 1809 年制定了第一部政府采购法,要求在军品采购中采用公开招标方式签订合同,并规定了"合同签订官"职位。1842 年,国会对公开招标办法提出了更明确的要求。例如,在报纸上刊登招标广告,广告要对所需产品或劳务的要求进行介绍,与报价低的承包商签订合同等。1861 年国会颁布《民用品拨款法》(*The Civil Sundries Appropriation Act*),其后经过

1874 年、1878 年两次修订（现被称为"修正法令 3709 条款"）得到进一步补充完善。该法强调，除了个人劳务合同和应急合同外，军品采购必须采用公开招标法。

公开招标法在美国政府采购中占主导地位，但由于其程序繁琐，采购周期长，在战争期间暴露出许多局限性。为适应战争的紧急需要，国会 1940 年颁布了《第一战争权力法》，授权总统批准与战争有关的部局可以不受当时法律的限制签订订货合同，授权军品采购部门可以采用谈判法签订合同，并采取预付款、分期付款和其他快速合同支付方式，保证战争的顺利进行。第二次世界大战结束后，许多战时立法宣告失效，"修正法令 3709 条款"得到恢复。

（二）"冷战"时期国防采办立法情况

第二次世界大战结束后，国际形势发生了重大变化，东西方进入"冷战"时期，军备竞赛拉开帷幕。随着新技术的不断发展，武器装备日益复杂，技术含量和风险越来越高，国防采办的概念得到正式确立和使用。为保障大型复杂武器系统采办活动的顺利进行，国防采办立法工作不断发展，立法体制不断健全，逐步建立起一个数量庞大、内容完备的国防采办法规体系。

1947 年，国会颁布《武装部队采购法》，对国防部、海岸警卫队和国家航空航天局的采购工作做出了全面规范。1949 年，国会又制定了规范民事部局采购事项的《联邦资产和管理事务法》。这两项法律成为美国政府军品采购和民品采购的基本法。国防部根据《武装部队采购法》，1949 年颁布了《武装部队采购条例》，1978 年修订成《国防采办条例》。同样，联邦勤务总署根据《联邦资产和管理事务法》，1959 年制定了《联邦采购条例》，形成了军事部局和民事部局分别有各自采办法规的局面。1974 年国会颁布《联邦采购政策办公室法》，在行政管理与预算局下设立联邦采购政策办公室，负责对所有行政部局的采办工作实施全面指导。1983 年 9 月，联邦采购政策办公室颁布了《联邦采办条例》（1984 年 4 月 1 日起生效），建立了"统一采办体系"，使军品和民品的采办法规得到了统一。

为满足朝鲜战争的需要,国会在 1950 年制定了《国防生产法》,规定了优先履行军品合同、保障战略物资供应、扩大国防生产能力和建立军品科研生产管理机构等政策,成为美国战时国防采办和国防动员的基本法。国会在 1984 年颁布《签订合同竞争法》,设立了竞争提倡者职位,在强调公开竞争的同时,指出谈判竞争法也是一种可取的竞争方法,使谈判法签订合同和公开招标法具有了同等的地位。

为适应国防采办改革的需要,国会 1985 年颁布《国防部采办改革法》,1986 年颁布《国防采办改进法》和《戈德华特－尼克尔斯法》,极大推动了国防采办和组织机构改革。

(三)"冷战"结束后国防采办立法情况

"冷战"结束后,国际形势发生了深刻变化。为提高国防经费的使用效益,美国大力推进武器装备采办改革,提出了把成本作为独立变量、简化采办程序、优先采用民品、实行电子商务、推行一体化产品小组等改革倡议。

为适应国防采办改革的需要,美国出台一系列国防采办法律法规。1991 年出台了《国防采办队伍改革法》,规范和加强了国防采办队伍建设;1994 年出台了《联邦采办精简法》,简化采办业务流程;1996 年出台《联邦采办改革法》,依法保障各项采办改革的顺利进行。同时,针对美国国防采办法规数量庞大、内容繁琐的弊端,国会、行政部门和国防部探索和推进国防采办立法工作改革,大幅压缩国防采办法规数量,精简、合并一些国防采办法规内容,努力建立起更加精干、更加高效的国防采办法规体系。

二、当前美国国防采办法规体系构成

经过多年发展与实践,目前,美国已建立起涵盖内容广泛、层次结构清晰、实用性针对性强的国防采办法规体系,为国防采办工作的顺利实施提供了有力指导。

(一)纵向构成

美国国防采办法规体系纵向上分为国会法律、行政部门法规、国防部规章以及国防部指令指示等四个层次。

1. 国会法律

国会法律一般对国防采办活动的宏观、全局性问题进行规范,是国防采办活动的基本指导方针和主要依据。国会颁布的法律分为永久性的基本法、年度国防授权法与拨款法、特定法律和修正案三种类型。永久性的基本法是指在较长时期内保持相对稳定、能够长期起作用并与国防采办活动相关的基本法律。年度国防授权法与拨款法是国会每年都要通过的两项法案,主要规范国防采办事宜和国防预算项目,是某财年装备采办工作的重要法律依据。特定法律和修正案是指国会针对某个或某些特定问题,制定的特定法案或修正案,这些法案往往以提案人即议员的姓氏命名,如《沃尔什·希利政府合同法》、《史蒂文森·怀特勒技术革新法》等。

2. 总统行政部门颁布的法规

总统行政部门颁布的法规是对国会法律的补充和细化,是国防部和其他政府采办部门统一遵循的行动指南。总统行政部门颁布的与国防采办相关的法规主要是《联邦采办条例》。该条例全面阐述了包括国防采办在内的政府采办各类物品和服务项目的方针、政策及其实施细则,主要包括:政府采办计划的拟订、合格承包商的条件和选择、签订合同的方法和合同的类型,签订合同应遵守的社会经济要求、重要系统采办的原则、合同履行过程的管理以及合同纠纷的处理等内容。

3. 国防部制定的规章

国防部制定的规章主要是《联邦采办条例国防部补充条例》。该"补充条例"根据国防部长指示,由国防采办条例委员会负责制定、修改和补充。委员会成员包括负责采办、技术与后勤的国防部副部长下属的采购与采办政策局局长、三军负责政策的副部长、合同管理局局长以及国防后勤局局长。

4. 国防部指令和指示

美国国防部指令是国防部根据法律授权制定的国防基本政策,用来规范国防部有关官员和部局在其职责范围内的行为;国防部指示是贯彻执行国防部指令的实施办法和具体规定。

国防部指令指示按照统一的编号分成 8 个系列,其中:1000 系列为部队编制、人员管理和队伍建设的综合性指令,涉及整个武装部队的日常行政管理事务,如军队编制组成、组织纪律、人员募集、教育训练、文化娱乐、福利待遇、提升、调动、退役、奖惩等内容;2000 系列为技术装备国际合作与交流、军备控制、防扩散与反恐等内容;3000 系列为国际间特别是与盟国的军事科研合作、采办国际合作、跨军种协议、核生化武器的安全政策、航天政策、战争储备物资、靶场与试验基地,以及科学技术政策、军内科研机构、独立研究与发展和基础研究等内容;4000 系列为部队基本设施如住房、医疗、通信设施建设、物资管理、装备后勤保障、军事装备维修保养、装备零备件采购、交通与运输管理、制造技术计划、弱小企业计划、建筑、环境保护等内容;5000 系列为国防部组织机构职责分工、国防采办政策、采办程序、采办队伍、工业能力评估、建模与仿真、试验与鉴定、安全保密、立法、刑事与民事(合同争议解决)等内容;6000 系列为军队医疗、卫生、保健等内容;7000 系列为国防财务管理与审计等内容,包括规划计划预算系统,合同审计以及惩处舞弊与浪费等内容;8000 系列为国防部的信息资源与信息技术管理、信息保障以及计算机网络等内容。这些指令和指示内容可操作性强,与国防采办活动关系密切,是国防部和军种采办人员的基本工作依据。

(二)国防采办法规体系的横向构成

美国国防采办法规体系横向上分为不同的类别。美国把国会颁布的法律编入《美国法典》,行政部门颁布的《联邦采办条例》等法规编入《美国联邦条例汇编》,国防部制定的指令和指示编为国防部指令和指示体系 1000—8000 系列。总体上看,《美国法典》、《美国联邦条例汇编》和国防部指令指示系列的横向构成主要包括以下内容:

1. 国防采办管理体制及组织机构

规范了与国防采办相关的管理体制、各类组织机构的职责和相互关系。

主要包括:总统、国会、国防部的职责和相互关系;国防部长办公厅、参谋长联席会议、三军总部的职责和相互关系;国防部各部局、三军各部局的职责和相互关系等。例如,国防部指令5134.9《导弹防御局》,对导弹防御局及其局长的职责、权利、关系和义务等做出说明和规定。

2. 国防采办政策和程序

规范了国防采办政策和原则、国防采办系统构成、国防采办程序及运行过程、国防采办类别、重要的国防采办计划等内容。例如,国防部指示5000.2《国防采办系统的运行》,对落实国防采办工作的具体程序和方法做出规定。

3. 国防科学技术管理

规范了国防科学技术管理的相关内容。主要包括:国防科学技术政策,国防基础研究、应用研究、先期技术发展的管理,技术转移计划,军内科研机构,独立研究与发展,国防采办挑战计划,对大学的资助和合同,国防研究活动的协调与交流,联邦资助的研究与发展中心政策,合作研究与发展协议,高技术成果奖,国防科技保密,国防部的科学与技术信息计划等。例如,国防部指令3210.1《国防部对基础研究的管理与保障》,对国防部基础研究的管理与保障政策做出说明;国防部指令3210.6《国防资助与协议管理系统》,对国防资助与协议管理系统的政策与职责做出说明,并对国防部进行了相关授权。

4. 国防采购管理

规范了国防采购(也称为"购置")管理、标准采购系统、电子商场、商业产品采购、国防部零部件采购管理等内容。例如,《购买美国产品法》明确规定联邦各政府机构购买国内产品的具体要求。

5. 国防采办合同管理

规范了国防采办合同签订及合同管理的相关内容。主要包括:合同签订、合同类型、合同价格、诚实谈判、多年合同制、合同履行管理、合同争议和诉讼、竞争倡议人、签订合同中的电子商务、合同报告制度、合同修订及合同终止、签订合同的一般要求、专利、数据与版权、保证书和保险、税收、研究与发展合同、建筑工程服务合同等特殊类型的合同管理、合同转包政策与管理、生产监督与报告、政府合同质量保证和管理。例如,《沃尔什·希利政府合同法》规定,所有政府部局委托厂商制造或提供材料、供应品或设备而签订金额超过 1 万美元的合同时,合同应符合下列要求:①必须与制造商或正式商人签订,由他们提供履行合同要求的供应品;②合同内必须附有供查证的表明承包商是合法制造商或正式商人的身份证书,并根据法律要求列入有关最低工资、最高工时定额、职业安全和保健条件等内容。

6. 国防财务管理与审计

规范了国防财务管理与审计的相关内容。主要包括:规划计划预算执行系统、国防财务管理、价值工程、经费成本控制、成本会计标准、合同成本原则与程序、合同资金的提供、以成本为基础的分期付款、基于绩效的合同付款、合同审计、惩处舞弊与浪费等。

7. 武器装备使用与保障

规范了武器装备使用与保障的相关内容。主要包括:物资管理、装备后勤保障、装备维修保养、交通与运输管理(包括一般装备运输、战时运输系统、核武器后勤运输,国防部运输工程,作战支援空运)、国防部动产的装运与储存、供应链的物资管理等。

8. 试验与鉴定

规范了试验与鉴定的相关内容。主要包括:试验与鉴定计划、试验与鉴定类型、研制试验与鉴定、作战试验与鉴定、实弹试验与鉴定、联合试验与鉴定、联合互操作能力试验、试验与鉴定程序、试验与鉴定基础设施(靶场与试验基地,试验靶场、试验台、测量设备和通信系统、靶标、威胁场景等)、建模与仿真、国防部保障试验与鉴定的其他资源等。

9. 国防采办队伍建设和管理

规范了国防采办队伍建设和管理的相关内容。主要包括:国防采办队伍管理、国防采办队伍职业发展、采办队伍资格认证制度、教育训练与培训、人员招收、使用、提升、调动、退役、人员奖惩制度、工资和福利待遇。例如，国防部指示5000.66《国防采办、技术与后勤队伍的教育、训练与职业发展计划的实施》，对采办、技术与后勤队伍的岗位确定、职务要求、通过教育训练维持工作能力的方式方法、队伍人员的选择、考评等做出规定。

10. 国际合作、跨军种合作和国外采办

规范了国际合作、跨军种合作和国外采办的相关内容。主要包括：国际间军事科研合作、国际间采办合作、技术装备国际合作与交流、跨军种合作协议、军备控制、防扩散与反恐、国际贸易协定、贸易制裁、国际协议和协作、外国许可证与技术援助协议、北约的安全投资计划、与盟国和合作伙伴的作战物资的相互适应性、国防部对北约后勤的政策、与加拿大的国防经济合作、技术物资服务与弹药的国际转让、贯彻实施与遵守军备控制协议、国防部的防扩散政策等。例如，国防部指示2015.4《国防研究、发展、试验与鉴定（RDT&E）信息交换计划》，对美国与盟国和友好国家开展合作研发的RDT&E信息交换职责、程序等做出规定。

11. 信息技术采办管理

规范了信息技术、网络技术管理的相关内容。主要包括：国防部的信息资源与信息技术管理、信息保障以及计算机网络、全球信息栅格的管理、国防部后勤部门使用的电子数据交换标准、智能卡技术、数据收集、开发与管理、国防部网络中心的数据共享、信息保障、对敏感部门信息的保护、计算机网络的防卫、信息需求的管理与控制、国家军事指挥系统、全球军事指挥与控制系统、电磁频谱的管理与使用、信息技术与国家安全系统的相互适应性和可保障性等。

12. 特殊装备计划的采办管理

规范了各类特殊装备计划采办管理的相关内容。主要包括：全球定位系统的管理、B2轰炸机的管理、核反应堆与特种核材料的安全管理、化学战剂的安全管理、核武器的保密政策、航天计划的管理、化学武器的研究、发展与采办管理、化学与生物防御、非致命武器的管理等。

13. 战时采办及动员管理

规范了战争期间或紧急状态时装备采办和动员管理的相关内容。主要包括:战争期间重要物资储备、战争动员与储备、战时快速采办程序、战时采办管理、灾害或紧急援助活动、国家紧急状态、战时快速合同保障、在紧急情况下控制使用与处理货币的政策。

14. 国防工业基础及劳动保障

规范了国防工业基础及劳动保障方面的相关内容。主要包括:国防技术和工业基础、国防工业能力评估、国防再投资计划、国防制造技术计划、弱小企业计划、小企业转包计划、小企业试点计划、小企业竞争能力验证计划、保护工业界的保密信息、国防生产联合体和研究与开发联合体、劳动法在国防采办中的应用、合同工时与安全标准、职业安全和无毒车间、对受国防冲击团体的经济调整援助、国家工业安全计划、重要国防供应商兼并或收购对国防采办的影响。

15. 国防设施及政府资产管理

规范了国防设施及政府资产管理的相关内容。主要包括:国防设施保护和管理、国防部设施和资源的安全保密、国防建筑管理、政府资产管理、政府资产的安全保密、防止国防部拥有或使用的舰船造成油料污染、爆炸物的安全管理、环境保护和安全、自然资源的管理。例如,国防部指令3202.1《学术研究人员对国防研究设施的利用》,对学术研究人员利用国防研究设施(包括国防部资助的研究中心)的管理办法及规程做出明确规定。

第二节　政府主导的联邦采办条例制定及其变更

政府部门作为行政主体,有权就管辖事务颁布部局行政规章。《联邦采办条例》(FAR)就是规范美国所有联邦行政部门以财政资金采办各种供应品和服务所遵循的主要法规。它由充当白宫会计的行政管理与预算局(OMB)下属的联邦采购政策办公室主任提供总政策指导,联邦勤务总署署长、国防部长、国家航空航天局局长等联合颁布。在国防采购中,国防部长可根据需要制定《联邦采办条例国防部补充条例》,对《联邦采办条例》部分章节内容进行补充和细化,为国防采办工作提供指导。

一、发展简史

1947 年,美国发布《武装部队采购法》,对国防部、海岸警卫队和国家航空航天局的采购工作做出了全面规范。这是全面规范美国国防采购的第一部法规。国防部根据《武装部队采购法》,于 1949 年颁布《武装部队采购条例》,该文件经过多年发展逐步得到完善。1974 年,美国国会颁布《联邦采购政策办公室法》,规定为提高行政部局采办物品和获取劳务的经济效益,在行政管理与预算局下设立联邦采购政策办公室(OFPP),作为联邦政府采购的决策机构,主要职责是制定政策,引导各政府部门建立政府采购机制,对所有行政部局的采办工作实施全面指导。在联邦采购政策办公室的指导下,1978 年,国防部将《武装部队采购条例》修订成《国防采办条例》。

1979 年,为改变各部门各自为政、因颁行不同的部门采购政策使国内承包商难以适从的情况,国会对《联邦采购政策办公室法》做出修订,要求联邦采购政策办公室为国会起草一份"统一采办体系"的方案,为政府所有部局(包括军事和民事部局)确定统一的采办政策、条例、程序和模式,以取代原来军事部局和民事部局分别使用的采办法规。1982 年由总统颁布的第12353 号《行政命令》也要求政府部门加紧制定《联邦采办条例》。

在联邦采购政策办公室的领导下,由联邦勤务总署(GSA)、国防部和国家航空航天局分别组成民事机构采办委员会和国防采办委员会。经过多年努力,1983 年 9 月 9 日,联邦勤务总署署长、国防部长、国家航空航天局局长联合颁布了《联邦采办条例》(1984 年 4 月 1 日起生效)。

二、主要构成及内容

《联邦采办条例》的颁行主要是为了避免联邦各部局采办法规之间出现

不必要的重复、重释或对法律的重述。各部门在部门内部实施《联邦采办条例》的政策和程序时,可根据实际需求制定必要的补充规定。例如,国防部制定了《联邦采办条例国防部补充条例》。其他部局和公众也可对条例提出修改意见。

《联邦采办条例》全面系统地阐述了美国政府采办包括武器装备在内的各类物品和服务项目的方针、政策及其实施细则。目前,条例按不同的内容分为8大章节53部分。主要内容包括:

A 章节为总则,分4个部分宏观介绍了联邦采购的体系全貌、条例所涉及的专门术语和条款的明确定义、不正当商业惯例和个人利益冲突的相关描述及管理事项。

B 章节为采购计划编制,分8个部分介绍了政府采购计划编制的全过程:进行市场调查研究、根据需求对外宣传采购意向、发布采购需求相关信息、提出竞标要求、制定具体的采购计划、明确对承包商资质的要求,并对其他采购要求进行具体界定。

C 章节为承包方式和合同种类,对政府采购的方式和合同的种类进行了规范。美国政府主要通过简化方式、密封投标方式和谈判采购方式进行采购。主要包括:签订合同应遵守的社会经济要求、重要系统(包括武器系统)采办的原则、合同履行过程的管理(包括合同的修改、政府财产的管理、质量保证、合同的终止等)以及合同纠纷的处理等。

D 章节为社会经济项目,规定了政府采购必须对小企业和少数族裔和妇女等弱势群体拥有的企业进行适度倾斜。

E 章节为一般承包要求,从政府采购项目的专利、版权到竞标担保所涉及的债权和保险等金融产品进行规范,对政府采购相关的税务问题的解决办法做出规定,并对合同签订方面的融资、争议等问题的处理予以明确规范。

F 章节为特殊类型的承包,对政府采购涉及的特殊门类的商品和服务做出规定,这些特殊项目包括研究和开发相关的承包、建筑工程设计相关的承包、服务采购的承包、联邦供应计划相关的承包、IT 服务、公共设施服务方面的采购等。

G 章节为合同管理,对合同签订以后的事项进行全面规定,包括合同的日常管理和相关的审计服务、采购合同的修改、分包政策和程序、对政府财产的处理、合同的终止、承包商对政府资源的利用等。

H 章节为最后一章,对《联邦采办条例》中所涉及的各个条款和规定的含义进行诠释,并通过矩阵的形式展示了各条款与不同类型的合同及不同目的的合同的对应关系。同时,展示了政府采购所涉及的部分标准表格的范例,为相关机构进行政府采购提供了参考。

《联邦采办条例国防部补充条例》是根据国防部长的指示由国防采办条例委员会负责制定、修改和补充。在结构上,补充条例与《联邦采办条例》的结构完全一致,也按 8 大章节 53 个细分部分排列,但它本身不是一个独立的文件,而是根据国防部的具体情况对《联邦采办条例》做出的补充规定,《联邦采办条例》适用的地方不做更改,只对有特殊需要的地方列出法规条文进行修订、补充或完善,因此并不完整,必须同《联邦采办条例》结合起来使用。

三、《联邦采办条例》制定的相关机制

为更好地开展法规的立、改、废工作,联邦采购政策办公室联合联邦勤务总署、国家航空航天局和国防部,分别组建联邦采办委员会和国防采办委员会,定期检查《联邦采办条例》等法规,对其中过时、相互矛盾的法规和条款进行重新修订,对完全不适用的进行废止,对新的法规进行及时补充,有效确保法规的执行效力。

美国法典第 41 篇第 7 章第 421 节规定,联邦政府成立联邦采办条例理事会,指导和协调整个政府层面的采办政策和采办规制活动,管理、协调、控制、监督联邦采办条例的颁布、修改和维护。联邦采办条例理事会的成员包括:联邦采购政策办公室主任、国防部长、国家航空航天局局长、联邦勤务总

署署长。后三方可以委派负责采购政策及管理的高级官员参加理事会的工作。例如,国防部委派不低于部长助理级别的官员参加。

根据所在部门首长的授权和指示,美国法典第41篇第421节第二条规定的代表所在机构参加理事会的官员应当承担下列责任:①在1988年11月17日之后的60天内,对所有已经发布或正在公开征求意见的采办条例进行审查,并予以批准或不予批准,该项职责不得委托给他人;②根据美国法典第44篇(主题为公共印刷品与文献)第35章的规定,履行收集与政府采办条例和规则相关信息的责任;③减少或消除所在机构采办体系中冗余和不必要的审核批准环节,以及所在机构制定的专门采办条例中多余和不必要的条例。

个人可以按照联邦采购政策办公室主任规定的程序,就有关采办条例与联邦政府采办条例不一致的问题要求其进行审查。除非审查请求无关紧要或者明显缺乏真实依据,联邦采购政策办公室主任应当在收到审查请求后60天内完成相关审查工作。联邦采购政策办公室主任认为有必要增加审查时间的,可以延长完成审查工作的时间,但应当告知审查请求人延长的原因和完成审查工作的具体时间。

如果其他部局政策与《联邦采办条例》不一致时,经联邦采购政策办公室主任与联邦采办条例理事会协商后,应当保证联邦行政机构发布的采办条例与《联邦采办条例》和根据美国法典第41篇第405a节规定制定的采办政策保持一致。

如果联邦采购政策办公室主任认定有关采办条例与联邦政府采办条例和根据美国法典第41篇第405a节规定制定的采办政策不一致的,应当废除并撤销该采办条例或者根据美国法典第41篇第405节的授权采取其他措施来消除存在的不一致问题。如果联邦采购政策办公室主任认为某个采办条例尽管与联邦政府采办条例和根据美国法典第41篇第405a节规定的采办政策存在不一致的问题,但可以通过修改来解决的,应当根据美国法典第41篇第405节的授权采取必须和适当的措施来进行修改和完善。

联邦采购政策办公室主任对有关采办条例的审查决定应当采用书面形式,并且予以公开。在联邦采购政策办公室主任根据美国法典第 41 篇第 407 节的规定向国会提交的年度报告中,应当附采办条例审查决定的详细列表。

四、国防部补充条例制定的相关机制

国防部补充条例由负责采办、技术与后勤的国防部副部长下属的国防采购与采办政策局国防采办条例系统办公室组织制定。国防采办条例系统办公室主要职责包括:牵头和指导国防采办条例理事会的工作,审议和监督国防部补充条例的制定与执行;为联邦采办条例理事会提供支撑;为联邦采办条例工作组和国防部补充条例委员会提供支持;提供采办政策和指导;发布国防部补充条例;发布国防部补充条例修订通知和新闻;接受公众意见等。

为方便公众参与国防部补充条例的制定与讨论,国防采购与采办政策局在网站上发布每一次修订的公告,并在其机构网站上开辟公众意见栏目,供社会各界发表意见。国防采购与采办政策局还在 Youtube 视频网站上设置专栏,供大众浏览社会各界针对国防部补充条例提出的意见建议。

国防采购与采办政策局欢迎公众或社会机构借助国防部公开平台提出条例修订意见,并清楚说明当前版本条例的未尽之处,以及提交建议在这方面的措施和特别修订之处。各界提出的意见建议可根据采购与采办政策局提供的 DFARS 201.201-1 表格进行提交。

国防部补充条例自问世以来一直在不断更新,从 2001 年 9 月至 2014 年 6 月 24 日,《联邦采办条例国防部补充条例》进行的较大程度修订达 211 次,并有多处临时修订待听取各方意见后做正式调整。国防部还计划在未来几年继续对国防部补充条例进行大幅度修订,以适应新的、不断变化的采办环境。

第三节　国防部 5000 系列采办文件的调整变化

国防部指令 5000.1(DoDD5000.1)和国防部指示 5000.2(DoDI5000.2)

是由国防部颁布的最重要的国防采办文件。其中,国防部指令5000.1是国防部根据法律授权制定的国防部采办基本政策,用来规范国防部有关官员和部局在其职责范围内的采办行为。国防部副部长、助理部长、法律总顾问、部长助理、三军部长、参谋长联席会议主席、各业务局局长均可制定各自主管业务范围内的国防部指令,但必须经由国防部长或常务副部长签发。国防部指示5000.2是贯彻执行国防部指令的实施办法和具体规定。国防部副部长帮办和助理部长帮办一级的官员有权拟订国防部指示,但须经国防部副部长等高级官员的签发。

一、美军历年国防采办文件

自1971年美国国防部发布第一个5000系列采办文件——国防部指令5000.1《重大国防系统的采办》至今已有40多年时间。其间,随着形势的变化和采办改革的推进,美国国防部先后修订7次,如表7.1和表7.2所列。截至2014年6月,美国国防部已经制定出新的国防部指令草案并将在征求意见后发布。

表7.1 美军国防采办文件的演变过程

颁布时间	文件代号	文件名称	备注
1971年	DoDD5000.1	重大国防系统的采办	分3个采办阶段
1977年	DoDD5000.1	重大系统采办	分4个采办阶段
	DoDI5000.2	重大系统采办过程	
1987年	DoDD5000.1	重大与非重大国防采办项目	分5个采办阶段
	DoDI5000.2	国防采办项目程序	
1991年	DoDD5000.1	国防采办	分5个采办阶段
	DoDI5000.2	国防采办管理政策和程序	
1996年	DoDD5000.1	国防采办	分4个采办阶段
	DoDI5000.2－R	重大国防采办项目和重大自动化系统采办项目必须遵循的程序	

颁布时间	文件代号	文件名称	备注
2001 年	DoDD5000.1	国防采办系统	分 4 个采办阶段
	DoDI5000.2	国防采办系统的运行	
	DoD5000.2 - R	重大国防采办项目和重大自动化信息系统采办项目必须遵循的程序	
2003 年	DoDD5000.1	国防采办系统	分 5 个采办阶段
	DoDI5000.2	国防采办系统的运行	
2008 年	DoDD5000.1	国防采办系统	分 5 个采办阶段
	DoDI5000.2	国防采办系统的运行	

表 7.2　各时期的采办程序变化情况

采办文件	阶段 0	阶段 I	阶段 II	阶段 III	阶段 IV
DoDD5000.11971	项目启动		全面研制	生产与部署	
DoDI5000.21977	方案探索	验证与确认	全面研制	生产与部署	
DoDI5000.21987	方案探索与定义	方案验证与确认	全面研制	生产与部署	使用和保障
DoDI5000.21991	方案探索与定义	方案验证与确认	工程与制造研制	生产与部署	使用和保障
DoDI5000.21996	方案探索	项目定义与风险降低	工程与制造研制	生产、服役	部署和使用保障
DoDI5000.22001	方案与技术开发	系统研制与验证	生产与部署	使用与保障	
DoDI5000.22003	方案精选	技术开发	系统开发与演示验证	生产与部署	使用与保障
DoDI5000.22008	装备方案分析	技术开发	工程与制造开发	生产与部署	使用与保障

A　　　　B　　　　　　C

　　1971 年,美国国防部颁布 5000.1 指令,将国防采办程序划分为项目启动、全面研制、生产与部署等三个阶段,每个阶段前设有阶段审查点。1977 年,为加强项目前期研究与管理工作,美国国防部新增 5000.2 指示,将项目启动阶段拆分成方案探索、验证与确认两个阶段,相应的国防采办程序由三个阶段改为了四个阶段——方案探索、验证与确认、全面研制、生产与部署。

1987 年,为加强使用和保障阶段的装备采办管理工作,美国国防部再次修订国防采办文件,将国防采办程序由四个阶段增加到五个阶段——方案探索与定义、方案验证与确认、全面研制、生产与部署、使用和保障。

"冷战"结束后,国家安全环境发生巨大变化,美国相应调整了军事战略。为了适应形势变化,加强采办管理,美国国防部分别于 1991 年、1996 年和 2001 年对采办文件和采办程序进行了修改。需要特别说明的是,2001 年版的采办文件在采办政策、采办原则、采办程序方面都做了巨大改动,将国防采办程序改为方案与技术开发、系统研制与验证、生产与部署、使用与保障四个阶段,并设立三个里程碑决策点,向着快捷高效的目标迈进了一大步。然而,面对不断变化的形势,很快出现了一些不适应的问题,突出表现是内容过多过细,仅仅针对全寿命管理过程的内容就多达 200 多页,管理要求繁琐、刻板、不够灵活。为了克服这些不足和适应当时"反恐"应急作战需要,美国国防部在 2003 年对采办管理进行进一步改革,以"放权"和增强采办灵活性为主线,简化采办程序,扩大采办人员和承包商自主权,采办文件也由原来的 300 多页压缩为 46 页。此次改革,较好地调动了采办人员和承包商的积极性,但由于削弱了对采办过程的管控力度,加之采办需求变化较为频繁、技术管理和项目管理不够完善等诸多因素,导致装备采办项目"拖进度、降指标、涨费用"的状况日益加剧。据美国政府问责办公室(GAO)统计,当时美军重大装备采办项目平均总成本超支 25% 左右,研制成本超支 30% 以上,研制进度拖延长达 20 个月以上,部分项目不能按原定战术技术指标完成研制任务。

为解决上述问题,美国国防部于 2008 年颁布新版 5000.2 指示,以"收权"和强化采办过程管控为主线,通过稳定采办需求、增强技术成熟度、加强全寿命过程管控、完善项目管理制度等手段,以有效遏制"拖、降、涨"问题,确保装备采办项目按合同要求顺利完成。

二、2008 年版 5000.2 指示的出台与主要内容

根据 2008 年美国国防部发布的 5000.2 指示,美国武器装备的全寿命管

理分为系统采办前期、系统采办和系统维持三大活动。其中,系统采办前期包括装备方案分析阶段和技术开发阶段;系统采办包括工程与制造开发阶段和生产与部署阶段;系统维持主要是指使用与保障阶段。

装备方案分析阶段。主要任务是评估潜在的装备方案,并满足里程碑决策当局制定的下一里程碑阶段进入标准。进入这个阶段取决于《初始能力文件》能否获得通过。《初始能力文件》是在对当前任务表现以及国防部各部局、盟国系统与合作可能性的潜在方案进行分析的基础上制定的。

技术开发阶段。主要任务是降低技术风险,确定纳入完整系统所需的适当技术,提高技术成熟度,并对关键技术要素进行样机演示验证。技术开发是一个持续的技术发现与开发的过程,需要科学技术部门、用户与系统开发人员的紧密合作。进入这个阶段需要完成以下工作:完成备选方案分析工作,提出装备方案建议,并对规划的技术开发阶段活动提供资金。

工程与制造开发阶段。主要任务是研制一种系统或实现能力的递增;完成全部的系统集成工作;制定一个经济可承受且可执行的制造工艺;确保作战使用的可保障性,特别要注意减少后勤规模;实现人、系统一体化;进行可生产性设计;确保经济上是可承受的;通过实施相应的技术来保护关键的项目信息;演示验证系统的集成性、互操作性、安全性和有效性。进入这个阶段取决于技术的成熟程度(包括软件)、经批准的作战要求和全部资金的提供情况。

生产与部署阶段。主要任务是实现满足任务需求的作战能力,通过作战试验与鉴定,在审查系统的作战有效性和适用性的基础上,批准进入低速初始生产(对重要国防采办项目和重要系统而言),或进入生产或采购(对不需要进行低速生产的非重要系统而言),或进入为支持作战试验而进行有限部署(对重要自动化信息系统项目或无生产部件的软件密集型系统而言)。能否进入这一阶段,取决于是否达到了以下标准:研制试验与鉴定以及作战评估(只限于国防部长办公厅作战试验与鉴定监督项目)中性能指标可以接受;软件功能成熟;无重大制造风险;制造工艺可控;已批准初始能力文件;

已批准能力生产文件；已改进一体化架构；互操作性可接受；作战可保障性可接受；演示验证表明，该系统在整个寿命周期内经济上可以承受、经费充足，而且阶段划分合理，能进行快速采办。

使用与保障阶段。主要任务在系统的整个寿命周期内，以最为经济有效的方式实施保障计划，以满足武器系统的战备和作战保障性能要求和进行持续保障。这一阶段的计划安排应在项目启动前开始，并应在全寿命保障计划中做出相应的记录。能否进入这一阶段取决于是否满足下列标准：能力生产文件已批准；全寿命保障计划已批准；成功做出全速生产决策。

此外，美军还要求所有装备采办合同中都要包含装备保障协议。装备保障协议是贯穿美军装备全寿命管理的一份基础性文件，主要作用是明确装备要达到的战备完好性水平，提出相应的保障要求，确定装备保障绩效评价体系，分析需要的保障资源，使各维修保障参与方既能掌握装备要达到的战备水平，也能了解为达到该水平所需开展的装备保障工作。最终由装备保障实施方负责按协议内容完成装备保障任务，达到要求的装备保障绩效目标。

第八章　重要采办管理机构设置变迁

采办管理体制和管理机构是装备建设顺利进行的组织保障,重要采办管理机构的设置变迁基本反映出美军装备采办管理改革的核心内容。例如:设立国防部并持续加强装备建设集中统管是美军采办管理改革的重要主线;负责采办、技术与后勤的国防部副部长的设立与职能的完善则反映了美军加强预研科研、研制采购、使用保障与退役处置的装备一体化管理思想与实践;网络与信息集成助理国防部长的裁撤则是美军加强装备体系能力建设的重要举措。

第一节　设立国防部加强装备建设集中统管

美国先有军种部而后有国防部,第二次世界大战结束之前,美军主要依托陆军部与海军部开展部队管理与装备建设工作,两者是政府内阁部,这样的历史造就了军种强势的传统。在装备建设中,各军种相互争夺资源,协同难度较大。美军长期以来各个军种各自为政、竞争大于合作的传统制约其联合作战能力的有效提升。

一、1947 年设立国家军事部,但未对各军种权力形成有效制约

第二次世界大战结束后,随着邱吉尔"铁幕"演说的出台,世界随即进入美苏两强争霸的"冷战"时期,美军从繁忙的战时状态转入"冷战"背景下的军队建设调整改革。美国国会对其军队在第二次世界大战中的表现进行了广泛而深入的评估,指出:由于美军在各军种之上没有建立统一

的管理机构，导致各军种装备建设处于各军种主导的无序状态；各军种按各自的战略观点和资源条件发展装备，在作战中难以有效协同，影响美军的长远发展。

基于这种局面,美国会出台了《1947 年国家安全法》,核心内容是组建国家军事部,对各军种实施指导、管理与控制,同时在陆军航空兵的基础上成立空军部。但国家军事部成立之初,首任部长成为名副其实的"光杆司令",其手下没有人事权,没有法规规范,没有经费支持,没有明确的战略与规划①。最初的国家军事部内部没有建立一个业务机构,直到 1952 年才建立第一个业务局——国防供应管理局。②

国家军事部成立后,由于没有形成统一的战略思想与发展规划,三军中装备发展上依然非常强势。陆军准备打一场持久的消耗战,空军立足于打一场短期的核战争,而海军却在计划全球性的水陆两栖战争。这就导致三军武器装备采办工作各行其是,各搞一套。当时研制的导弹型号有 10 多种,轰炸机样机 22 种,战斗机样机多达 33 种。

美国设立国防部之初(意指国家军事部),不是一个集权的体制,部长只有少量的工作人员,只拥有一般的协调权。当时海军与空军的矛盾突出、剑拔弩张,两个军种围绕战略核力量的建设展开了激烈的争夺。海军着力建立可投送核武器的超级航空母舰"合众国"号,能够装载可投放核弹的轰炸机;而空军则着力建设 B - 36 战略轰炸机。海军空军之间在各自的支持者的帮助下,运用各自的影响力游说政府和国会。海军认为,"合众国"号航空母舰对海军的意义重大,因为这将是海军在第二次世界大战后采办的第一艘超级航母,且将具备起降战略轰炸机等大型飞机的能力。空军则认为,美军不必耗费巨资去兴建机动能力差、生存能力弱的航空母舰,作为世界上第一种具备洲际远程轰炸能力的战略轰炸机,B - 36 将执行的核攻击任务,对

---

① Establishing the Secretary's Role——James Forrestal, Historical Office, Office of the Secretary of Defense, June 2011, p1.

② Department of Defense Key Officials 1947—2014, Historical Office, Office of the Secretary of Defense, June 2011, p11.

保持美国的核优势地位具有举足轻重的意义。

第一任倾向海军派的军事部长詹姆斯·佛莱斯特倾向于支持海军的航母项目,但由于失去了杜鲁门总统的信任,不得不被迫辞职。军种之间激化的矛盾长期难以调和,导致佛莱斯特产生精神方面的问题,并最终在医院跳楼自杀。继任的国家军事部长路易斯·约翰逊更加亲近空军,约翰逊上台后,不仅取消了"超级航母"计划,而且一再压制海军的要求,大幅削减海军经费。当时流行的论调是:"两栖作战已经成为历史,美军不会再进行两栖作战,没有必要保留海军陆战队;空军能做一切海军航空兵能做的任何事,无需保留海军航空兵"①。大批的海军将领纷纷表示抗议并愤而辞职,而多位海军退役将领、海军有关的政府与企业界人士以及失掉订单的造船厂所在地居民都向政府表示抗议。海军部分高级将领还指控空军的有关官员在B-36计划中存在着欺诈舞弊和收受贿赂的行为,虽然最后经过调查证明并不存在违法问题,但严重干扰到空军采办计划的实施。这场历时数月、几经起伏的军种争斗戏称为"海军将领的叛乱"事件。

二、1949 年改组国防部,确立国防部领导三军种的体制格局

"海军将领的叛乱"不仅令美国上下感到震惊,也使美国政府高层意识到强化军事部权威的重要性。在此背景下,美国国会于 1949 年 8 月 10 日又通过了《国家安全法》修正案,将结构松散的"国家军事部"更名为"国防部",使其升级为内阁部,并进一步强化了国防部长的权力,军种部长不再是国家安全委员会和内阁的成员。美军通过此次改革,基本确立了国防部领导三军种的采办管理体制格局,一定程度上缓解了各军种恶性竞争、自行其是的问题。

艾森豪威尔总统 1953 年上台执政以后,采取多种措施加强国防部的权力。其任内通过的 1958 年《国防部改组法》,将各军种部队的作战和勤务支

---

① THE REVOLT OF THE ADMIRALS, Andrew L. Lewis, LCDR, USN, AIR COMMAND AND STAFF COLLEGE AIR UNIVERSITY,P27.

援部队划归各联合作战司令部指挥,加强了国防部与联合作战司令部的权力。同时,根据该法在国防部设立了研究与工程署,将装备采办相关的基础研究、应用研究以及先期技术发展方面的工作交由研究与工程署统管。虽然当时美军的装备采办工作仍由各军种分散实施,但通过该法,军种在采办方面的权力被弱化,国防部从装备预研与科研入手,开始逐步加强对装备采办的统管力度。

1961 年,麦克纳马拉担任国防部长后,国防部在兰德公司的研究成果基础上引入规划计划预算系统(PPBS),将军事战略、国防预算、部队需求和武器研制有机地联系起来,把远期、中期、近期计划和年度预算紧密地衔接在一起,形成一种完整而统一的国防规划 – 计划 – 预算制度,加强国防部对各军种规划计划与预算的综合平衡,减少重复浪费。除了引入规划计划预算制度外,麦克纳马拉还引入了他在福特汽车公司担任总裁期间使用的各种严格的管理制度与方法,以提升国防部在装备采办中的统管力度。1965年,麦克拉马拉在国防后勤局成立国防合同中心,开始着手将分散在各军种的合同管理职能集中到国防部。麦克纳马拉的管理理念以"理性"和"纪律"著称,他不断强调各军种严格落实国防部的各种政策指示,以铁腕手段对军种以往自行其是的做法进行了约束,有效强化了国防部对三军的统治权。

第二节　采办、技术与后勤副部长的历史

国防部负责采办、技术与后勤的副部长是美军装备建设的最高直接领导,负责美军预研科研、装备研制采购以及装备使用保障与退役处置的全过程,于 1999 年正式设立,其前身可以追溯到 20 世纪五六十年代。该副部长职位的调整改革过程,反映出美军装备采办管理改革的重要脉络。

一、国防部成立之初,装备采办体系在探索中逐步构建

1947 年美国设立国家军事部以及 1949 年改组为国防部之后的较长时

期内,美国装备采办仍处于各军种分散管理的局面,国防部对各军种的装备采办工作难以进行有效的管理与约束,但国防部层面采办体系开始在探索中逐步构建。

1958 年国会出台《国防部改组法》,规定设立研究与工程署,加强对全军基础研究、应用研究、先期技术发展的统管。当时国防部层面还没有主管采办的官员,该署署长在装备采办领域发挥了重要的统管作用。研究与工程署在基础研究与技术开发领域的统管经验,对其后国防部加强对装备采办的统管力度,做了很好的探索。

20 世纪 60 年代,国防部积极推进采办管理改革,通过推行规划计划预算系统加强对全军装备的统管力度。1969 年国防部委任当时有名的管理专家帕卡德担任常务副部长,牵头研究并完善美军采办管理制度,并授权其管理全军的研究、发展与采购事务,并设立负责设施与后勤的助理部长,负责监管全军的武器装备采办。随即组建帕卡德任主席的国防系统采办审查委员会(DSARC),负责就重大项目的进展尤其是针对采办转阶段进行里程碑节点审查。国防部为加强对三军装备采办的集中统管,直接授权常务副部长开展采办审查工作,大大提升了国防部采办部门的工作层级,这是美军在当时的历史条件下对其采办管理体系进行构建和完善的一次重要尝试。

1978 年,国防部在研究与工程署的基础上,设立负责研究与工程的国防部副部长(USD(R&E)),进一步加强对全军装备科研的统管,由其担任国防采办执行官,成为国防部内部除国防部长和常务副部长外的第三号人物,并取代常务副部长担任国防系统采办审查委员会主席。这样美军在国防部层面树立了一位负责装备采办的实权派人物,加强了国防部对各军种装备采办的统管力度。

二、1986 年国防部实施重大改革,形成现代采办管理体系雏形

20 世纪 70 年代末期到 80 年代中期,美军在 1979 年伊朗人质事件、1983 年驻黎巴嫩贝鲁特大使馆自杀式攻击事件、1983 年入侵格林纳达事件

等一系列的军事与非军事行动中遭受挫折,里根总统与国会一致认定必须对国防部实施重大改革。为此,里根总统委派前国防部常务副部长帕卡德组成特别委员会(亦称"帕卡德委员会")对国防部进行了广泛而严格的评审,国会也召开了数量众多的听证会,并最终通过了由参议员巴里·戈德华特与众议员比尔·尼克尔斯联合倡议的《1986年戈德华特-尼克尔斯国防部改组法》。

根据1986年这一法律,国防部任命了负责采办的国防部副部长,并兼任国防采办执行官,实现了装备预研、科研、研制与采购的集中统管。同时,在各军种设立军种采办执行官和计划执行官(PEO),加上原来的项目主任,建立了专业化采办指挥线,减少了采办管理的层次,提高了采办效率。另外,国防部还根据该法设立专门负责需求的参谋长联席会议副主席和联合需求监督委员会,加强对装备需求的评估、审查与统管。此次装备采办改革后,美军国防采办系统和需求生成系统基本形成,加上1961年形成的规划计划预算系统,美军装备采办的三大决策支持系统初步形成,美军现代装备采办制度框架正式确立。

三、"冷战"结束后进一步调整,构建贯穿全寿命的集中统管格局

随着苏联解体,美国的战略竞争对手不复存在,"冷战"时代宣告结束。由于"冷战"的结束,美军国防预算被大幅削减,装备采办的"拖、降、涨"问题日益突出。同时随着信息技术的飞速发展,信息技术对装备采办的影响日趋显现。在此背景下,美军装备采办改革以"更快、更好、更省"为主线,着手装备采办政策的调整改革。

随着美军科研、采购与保障的分段和分散管理给装备全系统全寿命管理带来困难,对采办工作规律性的认识逐步加深,采办工作的范畴不断拓展。美军在1986年任命负责采办的国防部副部长兼国防采办执行官的基础上,进一步对采办管理体制进行了调整改革。1993年将负责采办的国防

部副部长改名为负责采办与技术的国防部副部长,并于 1999 年进一步改名为负责采办、技术与后勤的国防部副部长,实现了装备预研、研制、采购与保障的集中统管,为装备的全系统全寿命管理奠定了体制基础。

四、新世纪以来的转型与改革,采办部门权力进一步整合和加强

21 世纪以来,随着信息技术的飞速发展以及一体化联合作战样式的深化,美军进一步拓展负责采办、技术与后勤的国防部副部长的采办职权,尤其是在各军种通用装备联合采办方面寻求突破口,目前正在积极酝酿在国防部采办、技术与后勤副部长之下,设立联合采办机构。

美军在 2003 年发布的国防部 5000.1 指令《国防采办系统》中提出应更加重视和优先发展联合项目,并出台《联合项目管理手册》对美军联合项目的采办管理政策与做法进行了进一步的规范。2004 年伊拉克战争期间,美军设立了联合快速采办小组,负责战时应急装备的联合快速采办,并制定了与此相适应的联合快速采办程序。《2006 财年国防授权法》第 814 条款明确指出,美军要进一步重视联合采办的体制、能力与程序。

2009 年,国防科学委员会连续发布《建立国防部战略采办平台》、《满足应急作战需求》两个评估报告,指出美军装备采办的三军联合程度越来越高,但在联合项目的采办实施中还存在诸多问题。例如,联合项目主要由一个军种牵头进行监督和管控,其他军种的参与度较低,联合采办项目在管理上仍缺乏稳定的组织体系与运行机制。

在采办实践方面,美军在更大范围内探索和推行联合采办模式,美军 21 世纪立项的新一代战机取名为"联合攻击战斗机"(JSF),并将其作为三军通用性作战飞机进行设计和采办,最终由海军空军组建联合项目管理机构,由两个军种的人员共同参加,项目主管由两军种轮流担任。此外,美军还设立生化武器防御联合计划执行官办公室飞行系统联合计划执行官办公室,加上之前的联合战术无线电系统联合计划执行官办公室,美军在装备建设领域逐步加强联合采办力度。

为进一步推动装备联合采办管理机制的建立与完善,美国国防采办大学 2012 年 1 月发布题为《关于设立联合采办组织管理机构的建议》的咨询报告,系统论述了深化联合采办改革的重要性与迫切性,以及当前联合采办模式存在的问题,并建议设立联合采办执行官(JAE)。当前,美军在进一步加强联合采办的试点、不断总结经验的基础上,逐步推广装备联合采办模式,将各军种的装备采办职权进一步向负责采办、技术与后勤的国防部副部长集中,以此实现国防部对三军装备的集中统管力度,更好地提升各军种装备的联合作战能力。

第三节　网络与信息集成助理国防部长设立和裁撤始末

美军长期采取武器系统与信息系统分头管理的管理体制,前者由负责采办、技术与后勤的国防部副部长领导,后者由网络与信息集成助理国防部长领导。2010 年国防部做出了撤销网络与信息集成助理国防部长的决定,2012 年 1 月正式撤销完毕,实现了负责采办、技术与后勤的国防部副部长对整个装备体系的集中统管。

一、受命于关键时刻——网络与信息集成助理国防部长的设立

第二次世界大战结束后,随着信息技术的发展,美国防部逐步认识到自动化信息系统的重要性。20 世纪 60 年代以前,美军武器装备包括自动化信息系统都由各军种自行管理。各军种相互独立、各行其是,造成武器装备的发展缺乏统一的规划,各部门重复建设和资源浪费现象严重,C2(指挥控制)与 C3(指挥控制通信)等自动化信息系统型号众多,互联互通能力差。

1961 年开始,国防部逐步加强了对各军种自动化信息系统的统一领导。国防部成立了 C3 办公室,负责全军 C3 系统的建设与管理。1977 年 3 月,国防部成立了 C2I 助理国防部长负责自动化信息系统的采办。1984 年,美军 C2I 助理国防部长调整为 C3I 助理国防部长,统一管理美军自动化信息系统

的采办。由此,美军在装备建设方面形成了分头管理的体制,即:武器系统及嵌入式信息系统由负责采办、技术与后勤的国防部副部长负责;自动化信息系统由 C3I 助理国防部长负责。

1996 年,为适应信息技术发展需要美国国会制定颁布了《克林杰—科恩法》,要求包括国防部在内的所有政府部门设立首席信息官。国防部首席信息官由 C3I 助理国防部长兼任,职权范围更加广泛,包括:信息技术开发与作战使用的战略与政策制定、自动化信息系统采办、体系结构与标准制定、信息安全、信息资源共建共享以及为作战提供信息保障等工作。2003 年,C3I 助理国防部长调整为网络与信息集成助理国防部长,并由其兼任国防部首席信息官,其初衷是突出对自动化信息系统采办的重视,在客观上确实也起到了推进自动化信息系统建设的作用。但由于该体制将自动化信息系统独立于武器系统之外实施建设与管理,造成了装备体系的割裂,自动化信息系统与武器系统在顶层设计、标准体系方面往往难以协调配套,影响了美军联合作战与互联互通能力的提升。另外,这种体制导致大量信息系统项目的归口管理部门不够清晰,如美军联合战术无线电系统(JTRS)、转型通信卫星(TSAT)等项目的归口管理部门多次在网络与信息集成助理国防部长和负责采办、技术与后勤的国防部副部长之间调整,造成项目从顶层设计到采办实施各个环节多次出现重大变化。此外,分散的管理体制导致装备建设缺乏有效的顶层设计,各种系统的标准不统一、接口不一致、体系难配套,且使有限的采办队伍分散到各个部门,降低了专业管理人员整体效能的发挥。因此,随着信息技术对整个装备体系的影响日益加深,自动化信息系统相对独立的发展模式,导致武器系统与自动化信息系统之间的在体系配套与互联互通方面出现了一系列问题,不能适应信息技术环境下装备体系建设包括自动化信息系统发展的要求。

二、完成历史使命——网络与信息集成助理国防部长的撤销

奥巴马上台后,开始着手对美军采办管理体制进行改革。2009 年 3 月,国防科学委员会发布了《信息技术采办政策与程序》报告,提出了将自动化信息系统采办直接纳入负责采办、技术与后勤的国防部副部长集中管理的改革建议。2010 年 8 月 9 日,盖茨签发了《国防部效率倡议》,决定撤销网络与信息集成助理国防部长及其办公室,并要求于 2012 年 1 月正式撤销完毕,将自动化信息系统采办方面的职能交由负责采办、技术与后勤的国防部副部长负责,实现其对装备信息化建设的集中统管。

根据《撤销网络与信息集成助理国防部长及相关事项》以及《国防部首席信息官执行委员会章程》备忘录,美军网络与信息集成助理国防部长撤消后,原来由该助理国防部长承担的采办职能交由负责采办、技术与后勤的国防部副部长负责,具体包括指挥、控制、通信、空间(非情报领域)系统以及重大自动化信息系统等的采办职能与资源。在此基础上,负责采办、技术与后勤的国防部副部长负责全军武器系统、嵌入式信息系统以及自动化信息系统采办的政策制定、监督审查与管理指导,其职能得到进一步加强。

美军网络与信息集成助理国防部长的裁撤,有助于负责采办、技术与后勤的国防部副部长从全军装备体系建设的角度,加强对装备体系的顶层设计与宏观管理,有效提升装备体系的互联互通与联合作战能力。从这个角度来讲,网络与信息集成助理国防部长的裁撤,符合武器装备建设及其信息化建设的规律和要求。

根据改革方案,网络与信息集成助理国防部长撤销后,原来由该助理国防部长兼任的首席信息官将实体化。国防部首席信息官成为国防部的常设专职领导,主要负责国防部信息资源管理政策的制定与监督,具体包括与信息资源管理相关的信息技术、网络防护、网络战等方面的事务。

三、网络与信息集成助理国防部长撤销的影响

2010 年 8 月《国防部效率倡议》中明确了裁撤网络与信息集成助理国防部长的要求,并要求于 2011 年 3 月底之前裁撤完毕,实际裁撤进度延期近一年之久,且最终方案进行了较大的调整和妥协。

在 2010 年 8 月美军做出撤销网络与信息集成助理国防部长的决定之前,美军进行了深入的论证。美国国会《2008 财年国防授权法》明确要求国防部对美军信息技术采办问题进行评估。在此基础上,国防科学委员会 2009 年 3 月发布《国防部信息技术采办政策与程序》,全面分析评估了美军信息技术采办领域存在的体制机制问题,并提出了改革方案。2010 年国防部在此论证方案的基础上,做出了撤销网络与信息集成助理国防部长的决定,并要求国防部信息技术采办的主要实施机构——国防信息系统局交由负责采办、技术与后勤的国防部副部长直接领导,以此解决长期以来困扰美军的武器系统与自动化信息系统“双头管理”的困局。从最终的改革方案可以看出,美军将国防信息系统局继续交由国防部首席信息官领导和管理。这一改革方案,与美军改革的初衷即消除体制中存在的多头、交叉等问题,是背道而驰的。

美军对其改革方案进行了较大的调整和妥协,导致改革的深层次问题并没有得到解决。改革一方面要求所有采办职能交由负责采办、技术与后勤的国防部副部长负责,另一方面保留国防部首席信息官对国防信息系统局的领导与管理。这种制度设计,总体来讲是矛盾和不科学的。因此,从改革效果来讲,并不理想和明显。未来,美军在信息技术开发、信息技术采办政策等领域,仍将存在政出多门的问题,负责采办、技术与后勤的国防部副部长与国防部首席信息官的博弈仍将继续;国防信息系统局将面临双头领导的问题;美军装备体系集成与一体化联合作战能力的提升,仍将受此体制的影响,面临一定的困难。

改革是利益博弈的过程,未来的博弈仍将继续,但总体来讲改革方向是明确的,即武器装备建设及其信息化建设交由负责采办、技术与后勤的国防部副部长负责,信息资源、信息技术标准、国防部体系结构制定等职能交由首席信息官负责。两者相互配合、相互支撑,才能真正推动美军国防与装备信息化建设的有效与高效运行。

第四节　主要采办业务管理部门的变迁

美军装备建设采取国防部集中统管与各军种分散实施相结合的管理体制。国防部层面比较重要的采办管理机构包括国防合同管理局、作战试验鉴定局、研究与工程署及其下属的国防高级研究计划局等,这些机构的设立及发展演变过程,体现了国防部不断加强对全军装备采办集中统管的改革走向。

一、国防合同管理局

美军高度重视采办合同履行监督工作,由国防合同管理局对美军采办合同实施专业化管理,涉及的产品包括飞机、运载火箭和航天飞机、医疗用品、电子装备、军用车辆、弹药、汽油、化学用品等。该局总人数约 1.1 万人,其中文职人员超过 1 万人,军职人员不足 1000 人。

美军在 20 世纪 20 年代就建立了合同管理制度。1921 年,美国合同管理机构的名称是驻厂检验办公室。1926 年,改名为驻厂代表办公室。第二次世界大战结束后,美国国防合同管理经历了由各军种分散管理到国防部集中统管的发展历程(图 8.1)。

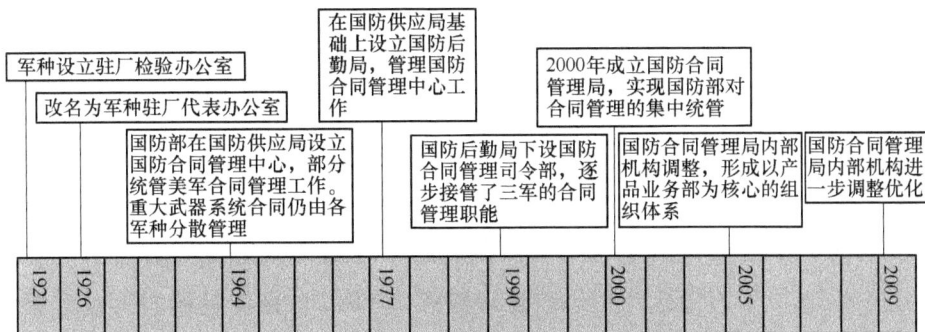

图 8.1　美国国防合同管理发展演变过程

（一）20 世纪 60 年代之前,国防合同管理主要由各军种分散实施

第二次世界大战结束到 20 世纪 60 年代,国防合同主要由各军种分散管理,三军分别建立了各自的驻厂代表办公室,其名称是:陆军/海军/空军驻厂代表室。各军种分管各自的驻厂代表室,并向承包商分散派驻合同管理人员。各军种在合同管理方面存在大量的重复劳动,同时军种交叉派驻对承包商也造成了很大的负担,容易引起管理上的混乱。

（二）1964 年起,国防部逐步加强对国防合同管理的统管力度

1964 年起,美国国防部在国防供应局设立国防合同管理中心,部分统一全军合同管理工作,代表室被称为国防合同管理中心驻厂代表室(DCAS Plant Representative Office),主要负责对全国 2 万多家小企业承包商合同进行统管,部分重大武器系统合同仍由各军种分散管理。

1977 年,国防供应局改称国防后勤局(DLA),国防合同管理中心隶属国防后勤局管理。1990 年,国防合同管理中心改组为国防合同管理司令部,逐步接管了三军对驻厂代表办公室的管理,美军主要合同管理工作交由国防合同管理司令部统一管理。1996 年,国防合同管理司令部将原来的驻厂代表办公室统一改名为国防合同管理司令部合同管理办公室。

（三）2000 年成立国防合同管理局,基本实现国防部对合同管理的集中统管

2000 年,为提高合同管理部门的权威性,国防部将合同管理司令部从国防后勤局中独立出来,升格为国防合同管理局,直属负责采办、技术与后勤的国防部副部长领导。至此,美军除海军舰船、陆军弹药合同外,绝大多数合同都交由国防合同管理局管理,基本实现了国防部对全军合同履行管理的集中统管。国防合同管理局设立的最初几年,基本延续了国防合同管理司令部的体制格局,下设东部、西部、国际三个地区司令部及其若干合同管理办公室,形成了以地区为中心的管理模式(图 8.2);在派驻模式上也延续了 20 世纪 90 年代的做法,各地区司令部分地区直接派驻合同管理办公室(或工作组),保证了合同管理的"一厂一室"制。

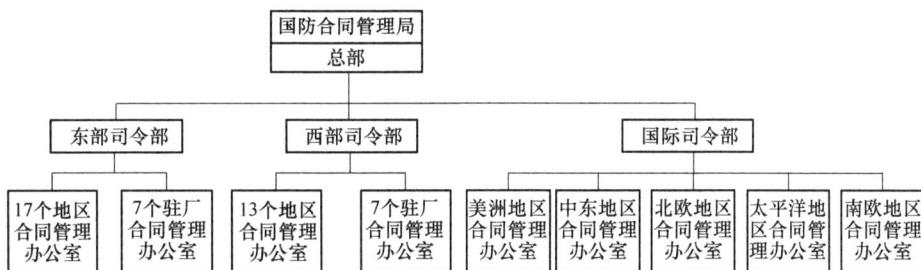

图 8.2　国防合同管理局成立之初的组织体系(2000 年—2005 年)

　　2005 年,为加强与项目管理体系的有效衔接,国防合同管理局从"以地区为中心"的管理模式改革为"以装备系统为中心"的管理模式,撤销东部与西部司令部,设立航空系统部、海军海上系统部、空间和导弹系统部、地面系统和军械部、特殊项目部等产品业务部,负责某一类装备的合同管理,国际司令部改名为国际部(图 8.3)。

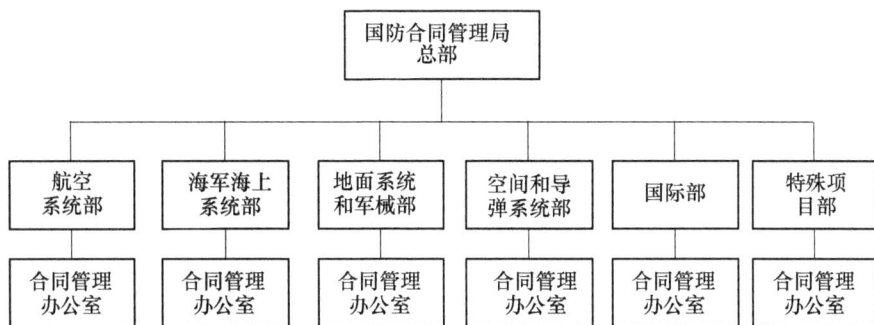

图 8.3　国防合同管理局以产品为中心的组织管理体系(2005 年至 2009 年)

(四) 2009 年至今,进一步优化国防合同管理局内部组织体系

　　国防合同管理局 2005 年改革设立产品业务部模式后,经过几年的探索,美军认为在实际运行中仍然存在一定的问题,主要体现在:国防合同管理局总部业务部门是按装备系统设立,但合同管理办公室既有按地区设置的,也有按产品设置的,协调难度大,运行效率低。为此,2009 年国防合同管理局再次实施改革,重新构建了地区司令部这一中间层管理机构。

　　国防合同管理局由综合部门和业务部门组成(图 8.4)。综合部门由法律顾问处、人力资源处、合同处、财务与商务处等部门组成,主要负责国防合同管理局综合业务管理。业务部门包括运行部及其下设的三大地区司令部,以及国际部和特殊项目部。国际部主要负责海外驻军所在地的合同管理工作;特殊项目部主要负责核、化、生等特殊项目的合同履行管理工作,合同管理人员全为军人。其中运行部是 2009 年年底新设立的机构,下设合同处、工程处、质量保障处、任务支持办公室、后勤与安全处等综合管理部门,并针对合同履行的装备领域,设立固定翼飞机处、地面系统与 C^4I 处、海军装备处、旋翼飞机处、空间与导弹处和维修处等 6 个行业管理部门,并领导东、中、西三大地区司令部开展工作。运行部的设立一定程度上克服了以往单纯以"地区为中心"或"以产品为中心"模式带来的弊端,由该部统筹地区司令部与专业性合同管理办公室之间的关系,形成"地区派驻、兼顾专业"的合同管理模式。

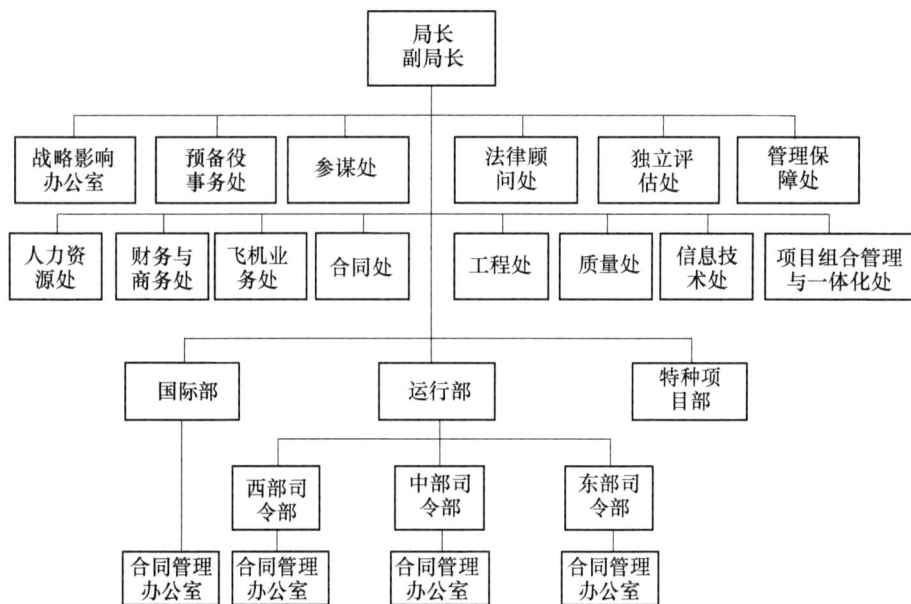

图 8.4　国防合同管理局组织体系(2013 年年底)

截至 2014 年 4 月,合同管理局下设 46 个合同管理办公室。东、中、西地区司令部下设 37 个合同管理办公室,其中 33 个是按驻地区或驻厂设置(21

个驻地区、12 个驻厂),4 个是按产品设置(分别为飞机发动机合同管理办公室,飞机一体化维修合同管理办公室,海军特种作战项目合同管理办公室,NASA 产品运行合同管理办公室);国际司令部下设 6 个合同管理办公室;特殊项目部下设 3 个地区合同管理办公室。合同管理办公室编制 50~200 人,下设若干工作组,遍布 700 多个工作地点。

二、作战试验鉴定局

美军作战试验鉴定工作起步于 20 世纪 70 年代,经历了各军种分散管理到国防部构建作战试验鉴定局的改革过程,最终于 1983 年设立作战试验鉴定局。

(一) 作战试验鉴定起步阶段(20 世纪 70 年代以前)

美军开展作战试验鉴定的历史可以追溯到 20 世纪初。1902 年,美国陆军成立了"野战火炮委员会",主要从作战使用的角度对火炮装备的改进提供建议。1919 年,在总结一战经验教训的基础上,陆军提出"部队试验"概念,要求军事装备在真实条件下进行试验。第二次世界大战期间,陆军航空兵(空军的前身)成立了航空试验场司令部,海军成立了作战试验鉴定部队,开展作战试验。20 世纪 50 年代中期,空军航空试验场司令部人员曾达12000 人。"冷战"期间,美国优先发展战略武器,常规武器的试验鉴定工作受到严重削弱。由于很多装备未经充分作战试验鉴定,越南战争中投入使用的 22 种武器系统中有 21 种存在重大缺陷。

(二) 作战试验机构相对独立发展阶段(1970 年—1983 年)

越南战争中暴露出来的武器装备使用问题备受国会批评,促使美军重新审视其采办管理体制。1969 年 7 月,美国总统和国防部长组建了一个蓝带委员会①,对国防部的组织机构及运作情况进行系统研究。

蓝带委员会认为:由研制部门进行作战试验难以保证公正、客观;由使

---

① 蓝带最初是美国等西方国家在体育竞赛中授予优胜者作为荣誉的象征,现泛指高标准、权威性。

用部门进行作战试验,存在装备发展前期不关注作战使用、没有专业化的人员和设施等问题,难以保证作战试验的有效性。蓝带委员会建议在国防部层面加强对作战试验的监管,在军种设立独立于研制部门和使用部门、直接向军种参谋长汇报工作的作战试验部门。国防部采纳了蓝带委员会的建议,在国防研究与工程署增设了一个负责监管美军所有试验鉴定工作的副署长,各军种也分别成立了独立的作战试验部门。1971 年—1978 年,各军种作战试验鉴定部门先后成立。

(三)作战试验鉴定机构完全独立发展阶段(1983 年至今)

虽然各军种都成立了独立的作战试验部门,但由于层次低、权威性不够,军种采办决策者迫于政治或利益集团的压力,有时不考虑作战试验暴露的缺陷而继续推进项目采办。为了更好地监管军种作战试验鉴定工作,为国会采办决策提供客观、全面的作战试验信息,1983 年 9 月,国会通过立法,要求国防部成立独立于研制部门、直接向国防部长报告工作的作战试验鉴定局,统一指导和监督各军种的作战试验鉴定工作。1985 年,作战试验鉴定局正式成立,局长由总统任命。

20 世纪 90 年代,随着"冷战"的结束,国防部对其机构与人员实施精简,并于 1999 年改组国防部试验鉴定机构,撤销研制试验鉴定管理机构,将其一些重要职责移交作战试验鉴定局。期间,虽然作战试验鉴定局的职能和作用得到加强,但美军试验鉴定能力整体下滑,与 20 世纪 90 年代初相比,90 年代末美军重点靶场与试验设施基地由 26 个缩减到 19 个,在设施、人员和经费等方面均下降约 30%。

2003 年,为加强试验资源管理,国防部成立了试验资源管理中心,全面规划开展试验能力、统一监管全军试验资源。2008 年,针对研制试验出现的一系列问题,国防部重新组建研制试验管理机构,目前为负责研制试验鉴定的助理国防部长帮办。在国防部层面,研制试验鉴定、作战试验鉴定和试验资源管理机构各司其职、相互协调、密切配合,保证试验鉴定工作的有效进行。

三、国防预研与科研管理机构

美军国防部层面负责预研与科研的管理机构主要为研究与工程署及其下属的国防高级研究计划局。两者都是在"冷战"时期美苏争霸的背景下设立,在美军国防科技研发与装备建设中发挥了重要作用。

(一)研究与工程助理国防部长

国防研究与工程署是 1958 年苏联发射第一颗人造卫星之后由国会应艾森豪威尔总统的请求设立的。该署对国防部所有研究与开发项目具有批准、否决或修正的权限,并直属于国防部长与常务副部长。

1977 年,由于负责研究与工程的国防部副部长的设立,研究与工程署直接纳入该副部长领导。1986 年根据《戈德华特 – 尼克尔斯法》,设立了负责采办的国防部副部长(1993 年改为负责采办与技术的国防部副部长,后来又改为负责采办、技术与后勤的国防部副部长),国防研究与工程署也相应地变为由负责采办的国防部副部长领导。

为更好地应对多样化威胁、满足联合作战的需要、为军事行动快速提供技术支持,2009 年以来,美军对国防研究与工程署进行了重组与调整改革,其组织体系分为总部机构、职能部门和国防高级研究计划局三大部分,总部机构新增加了联合作战支持办公室、联合互操作性办公室、联合储备分队和战略核心小组等四个机构,进一步提升了研究与工程署统筹管理全军预研与科研工作;研究与工程署下属职能部门进一步优化,形成系统工程办公室、研制试验与鉴定办公室、研究办公室、快速部署办公室,机构与职能更加明晰。

为进一步加强对全军军内科研工作的统管力度,2011 年国防部进一步提升了研究与工程署的级别,将国防研究与工程署长升格为负责研究与工程的助理国防部长,下设负责研究的助理国防部长帮办、负责系统工程的助理国防部长帮办、负责快速部署的助理国防部长帮办,负责研制试验鉴定的助理国防部长帮办等(图 8.5)。

```
                        ┌─────────────────┐
                        │ 负责研究与工程的助 │
                        │  理国防部长       │
                        └─────────────────┘
┌──────────────┐                                    ┌──────────────┐
│ 技术情报办公室 │                                    │ 国防高级计划研究局 │
├──────────────┤                                    └──────────────┘
│ 联合储备主任   │
├──────────────┤
│ 国防技术信息中心│
└──────────────┘
```

负责研究的助理国防部长帮办	负责系统工程的助理国防部长帮办	负责快速部署的助理国防部长帮办	负责研制、试验与鉴定的助理国防部长帮办
技术办公室	系统分析办公室	快速反应技术办公室	能力开发办公室
实验室办公室	重点项目支持办公室	联合能力技术演示办公室	空中作战系统办公室
科技、程与数学发展办公室	任务保证办公室	比较技术办公室	陆装与远征作战系统办公室
基础科学办公室			海军作战系统办公室
国防微电子局			信息系统办公室
科学与技术倡议办公室			空间系统办公室

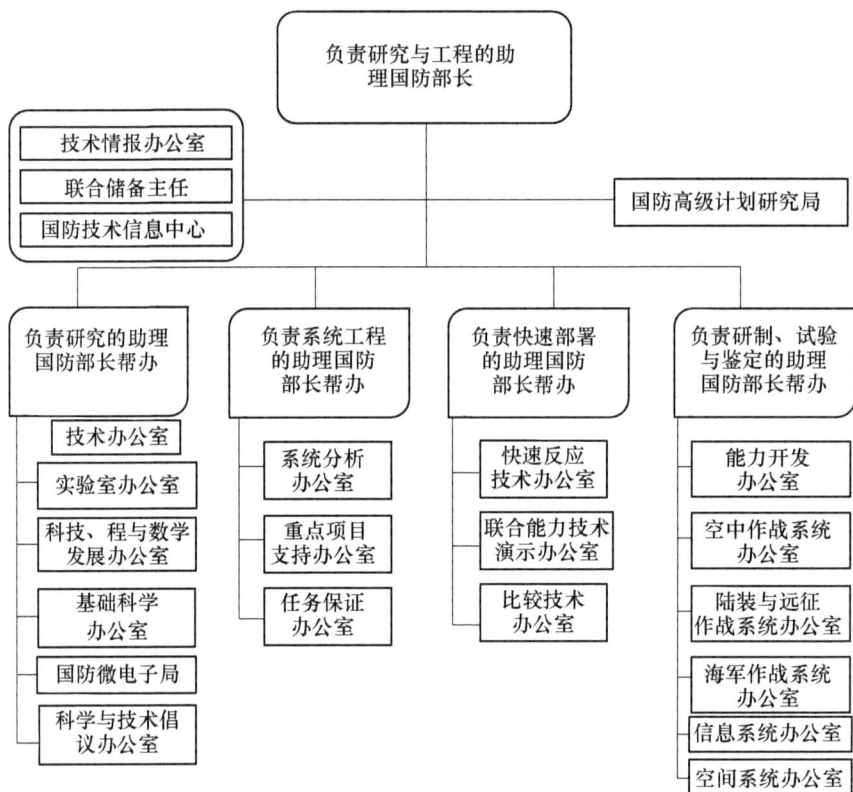

图 8.5　国防部研究与工程助理部长组织机构图

（二）国防高级研究计划局

国防高级研究计划局（DARPA）是美国国防部直属业务局之一,专管美军重大尖端预研项目,是国防部高风险、高投入的重大科技攻关项目的组织和管理机构。经过 50 余年的发展,DARPA 已成为美军科技创新的引领者。在 DARPA 的历史上拥有许多令人瞩目的成就,包括因特网、隐身飞机、"全球鹰"和"捕食者"无人机、先进巡航导弹等。几乎可以说,当今美军很大一部分高新技术装备的问世,都包含着 DARPA 的智慧。

1957 年,由于苏联发射世界上第一颗人造卫星而引发全世界的普遍关注。为同苏联展开竞争,保持美国军事、科技优势,1958 年 2 月 7 日,美国防部发布第 5105.15 号国防部指令,正式组建"高级研究计划局"（ARPA）,其主要职责是指导或实施由国防部长指定(按单项或按类别)的研发领域高级计划项目。

1972 年 3 月 23 日,国防部下达指令,在其名称中增加了"国防"一词,并将其作为国防部长办公厅下属的一个独立机构。1993 年 2 月 22 日,"国防高级研究计划局"(DARPA)又更名为"高级研究计划局"(ARPA),美政府希望该局成果能够更好地为民用部门服务。1996 年 2 月,为使"高级研究计划局"能够始终专注于国防领域尖端技术的发展,根据《1996 财年国防授权法》规定,美政府将机构名称调整回"国防高级研究计划局"(DARPA)。

国防高级研究计划局成立之初由国防部长直接领导,负责向其通报业务情况,此后随机构调整,该局转由负责研究与工程的国防部副部长领导。国防研究与工程署成立后。2010 年,国防研究与工程署升格为负责研究与工程的助理部长办公室,国防高级研究计划局由该办公室直接领导。

DARPA 先进的组织管理模式是其成功的关键。它采用精干的管理方式,管理层分为局长、业务办公室和项目主任三层(图 8.6),业务机构分为技术办公室、职能保障办公室两大类,其中:技术办公室包括技术适用执行办公室、生物技术办公室、国防科学办公室、信息创新办公室、微系统技术办公室、战略技术办公室、战术技术办公室;职能保障办公室包括审计办公室、合同管理办公室、管理运行办公室、小企业项目办公室、法律顾问办公室等。与三军同类研究机构相比,DARPA 人数最少,总数约 210 人,其中项目主任约 97 人,且只从事管理,没有自己的实验室和实验设备。

DARPA 的决策体系扁平、高效,局长可以自主决定设立和调整内部机构,选任项目主任,增设、取消和调整研究项目,分配各项目预算。新思想的提出者只要说服局长,甚至可当场获准立项。项目主任对项目实施全权负责,权力很大,如子项目和方案的取舍权、科研团队的选择调整权、资金预算的调配权等。DARPA 还具有独具特色的文化,奉行"'不可能'仅仅是挑战,而不是通向成功的障碍"的研究信条,拥有宽容失败的氛围,只要研究者的失败是因目标远大无法达到,而不是因为管理不善所引起的,这种失败同样

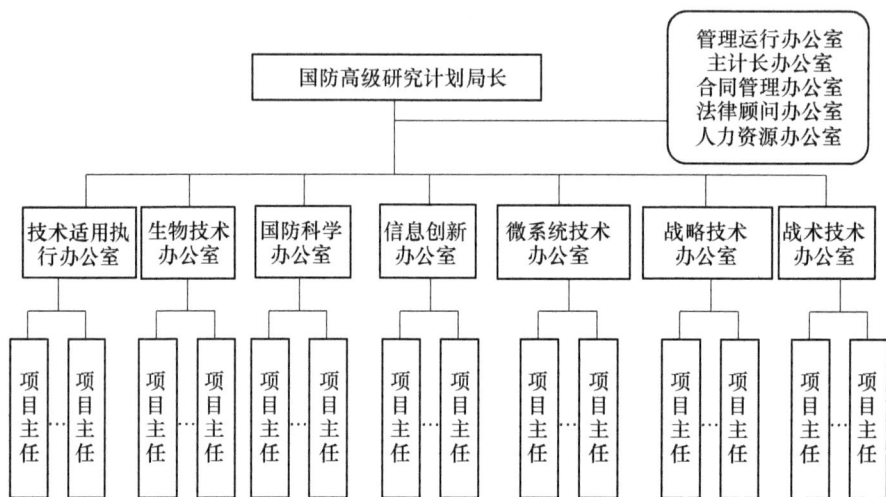

图 8.6　国防高级研究计划局的组织机构

具有正面意义。DARPA 这样的独特之处还很多,也正是这些特点,成就了与众不同的形象和地位。

第九章 基于效率与效益的采办管理改革发展

效率是指单位时间完成的工作量,效益则是指效果和收益,两者是装备采办主管部门始终追求的目标。20世纪80年代以来,美国国防部实施的几次重大采办改革,无一不与采办效率低下、采办项目出现严重的"拖进度、涨费用、降指标"有关,特别是20世纪90年代所进行的商业采办改革和近年来金融危机与减赤背景下推行的采办改革举措,都以提高采办效率效益为主要目标,有力确保了美军装备采办的可持续发展。现在,这些改革仍未停止。

第一节 商业采办,提高采办效率效益的大胆尝试

1986年,历史上著名的帕卡德委员会提出了史无前例的商业采办构想,但直至20世纪90年代中期,当年改革方案的起草者就任国防部长后,这一采办改革构想才付诸实践并迅速产生效益,其深远影响延宕至今。

一、未能实现的宏伟蓝图

20世纪80年代中期,美国新闻界对国防部的采办丑闻竞相报道,使国防部花费大额资金购买榔头、马桶盖等行为引发轩然大波。为应对舆论重压,里根总统任命了一个委员会组织调查,由尼克松当政期间的国防部副部长帕卡德任委员会主席。帕卡德邀请国防部前任采办主管威廉·佩里加入委员会,提出采办改革建议。在帕卡德指导和支持下,佩里提出了改革采办

制度的蓝图。1986年4月,委员会发布报告,其中一章题为"行动指南",阐述采办改革构想。报告认为:国防采办存在着严重问题,必须加以纠正。这些问题根深蒂固,是几十年日益繁琐的官僚规章制度的产物。很多武器系统价格太高,研制时间太长,部署时技术已经过时。

委员会提出多项国防采办制度改革建议:从按军事规格定制改为采用商业标准,从国防采办特有的采办方法改为传统的商业方法。其原因主要是:国防部再怎么改进其结构或程序,采办制度也不可能生产出像商业市场那样便宜的产品。国防部无法达到大众产品的经济规模,也无法像自由市场制度那样选定最创新、最有效的生产商。而单为军事目的、根据军事规格制作的产品比商业对等产品要昂贵得多。因此,国防部采办管理人员应尽量在方案中利用商业产品和设备。集成电路等电子产品无疑是最明显的例子。1986年,国防部购买了近20亿美元的集成电路,其中大部分按军事规格定制。军用集成电路的单位成本一般是商业用途集成电路的3～10倍。这是因为国防部要进行广泛的试验、提供文件,生产的数量也小(美国制造的集成电路,国防部买的还不到1/10)。此外,采购军用规格集成电路旷日持久。因此,军用集成电路比商业集成电路一般落后3～5年。

帕卡德委员会建议国防部采办官员保证更多利用商业产品,减少按军用规格定制的产品。如有现成的对等商业产品,应在使用定制产品前,由采办管理人员申请豁免。如果必须决定"是定制还是购买",应优先考虑购买。这样就可以扭转原有程序,让整个制度先考虑商业产品和服务,但若采办管理人员认为有必要,仍可允许按军用规格定制。帕卡德向总统大力宣传这个计划并得到批准,但国防部长温伯格却未予落实。同各个总统委员会的很多其他建议一样,这张蓝图被束之高阁。

二、采办商业现货付诸实践

"冷战"后,美国最大的竞争对手消失。美军所处的战略环境发生重大转变。1993年,威廉·佩里被任命为国防部副部长。当年,采办改革的时机真正成熟。克林顿总统和戈尔副总统都大力支持改革。戈尔还提出"彻底改造政府"的口号,国防采办改革也是这个方案的一个组成部分。克林顿总统和国防部部长阿斯平放手让佩里招募一支队伍,要求成员必须既有国防采办管理经验,又能全心全意搞改革。国会两党都大力支持改革,迅速通过了两大法案——《联邦简化采办法》和《克林格·科恩法》,使国防部有了为采办制度松绑的法律权威。

1994 年 2 月,佩里接任国防部长,不久即发表题为"采办改革:除旧布新的任务"的重要讲话,几个月后就把帕卡德委员会的"行动指南"付诸实施。以前,采办人员需要申请豁免才能不按军事规格定制而去买现成的部件。新指令彻底扭转了这条规定,只用一句话就简单明了地概括了这场深远的改革:"除非有适当豁免,否则只有在不得已的情况下才能用军事规格标准。"时机已到,提高军事采办效率效益的采办改革已经启航。

三、改革构想变成现实

佩里认为,美国国防采办是全世界最大、最复杂的采办活动,其程序是几十年来慢慢演变而来的。整套程序在 15 万以上采办人员的脑海里已根深蒂固,要改变一个环节都很难,根本改革更是难上加难。尽管如此,美国 1994 年 6 月 24 日发布了改革军用规格政策的总统令,规定必须由采办执行官批准豁免才能采用军用规格。

总统令执行后不久,从很小很普通的货物到大笔的武器采购都有节省。国防后勤局购买的 T 恤衫比以前按军用规格定做的便宜 10%。美国空军由于允许采办管理人员从商业市场购买部件,购买的 JDAM 精确制导炸弹比以前便宜一半,节省了 20 多亿美元。1993 年几乎要取消的 C－17 运输机在新制度下成了一个模范项目,不仅提前交货,还省下了 50 亿美元,这是因为用了"跨年采购"办法,购买的是商业市场上的部件,并且允许承包商在工厂里不断改进技术。

为了将新的程序制度化,美国国防部总结了新程序中最重要的一些内容,例如:①采用商业界的采购做法。采办管理人员能采购商业市场上的物品,就可以利用商业市场的创新和经济规模,保证国防部获得最新技术,物色到新的销售商。②产品一体化开发综合小组。设计过程一开始,设计小组和生产小组就聚集在一起,同时讨论要制造的产品和方式,并允许在规格设计和生产技术方面达成符合成本效益的平衡。③电子商务。在电子商务和电子数据交换方面,国防部在政府部门中占领先地位。当时,国防部60%以上负责签订合同任务的200多个办公室都已经自动化。电子采购在工业界早已普及,省时省钱。④试验一体化。试验一贯是国防采办制度中不可或缺的一部分,改革之后更是如此。国防部改革了试验和评估制度,提早启动试验设备,在可行的情况下把研制和试验结合起来,并广泛使用模型和模拟。⑤试点方案。在国防部长要求下,1995年国会批准了5个试点项目,为其他国防采办投石探路。选中的5个试点项目是JDAM精确制导炸弹、火力支援、联合武器战术训练设备、联合初级飞机训练系统、商业派生引擎和商业派生飞机。这5个试点都被《联邦采办简化法》和国防部采购执行官员免去了各种繁文缛节。试点方案大步前进,说明采用了商业产品和做法之后,既可以加快军事项目研制和交货的时间,又可以降低成本,大幅提高效率。

采办改革对国防部、工业界和纳税人三方都是好事。国防工业部门增加了赢利,股票价格上涨;国防部获得了现代技术系统;纳税人也因为装备成本降低而从中获益。

第二节　混沌过后,采办改革再出发

进入21世纪,8年反恐并未使小布什政府提升声望;相反,次贷危机的爆发、内政外交的困顿使小布什团队背上了无能政府的恶名。2009年奥巴马政府执政后,面对装备采办领域存在的各类问题积极寻求对策,提高采办效率效益成为此次采办管理改革的主旋律。

一、调整重大装备采办项目

为解决重大项目大幅度涨费用等严重问题,美军对重大国防采办项目做出取舍,以集中有限资源,提高保留项目的采办效益。被中止的项目包括"未来作战系统"(FCS)、"转型卫星通信系统"(TSAT)、VH-71 总统直升机、"作战搜救直升机"(CASR-X)、C-17"环球霸王"Ⅲ重型战略运输机,而 F-22"猛禽"战斗机也将在完成第 187 架的采办后停止生产;削减的项目包括:对 UH-1Y/AH-1Z 直升机项目的开支削减 2.83 亿美元,采购数量削减 10 架;MQ-1"捕食者"无人机项目采购数量削减 12 架;"斯瑞克"装甲车的采购预算削减 5400 万美元。其他还有一些重大装备项目延期采办,例如:美国海军 CG(X)下一代巡洋舰的采办延期至 2015 年以后;航空母舰的更新周期也从以往的每 4 年 1 艘改为每 5 年 1 艘。

二、查找影响采办绩效的问题根源

由于采办形势日益严峻,美国对引发采办问题的原因进行了深入分析,概括如下:一是装备需求变更过于频繁,打乱既定的研制计划,导致进度拖延和成本超支;二是装备技术成熟度不高,导致技术返工、装备成本大幅增加、装备质量与可靠性不高;三是管理方式方法不能满足要求,导致项目成本和进度估算不准确,项目基线不科学;四是管理制度执行不严格,虽然制定了较为科学和先进的采办管理制度,但仍存在落实不力问题。

三、加强装备采办的集中统管

美国长期实行武器采办国防部统一领导与军种分散实施相结合的管理模式,武器装备采办分为武器系统与自动化信息系统采办两个方面,其中武器系统采办由负责采办、技术与后勤的国防部副部长领导,自动化信息系统采办则由网络与信息集成(NII)助理国防部长领导。2009 年 3 月,美国国防科学委员会向国防部长提交的报告中指出:美军自动化信息系统采办的现有体制凸显了对自动化信息系统采办的重视,但客观上造成了自动化信息系统与其他武器系统的割裂,不利于美军武器装备的互联互通,对联合作战造成不利影响。2010 年,国防部发布命令撤销网络与信息集成助理国防部长及其办公室,将自动化信息系统采办的审查权交由负责采办、技术与后勤的国防部副部长实施,进一步加强国防部对武器装备建设的集中统管力度。

四、延续均衡务实的策略

奥巴马执政以来一直强调"均衡务实",在采办管理改革中注重协调多方关系,持续推进采办管理制度的优化和完善。

一是在加强采办过程管控与加快采办进度之间寻求平衡。国防部提出了多项改革举措,主要包括:加强对采办前期的方案论证与技术开发,提高采办前期的经费投入,通过提高方案与技术的成熟度,达到降低全寿命费用的目的;提高需求论证的科学性、快速性与稳定性等。

二是在改革出口管制制度与加强关键数据控制之间寻求平衡。奥巴马政府认为,美国安全援助和出口管制工作受到机构复杂臃肿、资源长期短缺、程序繁琐等因素的制约。美国政府将进一步改革安全援助与出口管制制度,在强化与盟国合作的同时,加强对关键项目关键数据的控制,防止敌对国家或恐怖组织获得相关技术。

三是在加强国防工业基础建设与控制预算之间寻求平衡。奥巴马政府提出,美国的国家安全与繁荣越来越依赖于其技术与工业基础,需要制定国防工业长远发展战略,对国防工业基础及其结构进行相应的调整改革。同时,国防部还将控制预算支出,防止装备预算的无限上涨。

第三节 金融危机来袭,预算缩减下国防采办的艰难时日

经济实力是军事实力的重要基础。在国库充盈的情况下,美军装备支出得到了有力的保证,但也助长了不计成本的"高消费"风气出现。"冷战"

后,国防预算的削减一度迫使美军节衣缩食,但此后小布什政府的全球反恐又再次拉开军费高涨的序幕,财政日益难堪重负。经济危机的到来更使情况雪上加霜,美国政府不得不依靠财政赤字维持运转,而更大的危机隐于其中。

一、危机到来

小布什政府执政后,为因应全球反恐,美国军费开支规模呈急剧增长态势,从 2001 财年的 3290.3 亿美元,上升到 2008 财年的 6932.1 亿美元,增幅高达 110.7%,年均增长约 10%。2009、2010 财年,尽管美国经济陷入金融危机困境,但军费开支仍逆向增长,达到 6977.6 亿和 7221.4 亿美元。而美军十余年来在伊拉克、阿富汗等地的反恐战争开支,也已超过 2 万亿美元。

巨额国防开支给美国带来巨大财政压力,尤其在金融危机的冲击下,政府财政负担日益沉重。2008 财年美国财政赤字达 0.459 万亿美元,2009 年起,财政赤字超过 1 万亿美元,多年预算赤字的累积导致政府债务大幅增加。至 2011 年,美国债务总额已与 GDP 相当,接近国会规定的 14.29 万亿美元上限。联邦政府实质上已到了收不抵支的境地。随着欧洲国家债务危机的集中爆发和美国失业率的居高不下,美国经济出现严重危机。2011 年10 月,宾夕法尼亚州首府哈里斯堡因无力支付 3.1 亿美元债务而申请破产,还有更多地方政府陷入债务泥潭。

二、自动减赤机制启动

根据经验,巨额债务只能主要依靠增加税收、减少政府预算支出等办法解决。为保证政府运作,国会民主、共和两党达成协议,于 2011 年 8 月通过《预算控制法案》,规定将政府借债上限提高到 16.39 万亿美元,10 年内分两方面财政减赤:一方面,联邦政府各部门未来 10 年主动削减 0.9 万亿美元(国防部未来 10 年至少削减 4870 亿美元国防预算,前五年削减 2590 亿美元),从 2013 财年开始执行;另一方面,由民主、共和两党成立财政赤字联合委员会(也称"超级委员会")商议提出未来 10 年再削减至少 1.2 万亿美元的方案,如果超级委员会 2012 年年底前达不成削减方案,将启动"自动减赤机制",即每财年在主动削减基础上,再强制削减至少 1090 亿美元,以实现削减目标。历史上自 1917 年规定债务上限以来,美国已 84 次调整债务上限额度。

但形势并未好转,反而变得更加复杂。2012 年年底,小布什政府为刺激经济实行的减税政策即将到期,从 2013 年 1 月起,增税(恢复原先的较高税率即相当于增税)和减支将共同发生作用,这将使美国财政赤字曲线出现陡峭的直线下降,即"财政悬崖"(Fiscal Cliff)。表面上看,财政赤字大幅减少似乎是好事,但事实上这种"硬着陆"将重创美国经济:增税将减少企业留存收益,削弱企业发展后劲,迟缓经济增长;减支则会造成市场商品积压,进一步危害经济。"财政悬崖"的出现将导致美经济陷入萎缩,其效力将达到8000 亿美元规模,相当于 2013 年美国国内生产总值的 5%。美国会预算局于 2012 年 11 月发布报告指出,如果国会不能阻止"财政悬崖"出现,2013 年美国实际国内生产总值将下降 0.5%,第四季度失业率将升至 9.1%。

为避免跌落"财政悬崖",在共和党反对增税的情况下,减赤就成为最现实的选择。但民主、共和两党各怀心计,减赤之路并不平坦。2012 年 12 月,两党未能就减赤方案达成一致。为保证政府运营,两党决定将自动减赤机制启动时间推迟至 2013 年 3 月 1 日。但 2013 年 2 月 28 日最后期限前,两党仅达成 2013 财年 240 亿美元预算削减方案,其余 850 亿美元削减目标仍无着落。3 月 1 日晚奥巴马被迫签署命令,正式启动自动减赤机制。根据两党共识,850 亿美元中的一半以上由国防开支承担,其余由医疗和教育等项目承担,并要求在 9 月 30 日之前完成削减。在这种背景下,奥巴马政府与军方将削减国防预算作为工作重点之一,国防采办不可避免地受到影响。

三、自动减赤的影响

自动减赤机制启动后,美军高层官员对国防预算大幅削减反应强烈。

负责采办、技术与后勤的国防部副部长弗兰克·肯德尔认为,国防预算形势越发严峻,将对国防采办产生巨大影响,具体体现在:

减赤将迫使美军改变现行采办方式,缩短采办周期。美军将推行装备项目分类采办,提高采办效率。未来国防部对新上项目将更加谨慎,对现有装备的升级改造将有所增加。渐进式采办方式将继续推广,通过更多采用成熟商业技术,对信息技术产品等采取更灵活的程序,有效缩短装备研制周期,提高采办效率。

减赤将降低对优秀人才的吸引力,对国防部现有采办队伍产生巨大冲击。一方面,部分采办人员可能因预算不足、福利待遇降低而离开岗位,使采办项目管理、合同管理、技术管理、审计监督等专业性较强的采办工作受到影响;另一方面,预算削减将导致培训教育经费减少,国防采办教育的师资、教学将被缩减,采办人员的业务水平和业务能力得到锻炼提升的机会降低,影响采办绩效的提高。

采办将削弱国防工业基础,加大军工企业的生存压力。重大装备采办项目经费的削减,部分装备采购、维修合同的暂缓执行,将严重损害军工企业利益,甚至可能使像洛克希德·马丁、波音、雷声、诺斯罗普·格鲁曼这样的大型军工企业面临生存困境,进而导致大批人员失业,引发军工企业新一轮兼并重组。武器装备采购量的减少,还将导致装备生产成本增加,可能引起部分武器装备单价上涨。

第四节　开源节流,提高采办效益的策略方法

过紧日子从预期变成现实,并将长期持续。过去,美军曾有过短暂的"艰苦奋斗"经历。现今,国防部的高官开始缜密谋划,使美军能够在有限资源下延续发展。

一、装备采办谋思求变

国防采办项目的高费用威胁国家安全已经成为美军共识。国防高级研

究计划局局长阿拉蒂·普拉巴卡尔在2014年5月曾表示,该部门正"从根本上重新思考"高消费的采办体制。她表示,国防高级研究计划局正在探索使武器更加灵活、性价比更高的途径。"由于威胁的多样性以及我们的应对方法所花费的高昂费用,我们所走的路是不可持续的。"普拉巴卡尔的声音代表很多人的共识。

有采办专家认为,美军目前采办领域存在的问题主要包括:垄断性技术领域抬高了武器研发成本。一些重要武器平台过度追求"大而全",导致耗资巨大、研发耗时过长,难以适应日新月异的科技发展形势,列装后往往存在软件不兼容、难以更新等问题。此外,部分大型承包商还存在抵触新技术及采办迟缓等情况。

为寻求改变,美军呼吁采取多项措施,例如:提高效费比、重视成本效益,将装备成本同威胁等级挂钩,"不再为应对5万美元的威胁而研发300万美元的武器";发展新概念技术,重视发展定向能武器、网络武器、电子脉冲武器和电磁轨道炮等联结的"突破性技术";与盟国合作研发,节约资金并提高同盟国间装备通用性和协同作战能力等。

二、当前举措

采办管理改革已成为推动采办管理制度有效运行的重要保证。近年来,美军大力推行更优购买力计划(BBP),这是一组旨在提高采办效益、分阶段实施的政策,目的是改善采办绩效并获得经验,2010年由时任采办主管艾什顿·卡特发起。2012年现任采办主管肯德尔更新了更优购买力指南,并将许多做法在指南中固化。目前计划处于第二阶段的第二年。国防部已在慎重考虑计划第三阶段的主题,BBP 3.0将在前两版的基础上继续寻求采办政策的优化,并将其他需要关注的领域充实进来,如加强竞争、减少贸易壁垒、巩固技术优势等。

目前,第二阶段计划的主旨是"控本增效",即通过实施5个方面的倡议,寻求提高采办效率和生产力。

（1）瞄准经济可承受性并控制成本上升。具体包括：通过"或有成本/应计成本"（Will Cost/Should Cost）管理降低成本；消除军方多余的要求；设置更短的项目期限并妥善管理等。

（2）激励工业界提高生产力和进行革新。具体包括：对成功实施供应链管理和间接支出管理的承包商给予奖励；增加采用"固定目标定价激励"（FPIF）合同；通过调节付款进度来促进绩效；将"优秀供应商激励计划"（SSIP）扩大到国防部所有的试点项目等。

（3）倡导真正的竞争。具体包括：在每个采办里程碑设置竞争策略；消除竞争障碍（减少单标竞争等无效竞争）；增加有活力的小企业在市场中发挥作用等。

（4）改善服务采办。具体包括：推广空军做法，各部门皆设置服务采办高级经理；解决服务采办中的问题（包括通过更频繁的竞争来增强知识服务效果，要求超过 10 亿美元的服务合同包含费用效率目标等）；增加小企业参与提供服务等。

（5）缩减没有效益的程序和减少官僚主义。具体包括：减少国防部长办公厅一级的评审工作，只保留对重大投资决策有用或有助于解决重大问题的评审；将部门内部和针对国会的报告削减一半；降低加在工业界身上的非增值的管理费等。

以上措施的目标是通过减负减支，将节省的费用向发展作战能力转移，确保在预算没有相应增长的条件下，使作战能力每年获得 2% ~3% 的增长。"新计划目的不是减少国防企业的利润，而是通过削减成本来增加企业的利润。"美国防部还将继续推动更优购买力指南中各项举措的进一步落实。

三、近期成效

更优购买力计划实施几年来，成效已逐步显现，主要体现在：

一是降低了装备采办项目费用。美国政府问责办公室 2014 年报告称，国防部 2013 年 80 个采办项目中有 51 个做出调整，采购费用共节约 203 亿美元。国防部一名采办官员称 GAO 的评价"到目前为止是最具鼓励性的"。更优购买力计划下绝大部分项目被设定了经济可承受性要求并都处于可控状态,国防部对未来更优购买力大幅提高采办效率满怀信心。

二是增加了小企业竞争和参与。2014 年 8 月,美国小企业管理局宣布,2013 年国防部合同中有 483 亿美元授予小企业,占合同总金额的 21.09%,较 2012 年的 20.41% 有明显提升,充分彰显了更优购买力计划对加强竞争、巩固国防工业基础发挥的作用。

三是促使军工企业主动寻求降低成本。2014 年 7 月,美国国防部与承担 F-35 生产任务的洛克希德·马丁公司、诺斯罗普·格鲁曼公司和 BAE 系统公司共同签订经济可承受性协议,约定在 2019 年前以 4 代机价格采购 F-35"闪电"Ⅱ型战机(第 5 代战机)。三大公司在协议中承诺遵循更优购买力计划要求,探索降低成本的创新方法,着力削减 F-35 的生产成本。2014 年~2016 年,三大公司将为成本削减投入 1.7 亿美元;作为回报,如果成功降低成本,三大公司可获得前期投入、利润以及成本节余的增值部分。

此外,更优购买力计划还有效提升采办队伍的专业素养、帮助承包商消除非生产环节和其他冗余的管理程序。

第三部分　美军装备采办管理重大改革之决策

国防部就好比世界上最大的公司,雇员有 300 多万人,持股人——美国人民——有 2 亿多。董事会——国会——有 535 人。一方面,它跟随公司管理有相像之处,另一方面,除了规模宠大以外,还有一些重要区别。国防部长手上的问题尤其特殊,因为做决策、对为什么如此决定的问题的答复,都是在政治环境下进行的,而且做的决定不得有误,必须一次成功,因为都是生死攸关的大事。(引自艾什顿·卡特、威廉·佩里《预防性防御:一项美国新安全战略》)

美国国防采办管理改革涉及复杂的决策过程。本部分主要对改革决策问题进行分析概括,分为决策体系、决策过程、影响因素和决策影响四章进行论述。

第十章　决策体系

在美军装备采办管理改革中,不同层级的决策主体和众多的决策咨询机构,构成了富有特色的决策体系。具体来说,国会和总统是采办管理的最高决策者;国防部作为采办管理的行政主管部门,在决策中发挥着关键作用;国会、行政部门的咨询机构以及众多智库为决策提供着不可或缺的重要支撑。

第一节　顶层决策层

美军装备采办管理的顶层决策主体是国会和总统,这两个主体分别从立法和行政角度对采办管理产生决定性影响。

一、国会

美国国会是美国最高立法机关。根据美国宪法的规定,国会拥有的权力有两大类:立法权和监督政府的权力。具体来说,与国防采办相关的权力可以细分为:一是立法权,每年国会要通过授权法案和拨款法案,先对国防预算进行授权,规定能够花多少钱,然后再由拨款委员会进行拨款。二是人事任命权,根据宪法和法律的规定,总统提名任命的国防部高级官员须征询参议院的意见和经参议院批准。1993 年底,国防部长阿斯平离职后,克林顿提名退休海军上将鲍比·艾曼任国防部长,但在参议院没有通过,后来又提名当时的副部长佩里,才在参议院通过。三是调查权,国会可以成立特别委员会对相关问题进行调查,在国防采办方面这种委员会相当多,如 1934 年参议院成立的"调查弹药工业特别委员会"、1941年参议院成立的国防调查特别委员会、1949年成立的胡佛委员会等。从以上可以看出,国会的权力和决策实际上也是国防采办改革决策链条中的一个重要组成部分。

美国国会由参议院和众议院组成。参议院现有议员100名,各州不论面积大小、人口多少一律两席。参议员代表本州,任期6年,可连选连任,每两年改选1/3。参议员的当选资格条件是:年满30岁,为合众国公民9年以上,当选时必须是本州的居民。众议院现有议员435名,其议席分配的原则是按各州人数占全国人数的比例分配到各州,但每个州至少应有一个议席。现为第113届国会。

国会中的委员会一般分为四种:常设委员会、协商委员会、专门委员会、联合委员会。常设委员会是国会基本的工作单位,具有立法权限,每个常设委员会下设若干小组委员会,一项议案在送交全院讨论或投票之前,必须提交常设委员会审议,而常设委员会通常会根据议题的不同将其分送有关小组委员会,实际上审议工作是在小组委员会进行的。如果某个常设委员会或者小组委员会赞同某个提案,它们通常采取举行听证等方面收集有关信息,然后委员会通过修正案的形式完善提案,最后将提案送到全院大会进行辩论。全院通过之后,方案被送到协商委员会,协商委员会由两院议员组成。方案在协商委员会进行协调,有可能附加新的且两院议员都能够接受的修正案。如果两院议员在协商委员会能够就方案文本达成妥协,方案将被返回两院全体会议讨论是否通过,在此阶段不能再对方案进行修改,要么通过,要么不通过。如果方案在这一环节获得通过,则该方案将送交总统签署成为法律。如果总统否决了此议案,需要参众两院三分之二以上通过才能推翻总统的否决,议案仍能成为法律。协商委员会是临时为了协调两院同一议案的差异而临时成立的,在问题解决之后就会解散。专门委员会是为专门任务而设立的。联合委员会由参议员和众议员参加的常设机构,经常用来协调日常事务。

授权委员会。以国会立法形式确立的项目授权是包括国防部在内的美国各联邦政府机构和组织进行各种活动的法律基础。授权法案还有一些附加的作用和功能,它可以通过设定一些限制来对每一项国防项目进行监督和管理。目前,项目授权以年度国防部项目授权法案的形式覆盖了大范围的国防活动安排,包括从购买靴袜、制服到采购数十亿美元的武器系统。现在,国会每年都制定一个年度国防授权法案。

拨款委员会。美国人常说,国会是政府的"钱袋",而在国会中具体操控这个"钱袋"的是参众两院的拨款委员会。拨款委员会的主要工作是:通过为联邦政府活动提供资金的拨款法案。这些法案主要按照政府不同职能部门分为 13 种。假如这 13 个法案都没有被通过,那么政府的主要活动将会中止。其中,有关美国国防的拨款由拨款委员会中下设的与此有关的专门的小组委员会负责。在拨款委员会中有 3 个小组委员会在国防政策上发挥重要作用。例如:有关核武器的活动是由能源和水资源拨款小组委员会提供资金拨付;军事基地的费用则由有关军事建设的拨款小组委员会负责。最重要的小组委员会是国防拨款小组委员会,它在国防政策领域最重要的权力是决定在这方面应当花多少钱。

武装部队委员会负责国防项目的授权,而拨款委员会中的国防拨款小组委员会具体负责这些项目的拨款。在没有获得授权之前,拨款部门不得拨款。假如授权和拨款部门对于某项立法的意见不一致,可以使用两条简单的决策规则来解决问题,即:一是拨款法案在数额规定方面拥有决定权;二是后一项法案(拨款法案)在与前一项法案(授权法案)产生矛盾时,在有矛盾的方面后一项法案拥有最后的拍板权。

国会还有相关工作机构,这些机构为国会和社会服务,这里重点介绍三个机构。

政府问责办公室。它是一个独立的、不分党派的审计机构,其职责是调查、监督联邦政府如何花费纳税人的钱。该办公室的有些调查工作是应某些国会委员会或国会小组委员会的请求而进行的,它也会根据法律要求或特定的委员会报告主动展开调查行动。在监督方面,它对联邦政府机构的支出进行审计,以保证资金被运用到适当的地方,例如当有人指控联邦政府出现了不合法的行为或不适当的行为时,该办公室就会展开调查,为国会分析、设计新的政策选项,签发关于政府机构行为及法规的合法性意见书。该办公室主任由美国总审计长担任,总审计长任期长达 15 年,先由国会提名候选人,再由总统任命,并经参议院认可。该办公室每年都要发布许多报告,揭示包括国防部在内的联邦政府项目超支现象。对于它的建议,国防部必须回应,如果不予采纳应当说明理由。

国会预算办公室。其宗旨是支持国会开展与预算有关的工作,包括提供相关的分析报告,阐明与联邦预算有关的经济和政治问题。具体工作包括对各种期限的联邦预算问题以及更宽泛的经济问题进行研究,对总统提交国会的预算案进行分析,定期公开发布一系列预算建议等。该办公室主任人选由两院的预算委员会酝酿提出和共同任命。

国会研究服务处。主要职责是不计党派为两院委员会以及议员提供政策、法律研究报告,其提供的大量分析报告在立法确定预算优先项目时发挥了重要作用。该机构主任由国会图书馆馆长任命。国会研究服务处对美国国防部采办改革进行了大量研究,这些报告在国会决策中发挥了重要作用。

二、总统

美国总统是美国国家元首和政府首脑,同时是美国行政部门的最高领导与三军统帅。根据美国宪法第二十二修正案,美国总统任期 4 年,可以连任一届。在行政方而,总统有权处理国家事务和联邦政府的各种工作,可以发出对联邦政府机关有法律约束力的政令,有权选任所有行政部、院、署、局等机关首长(须经参议院认可),以及其他数百名联邦政府高级官员。总统不仅有权在原有的行政体系内进行某些改组,而且有权设立新机构。

美国总统是美国武装部队的总司令。在美国制定安全政策的过程中,总统无疑是最重要的角色。总统有权任命国防部长、参谋长联席会议主席等重要官员,制定重大国家安全政策,如军事战略、军队规模及构成、重要武器研制及采购计划等。

在总统竞选的过程中,参选人都会公开阐述自己的军事主张,上任后都会在国防和军事领域实现自己的想法,也会根据自己的想法挑选一个支持自己并且能够贯彻自己想法的国防部长。一般来说,有服役经历、熟悉军队的总统对国防领域的事务影响肯定大一些。美国前总统卡特曾是一名军人,海军学院毕业后,当时的海军上将里科弗亲自挑选核潜艇军官,卡特被选中。在里科弗领导下的核潜艇部队里,卡特得以深入了解军队是如何运行的以及具备什么条件才能运行好。这一段经历对卡特作为三军总司令非常有帮助,当陆、海、空军的将军们向卡特要经费时,他能够分辨出哪些是必要的、哪些是不必要的,尽管他所在的民主党通常反对军费开支过大,但在卡特的争取下,民主党控制的国会在国防预算上也积极配合,国防建设经费得到大幅提高。

总统上任后,他的执政理念和思想要得到贯彻,就需要有一批志同道合的追随者。所以,每次新总统上任后,都要着手组建自己的政府班子,包括选任国防部长。但总统对军事决策不是完全依据军事需要,而经常是依政治需要来衡量。克林顿上台后,主要关注国内经济问题,希望国防预算能够为国内经济提振贡献力量,支持国防采办改革,鼓励国防产品和服务进行商业化采购,而不是专门按照军用规格定购。在国防部长莱斯·阿斯平辞职后,选用了曾经大力推进采办改革的国防部常务副部长威廉·佩里顶替阿斯平,佩里在国防部积极推行采办改革,取得了军事和经济双重效益,因此成为克林顿时期最具影响力的人物之一。同样是在克林顿政府时期,克林顿与国会在国家导弹防御系统部署问题上几经周旋,不同意为部署设定时间,甚至为此还否决了《1996 财年国防授权法》,但最终在第二个任期进行了妥协,让国家导弹防御系统进入部署阶段,这也反映出美国总统在国防采办决策权力上的制衡特点。

三、国家安全委员会

美国国家安全委员会(National Security Council, NSC)根据 1947 年的

《国家安全法》设立,直接服务于美国总统,负责提供外交和安全事务方面的专业意见,协助总统制定相关政策,协调各个政府部门行动,可以说是总统关于国家安全政策的协调和参谋机构。美国总统在国家安全委员会有最后的决策权,而不需要与会者表决通过。从成立至今,美国国家安全委员会逐渐职能化、专业化,成为国家外交和安全决策的中枢。

在遵循 1947 年《国家安全法》及其修正案对国家安全委员会法定成员的规定的前提下,奥巴马于 2009 年 2 月 13 日通过了第一号总统行政指令,规定了其任内国家安全委员会的成员。法定成员为总统、副总统、国务卿、国防部长和能源部长,非法定常规成员为财政部长、总检察长、白宫幕僚长、国土安全部部长、国家安全事务助理与驻联合国大使。法定情报顾问为国家情报总监,法定军事顾问为参谋长联席会议主席。总统顾问受邀参加每一次会议。

国家安全委员会的日常工作由国家安全事务助理(National Security Advisor)负责。国家安全事务助理不仅要为总统的日常决策和危机决策提供咨询,更要协助总统进行宏观的战略规划和政策设计,为总统制定大战略提供思想资源和政策方案。

协助总统制定美国的国家安全战略是国家安全委员会的一项重要职能。这项职能来自于 1986 年的《戈德华特—尼克尔斯国防改组法》,该法要求总统每年向国会提供一份国家安全战略报告。美国《国家安全战略》报告是每届总统安全战略、外交战略和军事战略的总方针,美国其他三大军事与安全的纲领性文件,即由国防部负责发布的《国防战略评估》报告和《四年一度防务评审》报告以及由参谋长联席会议主席负责发布的《国家军事战略》报告,都要以其为依据或服务于该战略。

国防采办事务属于国家安全范畴,国家安全委员会的工作也会涉及国防采办。美国政治学家亨廷顿将外交及安全政策分为危机型政策、战略型政策和结构型政策三类。危机政策是指当美国国家利益面临迫在眉睫重大威胁时政府所做出的反应,通常需要使用或准备使用武力。战略政策是指外交及安全政策的目标及其策略,在国防事务领域确立军事力量的主要使命及各军种之间的基本配置,如国防部应当保持多大规模的军事储备以及美国的核战略是更应注重于进攻性力量还是防卫性力量等。结构政策主要关注的是如何使用资源以实现政策目标,在国防领域主要针对的是采购部署的管理组织。国防采办主要涉及结构性政策,但在实际运行过程中,国防部长一般不希望国家安全委员会过多介入采办政策制订,特别不愿意看到国家安全事务助理利用国家安全委员会干涉采办政策。

第二节 国防部决策层

在装备采办管理改革中,国防部的决策影响力至关重要。虽然主管采办的副部长按照法律规定也有相应的决策权,但总体上说,国防部长是国防部决策的核心人物。

美国军事力量的发展从 1947 年跃升到一个新的历史阶段,一个标志性的事件是有一个统领三军的国防部及国防部长。从第一任国防部长福莱斯特到今天的第二十四任国防部长哈格尔,其中:有的非常强势,如麦克那马拉、拉姆斯菲尔德,至今影响不绝;有的则转瞬即逝,如埃利奥德·理查森,任职仅 4 个月,成为历史过客。但总体上来说,美国国防部的发展带着这个特殊角色的深深烙印,美国的国家安全需要这个角色不可或缺的参与。

美国国防部像一个大公司,他的决策既有商业公司决策的一般特点,也有军事组织决策的特殊性质。正如前国防部长佩里所说,"国防部就好比世界上最大的公司,雇员有 300 多万人,持股人——美国人民有 2 亿多。这个公司每年预算达 2500 亿美元。董事会——国会有 535 人。一方面,它跟公司管理有相像之处;另一方面,除了规模宏大以外,还有一些重要区别。国防部长手上的问题尤其特殊,做决策以及对为什么如此决定的问题的答复,都是在政治环境下进行的,而且所做的决定不得有误,必须一次成功,因为都是生死攸关的大事。"①在这样的背景下,担任国防部长最好的准备就是事先掌握高水平的企业管理经验,因此美国国防部部长很多都出身于商界公司高管。

这一点从第5任国防部长查尔斯·威尔逊开始就表现得非常明显。威尔逊1953年担任国防部长之前,是通用汽车公司总裁,再之前就职于西屋电气公司。第6任国防部长尼尔·麦克尔罗伊,任职前是宝洁公司的总裁,在其任上成立了著名的国防高级研究计划局(DARPA)。第8任国防部长罗伯特·麦克纳马拉,曾是福特汽车公司总裁,他的任期几乎是自肯尼迪政府上台起直到约翰逊政府下台,成为自国防部成立后任职最长的领导人。第15任国防部长卡斯帕·温伯格,任职前是贝克特尔集团公司副总裁、董事兼法律总顾问。第21任国防部长唐纳德·拉姆斯菲尔德,是第二次担任这一职务,此前在世界500强企业西尔制药公司等私营企业已经工作8年。这些人都是直接由大公司进入国防部任职,还有多位国防部长任前有不同程度在商业部门工作的经历,例如:第1任国防部长詹姆斯·福莱斯特虽然从海军部长上任,但其也担任过私人公司的高管,在狄龙—里德投资公司建立方面功不可没,并在这个投资公司担任了两年总经理;第4任国防部长罗伯特·洛维特在进入政府之前,是华尔街的布朗兄弟哈里曼银行的正式合伙人,是好几家铁路公司和保险公司的董事;第7任国防部长托马斯·盖茨在进入政府之前曾是费城的一位投资银行家。

这些有过公司高管经历的国防部长进入五角大楼后,充分发挥他们的管理经验,在国防部这个超大"公司"施展才华,这是国防部成立后一段时期内形成管理秩序、提高管理效率的需求,也是美国国防部的发展为这些精英提供的历史机遇。对国防采办这个敏感而复杂、近似于公司工作的重要领域,这些国防部长们的管理和决策都留下了重要的影响。

国防部成立初期的领导人大都注重组织机构的变革,加强国防部长的

---

① [美].艾什顿·卡特,威廉·佩里.预防性防御[M].胡利平、杨韵琴译.上海:上海人民出版社,2000:184.

行政管理权,以提高管理效率、降低管理成本,特别是推动商业模式在国防部的运行。威尔逊担任国防部长强调科学管理,他把很多企业管理中的经验带到国防部的管理中,一上任就着手国防部的"改组计划",使国防部中更多的行政管理权落在了文职军种部长手中。麦克纳马拉以企业管理理念改造国防部,认为国防部就是一个由多个主要商业企业构成的实体,只是需要不同的管理技术而已,他主导建立"规划计划与预算系统",使军事规划和预算管理相融合,对采办资源分配系统建设产生了里程碑式的影响。拉姆斯菲尔德在第二次进入五角大楼后,利用在西尔制药的管理经验,在人事等问题上大刀阔斧进行改革。拉姆斯菲尔德强硬的行事风格,一度使其陷入军方的孤立之中,以致当时五角大楼圈内流行着一个笑话:如果拉姆斯菲尔德与各军种司令在一起开会,一群恐怖分子闯入会议室并绑架了他,没有任何一位将军会动一个指头帮助他。

美国国防部部长的任职还有一个特点,就是直接从国会到五角大楼,这对国防部长的决策也有重要影响。第 10 任国防部长由众议院议员梅尔文·莱尔德直接担任,第 17 任国防部长由众议院议员理查德·切尼直接担任,第 18 任国防部长由众议院议员莱斯·阿斯平直接担任,第 20 任国防部长由参议院议员威廉·科恩直接担任。另外,其他多名国防部长也有国会议员的经历,现在的国防部长查克·哈格尔曾经担任参议院议员 13 年之久。

国会议员的经历对国防部长的行事决策影响甚大。以莱尔德为例,他从未在私营企业和政府里任过专职,但是他长期的议员生涯使他善于运用妥协这门艺术,使国防部在他的管理下与众不同。莱尔德在大学毕业后直接参加了海军,退伍后竞选成为威斯康星州议会议员,当时年仅 23 岁,是该议会历届议员中最年轻的一个。1952 年,28 岁的莱尔德当选为美国众议员,此后一直代表着该选区的选民。1969 年,莱尔德被尼克松政府挑选为国防部长,4 年之后莱尔德主动下台。当时五角大楼事务观察家、军方领导人和国会议员们一致称赞他是非常能干的国防部长,当时的众议院军事委员会主席、路易斯安那州民主党众议员爱德华·赫伯特甚至称赞他是美国历史上"最称职的国防部长"。当时,五角大楼形象不佳,国会对国防部的预算审查苛刻,并对五角大楼的行动施加了许多限制。然而,在莱尔德任职期间,国防部一次也没有在关键性的投票表决中失败过。莱尔德对国会处理问题的复杂过程很在行,并熟知公众强烈要求国会削减国防预算的情绪,他通过利用授权和支出之间的差额,在让国会对国防预算进行大幅度削减的同时,也使所有重要武器系统的发展计划继续得到执行。例如,1972年,他拒不同意第一阶段限制战略武器协议,除非国会首先批准诸如 B-1 轰炸机、F-14 战斗机、F-15 战斗机和"三叉戟"潜艇系统这样一些重要而有争议的新计划,最后,他促使国会在辩论限制战略武器协议之前先表决国防预算,实现了自己的目的。

第三节　决策咨询机构

在美国的决策咨询体系中,咨询机构在各种决策过程中作用突出。在国防采办领域,国防部、国家背景的咨询机构和民间智库发挥着重要作用。

一、国防部决策咨询机构

早在 19 世纪末,联邦政府各部门中就已经出现了类似联邦咨询委员会的咨询组织,向总统或各联邦政府部门提供建议。这类机构因在课题研究、决策建议、项目评审等工作中发挥着重要作用而受到重视,得到了迅速发展,就连总统、联邦政府各部门以及国防部各军种部都纷纷建立了自己的咨询组织。1972年,美国国会正式通过《联邦咨询委员会法》,依其规定,美国政府开始将各种各样的联邦咨询委员会纳入到《联邦咨询委员会法》框架下统一管理。《联邦咨询委员会法》中对"联邦咨询委员会"予以了明确的规定,即咨询委员会是指为使总统或联邦政府的一个或多个行政机关或官员得到咨询建议,而由一个或多个行政机关设立或利用的任何委员会、理事会、会议、专家组、工作小组和其他类似团体,或任何其分委员会或其他分团体。咨询委员会不包括涉及政府间关系的咨询委员会、涉及政府采购的委员会以及成员为联邦政府全职官员或全职雇员的委员会。美国政府列出的国防部联邦咨询委员会共有 57 个,其中在采办领域最具有代表性的是国防科学委员会。

美国国防科学委员会是美国防部高级决策咨询机构,主要负责国防科研生产与武器装备管理领域的战略性、基础性、紧迫性问题研究,不仅被视为国防部长、参谋长联席会议主席等美军高官的重要智囊,同时,也对美国国会和政府具有一定影响力。该委员会于 1956 年成立,旨在汇聚国防科研领域的高级管理人才和技术专家,研究解决国防科研中的重大技术问题,促进高新技术在武器装备中的应用。目前,共有委员 41 人,其中高级委员 9人。现任主席为保罗·卡明斯基博士(曾任国防部负责采办与技术的副部长、兰德公司董事会主席),副主席为空军退役上将莱斯特·莱尔斯(曾任美空军副参谋长),高级委员和委员的任期一般为 1 ~ 4 年不等。国防科学委员会主要开展重大咨询课题研究,设有短期和长期两种工作组。短期工作组是根据当前重大、紧迫性任务需要而设置的项目组。长期工作组主要围绕基础性、战略性问题开展研究,如"国防情报(2007 年—2010 年)"、"核武器可靠性(2007 年至今)"等,且每个工作组的成员不超过 15 人。工作组一般由一两名委员牵头,其他成员根据任务需要从相关单位聘请。课题成果形式有简报、研究报告、执行计划建议书等,以委员会主席名义报送主管的国防部副部长。主管的国防部副部长根据任务性质和实际需要,转呈国防部部长、常务副部长、参谋长联席会议主席或其他相关领导参考使用。此外,军种部也建立了自己的联邦咨询委员会,分别为陆军科学委员会、海军研究咨询委员会和空军科学咨询委员会,这些委员会积极发挥决策咨询作用,为国防部尤其是本军种的政策制定、采办策略、项目管理、绩效评估等提供重要支撑。

二、具有国家和政府背景的决策咨询机构

具有国家和政府背景的决策咨询机构,也在美军采办管理改革中发挥着重要的作用,其中以国家研究委员会最具代表性。

国家研究委员会是由美国科学院、美国工程院和国家医学研究所共同赞助和管理的机构,成立于1916年,是一个半私有的非营利组织,负责在国会宪章指导下,向其他科研部门提供科学、技术和卫生等领域的政策建议。国家研究委员会的任务是在科学、工程、技术和卫生领域改进政府决策和公共政策,增强公众教育,加强民众对政策的理解,促进相关知识的获取和传播。国家研究委员会不直接接受联邦政府的投资,其项目由参与项目的联邦机构资助。委员会有近6000名世界顶级科学家,他们的工作是志愿性的,在委员会工作和参加各项活动不求回报。

工程学与物理学部是国家研究委员会的二级机构之一,其任务是向联邦政府提供独立、权威的科学、技术与工程领域的政策建议,推动科学与技术团体、联邦政府和公众之间的交流。工程学与物理学部的工作主要围绕四个方面:一是国防、空间和航天领域的特殊任务;二是监督国家基础设施建设,如环境系统、通信、制造与工程设计和施工环境等;三是各学科领域内科学与工程的规章制度;四是对联邦政府实验室和研究项目的持续评估。工程学与物理学部下设涉及3个领域的13个委员会,负责向各自所涉及的领域和相关部门提出建议,如空军研究委员会、陆军科学与技术委员会、海军研究委员会、空间研究委员会等,都在国防部和各军种采办工作中起到一定的决策咨询作用,提出很多科学可行的建议。

三、智库等外部决策咨询机构

美国联邦政府决策十分重视具有第三方立场的外部机构的作用,智库等外部决策咨询机构从客观角度对决策进行支撑,承担了大量的分析论证工作,将决策问题细化成为建议方案,在美军采办管理改革决策中发挥着不

可替代的作用。其中最为典型的就是兰德公司。

兰德公司自 1948 年成立以来,在防务、外交以及科学技术、社会、政治、经济等领域为美国政府的决策做出了杰出贡献。20 世纪 50 年代至 60 年代,兰德公司对朝鲜战争、苏联发射卫星事件、越南战争进行了准确评估。此后,兰德公司又对中美建交、古巴导弹危机、美国经济大萧条和德国统一等重大事件进行了成功预测,这些预测使兰德公司的名声如日中天,成为美国政界、军界的首席智囊机构。在军事领域,从海湾战争、科索沃战争、阿富汗战争到伊拉克战争,兰德公司都与美军在战争实验室进行了预先作战模拟推演,美军近 20 年来发起的战争背后几乎都有兰德公司的影子。在武器装备科研领域,兰德公司在侦察卫星研制、弹道导弹研制、防空预警系统建设等方面对美军做出了重大贡献。此外,还最先提出"博弈论"、"系统分析"等一系列理论和方法。

兰德公司主要通过以下手段来影响决策:一是密切保持业务来往。兰德公司认为,智库研究根本上是为决策服务的,重视与决策部门保持密切关系,能及时了解政策制定和实施中遇到的实际问题,使研究工作能"紧紧跟上国家的决策进程"。这样制定的政策就更成熟,研究的成果就更有价值和可操作性。为此,兰德公司坚持同政府保持长期业务关系,并视其为兰德公司的成功秘诀之一。例如,2008 年国防部面临采办队伍规模难以胜任繁重采办任务的问题,兰德公司经过大量细致的研究,出版了《国防采办队伍:根据政策调整的人员变化趋势,1993—2006》,为国防部分析了 1993—2006 年国防采办队伍的变化情况。此后,国防部做出部署,要求大力加强采办队伍建设,扩充人员规模。二是密切保持人员交流。兰德公司经常派员到政府部门接受锻炼,高级研究人员也经常出席政府活动,甚至担任政府部门要职。为了工作需要,美国空军经常有 5 名以上军官在兰德公司工作。人员的交流与渗透,大大提高了兰德公司在政府的影响力和知名度,也使研究工作更具针对性。三是大力推销成果和思想。兰德公司利用研究成果向政府部门传播政策主张,提供最新的想法和建议,帮助解决问题和挑战。此外,兰德公司同国会也保持密切联系,并通过协助制定议案等活动影响国会决策。

除兰德公司外,列克星敦研究所、布鲁金斯学会、胡佛研究所等一大批美国防务智库也在美军采办决策中发挥着支撑作用。例如,列克星敦研究所副所长丹尼尔·古尔博士,于 2013 年年底发表题为《美国防部降低未来成本的 3 个关键步骤》的文章,针对国防部长哈格尔提出的重组国防部机构以节省国防开支问题,提出整治国防部混乱的财务状况、对政府仓库进行全面而精准的成本核算、扩大商业项目采购等建议。这些机构每年开展大量研究,出版与采办相关的报告、评论多达数百份,为采办决策部门和公众提供了广阔而有深度的视角,辅助提高了采办决策的全面性、科学性。

第十一章　决策过程

美军装备采办管理改革之所以在美军装备建设发展过程中具有非常重要的影响,与其科学有效的决策程序和机制是分不开的。作为国防部管理的重要组成部分,美军装备采办管理决策过程纳入到整个联邦政府决策体系中,一般由国防部长作为管理主体进行决策。但是,由于装备采办事关国家安全,有时重大事项决策的链条需要延伸到总统,由总统进行决策。在美国的政治构架影响下,国会也会成为决策链条的关键部分而参与决策过程。再放大来看,智库、传媒等也都会进入决策的范围,在决策过程发挥与众不同的作用。从总体上看,美军装备采办管理改革决策显得多元、特殊而复杂。为便于了解,本书化繁就简,仅从决策问题的提出、决策方案的分析与设计以及决策方案的最终确定等方面进行介绍。

第一节　决策问题的提出——谁来"抛砖"

美国自 1939 年以来,逐步建立起了一套类似现代企业制度的现代政府决策机制,国防部的采办管理决策自然也在其中。决策程序首先是决策问题的提出,总体上看可以分为内部驱动和外部驱动两类,其中:内部驱动主要是总统、国防部主要官员根据联邦政府内部事务程序提出问题;外部驱动主要是国会、智库等政府外部组织或机构提出问题。

一、内部驱动提出决策问题

由总统(总统安全顾问)、国防部长和国防部主要官员根据军事需求和采办管理需要提出决策问题,这种模式可以概括为"顾问(包括国防部长等阁僚)→总统"、"国防部各部局→国防部长"。

在总统办事和顾问机构中,与国家安全事务、国防和武器装备建设最为相关的主要有两套班子,都可能为总统提出采办管理改革的决策问题。一是总统顾问和办事班子,是为总统出谋划策、协助总统处理国家政务的主要智囊,由白宫办公厅和其他总统办事机构的100多名各类总统高级助手组成,这些人员分管国家安全、国内政策和经济政策等各方面的工作,负责处理总统交办的某一重大问题。美军武器装备采办改革是美国国防事务的重中之重,自然也是这套班子日常议事的重要议题之一,班子中包含了美军采办管理体系中的资深管理人员,他们会依据不同情况和立场向总统提出决策问题供讨论和分析。二是国家安全委员会,它是总统在安全政策方面的专门顾问班子,被称为"国防内阁",是总统赖以制定和掌管国家军事、外交政策的重要机构。该委员会根据国防安全面临的环境和情况,对武器装备采办领域提出顶层的、方向性的意见和改革建议,供总统和国防部长进行决策。

国防部长作为国防部事务的最高决策者,其下属的各副部长、助理部长、各级帮办、国防部业务局长都是国防部长的顾问班子,且此职责明确写入了各项指令中。在某些国防部内部的行政决策中,国防部长的顾问班子向国防部长提出决策问题。例如:参谋长联席会议主席是总统和国防部长在作战指挥和训练等领域的最高顾问;负责研究与工程的助理国防部长是国防部长在国防预研领域的首席顾问;国防部首席信息官是国防部长在信息化建设领域的首席顾问等。这些国防部官员会利用会议、研讨、写信等机会和形式,向国防部长提出改革建议和决策问题,供国防部长进行决策。例如,时任国防部军事转型办公室主任的塞布罗斯就曾向当时的国防部长拉姆斯菲尔德提出过如推行网络中心战等多项改革建议,是当时名副其实的改革中坚力量。

国防部内部的咨询机构也是重要的决策问题提出者。咨询机构的主体是各种联邦咨询委员会,这些机构由各部门设立,为各部门服务,但由于其吸收了一些资深专家和卸任的官员,也具有相当的独立性。例如,国防科学委员会的委员大部分由离任高官、公司或研究机构高级管理人员组成,为负责采办、技术和后勤的国防部副部长、国防部长提供咨询建议。这些咨询机构针对部门领导关心的问题开展研究,并提出相关建议和对策,针对领域内存在的问题和发展趋势提出决策问题,最终也有可能逐级上报,进入国防部长甚至总统的决策议事范围。再如,国防科学委员会于1999年完成《DAR-PA研究》,围绕如何改进DARPA的创新机制提出了一系列建议,最终促成DARPA的战略转型;2009年该委员会完成的《国防部信息技术采办政策与程序》报告,提出了专门的信息技术采办程序,部分建议直接被国防部采办文件所采用。

有人说美国政治实际上是一种精英政治,决策问题的提出就是集中体现之一。在这种体制下,这些政府中的精英,便成为决策问题的重要提出者,具有很重要的话语权,往往可以左右美军采办管理的重大走向。例如:麦克纳马拉为提高国防资金使用效益,在肯尼迪的支持下,提出并引入规划计划预算系统(PPBS);哈格尔上台以来,在减赤背景下提出精简采办程序、缩减预算等。这些都是总统、政府和国防部在一定的条件下,为促进武器装备发展,从内部提出的采办管理改革决策问题。

二、外部驱动提出决策问题

国会、智库等咨询机构作为联邦政府以外的组织,根据评估监督和跟踪研究的结果,向总统或国防部长提出采办管理改革建议,这种模式可以概括为"国会、智库等咨询机构→总统(国防部长)"。

(一)国会充当"刹车和转向"

在美军武器装备建设管理体系中,国会"掌握钱袋子",不仅要把钱分好,还要监督联邦政府把钱用好,有权对武器装备研制项目进行审查、评估、监督、检查,及时对武器装备采办管理的各项工作进行纠偏和调整。

国会一个重要的下属机构是美国政府问责办公室(GAO),被誉为美国国会与广大美国民众的"看门人",负责审查、审计国防部装备建设项目的进度控制、经费使用、成本效益等情况。GAO 每年向国会提交《国防部重大武器装备项目评估报告》等大量报告,在美军装备建设中发挥着重要的评估监督作用,而这种评估监督不仅限于绩效评价,而且对美军采办管理改革乃至整个装备建设都产生了重要影响。一是评估监督重大装备进展,以提高装备采办绩效水平。从 2001 年开始,GAO 每年针对国防部正在进行的 90 多个重大武器装备发展项目进行综合评估,分析各个项目的经费投入、进度安排、发展状况,及时发现和改进武器装备发展过程中的设计和技术问题,促使采办管理部门对项目进度和成本做出及时调整。二是深入评估采办系统管理体系,为推动采办管理改革提供支撑。GAO 把国防部重大武器系统采办管理作为高风险领域进行重点评估,应《2006 财年国防拨款法》的要求向美国会提交了一系列评估报告,推动和促进了国防部的装备采办改革。例如,促成国会通过《武器系统采办改革法案》,助推信息技术采办管理改革等。三是审议装备采办队伍建设,以全面提升采办管理水平。从 2008 年至今,GAO 不断提升对采办队伍发展的重视程度,发布了数十份关于装备采办问题的报告,其中大多数报告都涉及装备采办队伍建设问题,如 2010 年 5 月发布的《武器项目执行情况及采办改革调查报告》等。针对 GAO 的建议,2010 年 4 月,国防部发布《国防采办队伍改进战略》,提出了一系列加强国防采办队伍建设的改革措施。四是关注武器装备规划计划,从国会角度对装备建设长远发展进行科学谋划。GAO 对军兵种武器装备发展状况、经验教训开展了大量的研究和评估工作,并根据实际情况为研究对象提出建议,如《"未来作战系统"研发过程的经验和教训》、《美国陆军地面部队现代化的机遇和挑战》等。

此外,国会中的相关委员会、国会研究服务处等机构也都以不同形式开展了涉及武器装备采办管理的各类研究,利用一定的场合和机会积极向总统和国防部相关部门提出改革建议和决策问题。

(二)智库等咨询机构充当"启发器"

智库等民间咨询机构积累了大量的研究成果,无论是对整个采办系统还是对具体某一领域的历史脉络、发展现状、问题矛盾等都有较为深入的把握和独到的见解,是决策部门重要的思想来源。同时,美国智库具有独特的"旋转门"机制,政府高官在退休或卸任后往往到一流智库继续发挥作用,如前任国防部长佩里离职后回到斯坦福大学军控研究中心任职,"旋转门"机制为智库发挥作用提供了人员和信息保障。

智库等咨询机构首先会根据政府部门需求或者当前热点矛盾问题,向白宫和国防部等政府部门提出各种政策研究报告,然后由各总统顾问和办事班子或者国防部相关部门做进一步的分析研究,从中挑出较佳的政策建议供总统和国防部长选择。这种模式使政府决策者能广泛接触到各种不同的政策主张,有利于集思广益、避免决策失误和保证政策的连续性。具体来讲,智库等咨询机构在主要通过以下一些形式和途径来提出决策问题。

一是出版著作、期刊或提出研究报告。这是美国智库影响政府施政纲领的一种传统而重要的渠道,以书面的直观形式向白宫和国防部展现他们的研究成果,为决策服务。美国各大智库都会定期出版发行刊物,内容涉及采办项目整体绩效、采办程序、成本控制、风险控制等多领域。此外,智库还通过研究报告、快报以及年度报告等形式,就当前一些重要政策问题和突发事件等发表本智库研究人员的见解。例如,兰德公司经常发布针对采办系统的评估报告,提出相关观点和建议,为采办管理改革提供思路。

二是参与国会听证会、组织各种会议和讲座、邀请政府官员和著名学者发表演讲。美国一流智库积极借助国会听证会的平台展现自己对决策的影响力,有的智库还设置专门部门与国会保持联络,它们通过提供咨询服务和协助制定议案等途径影响国会的决策。美国各大智库还经常召开各种会议和研讨会,通过邀请社会知名人士、政府官员、著名学者、民间代表,甚至外国相关领导和专家学者等进行研讨,传递智库的政策理念。

三是借助各种大众传媒,引导社会舆论。美国智库借助电视、广播、网络和电影等多种传播方式,就国防部采办领域关注的问题和国内外重要事件发表评论,提出对策,提高公众的关注度,以期达到宣传主张、制造舆论和影响决策的效果。

此外,总统和国防部也会主动借助智库专家来帮助提出决策问题,也可以看作是从联邦政府外部进行驱动的,从主要有三种组织形式:一是总统或国防部长物色一批专家、教授担任总统顾问、助理或某些重要部门的高级职务,直接为总统或国防部出谋划策,尤其是在新一届政府上台初期表现最为明显;二是由总统负责安全事务的相关助理出面牵头组建各种政策班子,分别负责有关战略及重大政府问题研究;三是总统决策班子与智库等学术机构紧密结合,注意充分利用社会智囊资源。

实际上,无论是内部驱动还是外部驱动的决策问题提出模式,都十分重视各类专家的智囊作用。如果从另一个角度深究起来,精英政治和专家智囊的背后是强有力的利益驱动,政策的最初利益诉求往往来自经济界的权势集团,包括那些庞大的金融、工商财团以及大企业等。装备采办管理改革决策牵连的是资本庞大的军工科研生产体系,甚至最终体现为就业和选票,有军工背景的大财团资助的智库以及代表军工企业利益的国会力量,会积极向政府提出能够满足其利益需要的决策问题。

第二节　决策方案的设计——如何"引玉"

美国政府一般不参与政策制定的全部过程,由智库等咨询研究机构在方案设计中发挥重要作用。一方面,政府本身既无庞大的政策研究咨询机构,也无力支付政策形成的初期过程中所需的调查、分析和评估等巨额费用;另一方面,也集中体现了美国权力制衡的立国理念,将方案设计与执行相分离,提高了决策方案的科学性和合理性。

一、决策分析与设计的最高遵循

无论是谁来分析论证和设计决策方案,都要遵守顶层战略和顶层概念体系的指导。一方面,即使很多决策受利益驱使,也能够确保不脱离国家利益的需要;另一方面,围绕战略指导文件进行的决策天生就具有收敛性和统筹性,易于形成相互联动的决策体系。

《国家安全战略》、《国防战略》、《国家军事战略》是最主要的顶层战略,逐层细化形成,是美国整个国防和军事活动的最终依据。《国家安全战略》考虑综合运用政治、经济、外交、信息和军事力量达成国家安全目标,适用于国家政治、经济、军事、外交各个领域,层次最高。《国防战略》考虑采取多层主动防御手段,营造维护国家主权的有利条件和安全的国际秩序,确保美国免遭直接攻击,确保战略进入和保持全球行动自由,加强联盟与伙伴关系,建立有利的安全条件,适用于武装力量建设、军事行动、国防工业等领域,位于国家安全战略之下。《国家军事战略》仅考虑如何分配和应用军事力量达成国家的特定目标,保护美国免遭外部攻击和侵略、预防冲突和突然攻击、战胜对手,适用于国家军事力量的分配和运用,位于国防战略之下。

"未来联合概念体系"和"作战概念"是顶层战略下一层次的指导文件,偏向于对具体作战和军事行动的指导,描述了为完成作战任务所需的各项能力以及当前存在的能力差距,直接决定了美军军事能力和装备建设的需求,是采办系统的重要输入,同时对采办管理改革与决策也有导向和规制作用。

二、智库的决策方案分析与设计

智库等咨询机构一方面要帮助决策部门在面对各种复杂问题时有清醒的认识和判断,确定需要解决的问题;另一方面,要为决策部门提出战略性建议和合理化方案。一些大型智库更是不仅仅局限于使自己的思想主张在短期内被政府采纳,而是着眼于未来,其理念能逐渐深入人心,被决策者接受,最终立法成规。有人甚至认为:美国的政治结构并非简单的"三权分立",事实上处于"四权分离"的状态,也就是国会、总统、法院和智库等公众力量,四大权力形式上各自独立、各司其职、各自为政。之所以这么说,是因为智库是美国政府决策过程中尤其是方案分析与设计中的核心角色。登录兰德公司、布鲁金斯学会、列克星顿研究所等重要的涉及国防领域的智库网站,可以看到很多其承担的国防部关于采办改革领域的论证课题、报告、评论等,足可见其在决策方案分析与设计中发挥的作用。虽然国防部在各领域设立了联邦咨询委员会,但是在一些重要或敏感决策方案分析与设计中,国防部还是倾向于委托给外部的智库等咨询机构。这种做法更符合美国政治文化精神,也符合政府一贯坚持的科学和民主决策原则,在未来改革执行过程中有利于减少阻力。

智库等咨询机构主要通过以下途径来进行或影响决策方案分析与设计:一是直接承担国防部委托课题,帮助决策者进行方案分析和设计。这是智库与政府之间的一种传统业务关系,同时也是一种合作关系。国防部把与采办管理改革相关的课题和研究论证项目交给智库来完成,希望发挥智库的集体智慧,对某些采办管理改革中的现实性问题进行综合研究,提出切实可行的对策和实施方案。我们所熟知的兰德公司等国防领域智库获得了很多国防部的委托课题,为国防部采办管理论证设计了多项重大改革方案。对于国防部所属的咨询机构,其分析研究课题的渠道更为直接,一般是由国防部长、领域主管官员或者部门主管领导直接指派任务。二是通过咨询和发表声明的方式直接影响决策。美国法律明文规定政府制定政策时必须有咨询论证的环节,这为智库影响政府决策提供了有利条件。智库可以在为政府决策做咨询论证时融入自己的价值理念,向政府表明本机构对此类问题的看法,直接影响政府决策,这是一种简单而直接的作用方式。当国家发生重大或突发事件时,因时间的迫切性和问题的严重性,智库也可直接发表声明,为政府的应对措施提供建议和参考。三是智库等咨询机构出版的著作、期刊或研究报告,开展的各类学术交流活动,也可以间接影响决策方案分析和设计。

三、借助工具使决策分析与设计更加科学高效

从麦克纳马拉担任国防部长开始,国防部就开始强调优化政策的形成过程,将使用科学的工具手段作为决策过程中方案设计的原则。在美军采办管理改革决策过程中,分析方法和工具为提升整个方案论证分析的科学性、合理性发挥了至关重要的作用。

首先,采办管理决策分析程序本身就是重要的分析工具。决策分析程序也可以说是一种程式化的思维方法,通过这种分析方法能够在程序上保证分析论证的科学合理性。兰德认为决策分析是一种有系统的程序,其开发的一套独特的、程序化的分析思维方法称为"选择"的思考模式。这种方法从"如何做出优秀的决策"出发,将决策的情况分为五个大类,思考在每类情况下将面临哪些问题,进而思考如何分析并分解问题,通过一系列步骤和思考方式的程序化,将决策分析的过程工具化、固定化,从而帮助进行科学决策。其实,美国国防部的众多工作机制中都可以看到科学的分析思维方法和程序的作用,它们并被以法规的形式固定下来,以美军注重用这种工作机制来保障分析过程的客观合理,如前文讲到的充分利用智库和多方参与的机制等。

其次,美军在具体决策分析过程中应用了大量的工具方法。在某一个具体的分析事项中,分析论证机构还会用到各式各样的管理分析方法,基本上都是为人所熟知、得到广泛应用的,如层次分析法、SWOT 分析法、内部因素评价法、外部要素评价法、竞争态势评价法、波士顿矩阵法、决策树、GERT 网络图、平衡计分卡等。近年来,国防部和智库还针对国防领域开发和引入了诸多卓有成效的分析工具和方法,如兰德公司开发的关联建模分析、军事信息系统评估方法等。此外,国防部近年来引入的最佳商业准则,也为其提供了一系列的分析准则、程序和工具。美军在采办管理改革领域应用的科学分析方法与工具,不仅强化了决策的科学性、合理性和有效性,而且大大

提高了效率。

再次，美军的决策分析工具还体现在借助了各类网络信息系统和数据库。通过网络信息系统平台，研究人员可便捷地获取以往研究成果、政策法规和技术资料，专家与用户、专家与专家之间可以直接在线沟通，跨越时间、地域限制，大大提高工作效率并节省开支。国防部相关部门的各类数据库则为决策方案分析与设计提供了强有力的数据和基本情况支撑。例如，国防部设有收益值管理核心库（EVM Central Repository），可提供关键采办收益值管理数据的集中报告、收集和分发等服务，是国防部长办公厅、军种部和国防部业务局在收益值管理领域的权威、可靠资源，为该领域的政策制定和改革提供重要的支撑作用。该库还收藏了大量重大采办项目的合同绩效报告、合同投资状况报告、承包商提交的一体化管理进度报告，以及近 80 个国防部 I 类项目和 210 个合同和任务的相关数据，随时可供决策部门调用了解相关情况。此外，该数据库还提供多项管理工具，为研究人员提供专业化的数据分析服务。

第三节　决策过程中的听证制度——都来"攻玉"

美国国防部所进行的采办管理改革决策主要有两种形式：一种是行政立法，在国防部或相关领域范围颁布指令、指示、条令、备忘录、指南等规范性文件，是采办管理改革决策的主要表现形式；另一种是国会立法，采办管理改革决策上升为国家法律，需要在国会行使相应的程序并得到通过，如《2009 年武器系统采办改革法》就是通过法案将国防部采办管理改革决策固化下来。但无论哪种形式，听证制度都是决策过程中必不可少的。在立法程序中确立听证程序，是国会和行政部门立法民主化的重要标志，客观上为社会公众评价立法的内容提供了一个机会，尤其是过程相对封闭的行政立法；同时，也使立法主体在众多意见的基础上集思广益，避免立法的不合理性，从而为其实施提供一个良好的社会基础，发挥了很重要的意见收集和把关作用。

一、行政立法听证

行政立法程序中的听证是指行政立法主体在公布行政规范性法律文件之前,应当告知利益相关方并给予其表达意见、提供证据的机会,同时行政立法主体听取意见、接受证据的程序所构成的一项法律制度。

美国1946年的《联邦行政程序法》对行政立法程序中的听证制度作了规定,听证程序主要有两种,即正式听证程序和非正式听证程序。正式听证程序(Formal Hearing Procedure),在美国又被称为"审判式听证程序",其显著特点是"准司法化",即行政机关仿照法院的审讯程序,进行提交证据和反询问证人的听证程序。正式听证程序要求行政机关以听证记录作为制定规章的依据,从而妨碍了行政机关在制定规章中的自由裁量权。因此,行政机关很少运用正式听证程序制定规章,除非授权法明确规定。非正式听证程序是相对于正式听证程序而言,行政机关具有较大的自由裁量权。一般法律没有明确规定行政机关在行政立法中必须进行听证,而只是希望行政机关尽可能做到。这样在听证方式上,行政机关可以选择它认为恰当的方式听取利害关系人的陈述和反驳意见。只要法律没有其他特殊的规定,利害关系人则随时可以通过口头或书面形式向行政机关提供意见和建议。

20世纪70年代至80年代,行政立法听证程序中已产生了一种混合程序,是指行政机关在制定规章时采用通信、舆论评论、口头评论、会议评论以及听证等公众参与方式听取意见。混合程序则可以弥补这前面两种听证程序的缺陷,在国防部范围内得到大量使用。在混合听证程序中,国防部要遵行一些规则,例如:透露有关情况材料;解释运用某些材料的目的、理由;答复评价意见;禁止与军工企业等单方面接触;出现争议时进行对质等。

二、国会立法听证

美国国会的听证制度,为美国国会的立法工作做了一个前期的信息收集和分析。对于同一个问题,委员会一般会提出多个措施,在决定向国会提供进一步意见之前,委员会对这些措施举行听证,最后选出一个措施。例如,2013 年众议院军事委员会为近海战斗舰项目举行听证,认为其发展受阻可能危害美国国家安全,最后决定督促海军增加近海战斗舰项目投资。听证会为不同背景的人们提供了一个交流的平台,包括国会议员和其他政府官员、利益团体、学者,以及可能会被直接或间接影响到的公民。通过听证会的交流,意见可以变得更客观、更全面、更能反映大家的利益情况。

组织听证的主要是国会的各专门委员会或者小组委员会,包括参议院的委员会、众议院的委员会、两院联合的委员会或为调查特定问题而成立的专门委员会。例如,针对采办领域相关问题,听证一般由参众两院的军事委员会组织。一般而言,担任听证任务最多的是常设委员会下的小组委员会。听证参与者主要是与法案有利害关系的人,他们有充分参与听证的机会,并发表自己的意见。对一般听证参与者来说,部分专业性较强的听证会,会让听众在听证会的理解上存在一定难度,但议员对证人所提的问题往往具体生动,可以缓解一些专业性较强的问题。无论任何身份的人,只要听证会需要都有义务出席作证或提供证词。证人的证词一般都反映了本部门的利益需要,听证制度就是平衡他们之间相互冲突的立场观点,使国会有关委员会在立法决策时能够尽可能地客观实际。

听证过程首先由证人进行简要陈述,时间一般为 5 分钟,在证人较多的情况下,也可采取证人小组作证的办法,一次传召同一方的 5~6 位证人,由支持方、反对方交替进行,即使是国防部长等高官,在需要时也必须要到场作证。证人陈述后,由组织听证的委员会委员针对证人或证人小组成员发问,询问证人也遵循“5 分钟规则”,以保证每位委员都有机会发问。询问一般先从国会议员开始,随后是政府机关人员、利益团体代表等。同时,还必须保证多数党和少数党委员有合理的比例,询问证人通常在党派之间交替进行。专家证人、政府机构代表等被询问的机会最多,直接利害关系人也有较多的发言机会,而普通公众发言则很少。

第四节　决策方案的最终确定——谁来"拍板"

美军采办管理改革决策涉及项目、程序、机构、法规等方面,内容、层次不同,其决策主体也不相同,最终在决策链条末端的"拍板"人也不相同。对于上升到国会层面,需要以国家立法形式进行决策的,由国会来最终"拍板"通过;对于涉及战略方向或重大利益问题的决策往往可以到总统层面,总统作为决策方案的最终确定主体;对于国防部内部各层级的事务,多以国防部内部规章的形式进行确定,则由国防部长及国防部主要官员进行决策。

如前所述,美国国防部的成立过程,是一个各军种和国防部权力和利益不断再分配的过程,充满了激烈的摩擦和斗争。时至今日,美国国防部的权力格局通过《戈德华特—尼克尔斯国防部改组法》等一系列法律得以确定,但各种利益斗争仍然不断。虽说决策最终"拍板者"有总统和国防部长以及各位国防部高官,但他们绝不是个人决策。为保证广泛听取各方意见,减少改革决策阻力,提高决策能力,国防部在各个层级成立了诸多由多个部门领导组成的委员会。其中,与采办管理改革决策最为密切的国防部顶层委员会主要是国防采办委员会、联合需求监督委员会和高级审查领导小组,分别负责采办政策、程序和重要采办项目决策,重要资源分配决策以及军事需求审查和采办项目优先顺序的确定。委员会基本上包含了国防部主要高级官员,由相应领域主管领导牵头组成,为领域主管领导提供决策支持。同时,由于成员都是国防部各部门重要的"掌权派",委员会不只发挥咨询作用,还发挥了决策中相关部门利益协调的功能。而各个领域的主管领导作为国防部长在该领域的首席顾问,为国防部长提供决策支持,这就构成了美军采办管理改革决策最终"拍板"的一个结构体系,一种"强人执笔,集体决策"的决策制度。

除了国防部顶层,在具体各个采办领域也有相应的顾问委员会,为相关领域的主管官员制定政策、规范程序等提供决策支持。例如,负责采办、技术与后勤的国防部副部长下设负责研究与工程的助理国防部长,统管美军国防预研工作,是负责采办、技术与后勤的国防部副部长在预研领域的首席顾问;该助理国防部长下设有研究与工程执行委员会,成员来自预研各分领域的领导和资深专家,为研究与工程助理国防部长提供预研领域的决策支持。

一般来说,美军采办管理改革的决策确定体系,是一个层层支持、层层负责的体系,最终归口到国防部长,也可能最终归口到总统。但是,由于美国政治分权的特点,一些采办管理决策也可能进入国会的决策范围,如采办项目的选择、管理以及采办改革立法等。按照美国著名政治学家亨廷顿的观点,采办决策属于国家安全决策方面的结构性决策,相对来说,国会的决定性要大一些。综上所述,最终决策的拍板人要根据采办改革的内容而确定。

第十二章 影响因素

美军装备采办管理改革是一个艰难的过程。与之相对应,改革决策是一个复杂的过程,其中交织着多种多样的影响因素,既有阻滞性的因素,也有推动性的因素,既有美国政治结构所带来的议会政治的影响,也有美国媒体和公众所产生的广泛的社会影响。这些因素不仅伴随着决策的过程,也像恩格斯所说的历史合力那样,在相互作用和此消彼长中影响着决策的走向。

第一节 传统势力的阻滞

美国前国防部长拉姆斯菲尔德信奉一句话:"如果你需要牵引力,必须先有摩擦力。"言下之意,推动改革、做出决策必须首先面对传统力量的挑战。改革及其决策的过程其实就是一种破旧立新的过程,意味着对旧有的制度、利益格局的破除。但是,传统的势力肯定会尽力去保持他们的惯性,保护他们既有的利益。对美国国防部采办改革决策来说,阻滞的力量和因素很多,但比较典型的有三种:军种山头主义、国防部官僚体制和拥有既得利益的防务承包商。此外,国会中也存在阻滞力量,将在本章第三节进行介绍。

一、军种山头主义

美国军队的发展先有自成体系的陆军和海军,再之后是国防部,军种的影响力一直伴随着美国国防部的发展。在现今美国国防部的领导排名中,国防部长、常务副部长之后,是三军军种部长,其他国防部副部长排在军种部长之后。这种官方的排名也是美国国防部历史与现实的反映。国防采办从国防部成立起就一直朝着联合和统一的方向推进,在国防采办改革与决策的过程中,军种山头主义常常成为一种顽固的抗拒力量。

在国防部成立之前,军种之间的明争暗斗并不鲜见。美国陆军对海军陆战队觊觎已久,企图吞并或取消海军陆战队;美国空军声称"天空是不可分割的",想收归海军岸基航空兵。军种都为自己的发展壮大着想。力主组建国防部的杜鲁门总统曾说,"如果陆军部和海军部打击敌人时能像窝里斗那般卖命,战争(第二次世界大战)早就结束了。"①1947 年,在杜鲁门总统和国会的努力下,《国家安全法》正式签署,成立了协调军种的国家军事部(1949 年改为国防部),但该机构没有实质性的权力,以致当时战争部部长罗伯特·帕特森都不愿担任第一任国家军事部部长。后来,海军部部长福莱斯特在杜鲁门力邀下担任此职。任职期间,福莱斯特也想打造新的国家安全体系,但由于没有实权、举步维艰,后来精神异常,最终在海军医院跳楼自杀身亡。

军种山头主义的根源在于利益问题,最直接的表现就是资源的分配问题,特别是预算的分配问题。尽管 20 世纪 60 年代国防部长麦克纳马拉已经建立了规划计划预算制度,对军种预算权进行了统筹,但军种还是通过多种关系增加自己的预算。海军是美军中最保守的部门之一,一向反对一切形式的变革。第二次世界大战结束后很长时期内,海军都不让黑人加入,还抵制过由一个联合小组给"北极星"潜艇和"海神"潜艇上的战略导弹统一安排打击目标。海军在同其他军种和国防部门合作时,一般总是勉勉强强,但就是这样一个军种,对自己的预算却绝不含糊。国防部长莱尔德 20 世纪 70 年代挑选了埃尔莫·朱姆沃尔特中将担任第十九任海军作战部长,朱姆沃尔特当时 49 岁,是历任海军作战部长中最年轻的,他推行了一系列改革,

---

① [美]戴维·罗特科普夫.美国国家安全委员会内幕[M].孙成昊,赵亦周,译.北京:商务印书馆,2013:65.

DDG－1000 驱逐舰就是以他的名字命名。即使这样,朱姆沃尔特也逃脱不了军种的局限,为了海军预算而到美国国会以至全国各地大力游说,"在他的任期内,海军获得的投资基金比陆军和空军的总和还要多,海军在国防部预算中所占的份额从 27.2% 增加到 32.2%。"①

20 世纪 80 年代,国防预算不断增加,各军种在装备建设上互相竞争、互相提防,导致了令全社会都诟病的浪费和腐败。里根总统的预算局长戴维·斯托克曼公开指责美军是"浪费的泥坑","每年有 100 亿~300 亿美元的白痴合同"。即使那些坚决支持加强国防的议员也不得不正视国防机构存在的问题,国会预算委员会格拉斯雷议员就提出一个简单的问题,"为什么给管理这么烂的国防部这么多钱?"这一时期美军建设上的一系列丑闻,根源在于军种各自为政,国防部领导不力。例如,三军在通用装备领域无法达成可行的共识,不接受联合军队建设计划,缺乏有效的军种间采购协调。这一状况直到 1986 年出台《戈德华特—尼克尔斯国防部改组法》后才有所改善。

21 世纪初,小布什总统上台后,任命拉姆斯菲尔德为国防部长,就是这个以强力推进军事转型而著名的改革狂人,他也深切地认识到军种的巨大阻力。由于"十字军"自行火炮体大笨重,不适应反恐作战要求,拉姆斯菲尔德取消了该火炮发展计划,这一决定在陆军各部近乎激起反叛,炮兵界愤怒了,防务承包商暴跳如雷,国会一些人也勃然大怒。2002 年 6 月,《武装部队》杂志封面配上拉姆斯菲尔德的照片,并附标题:"他真的憎恨陆军吗?"陆军国会事务办公室还给国会的盟友发去了寻求支持的"谈话要点",说这一决定置士兵的生命安危于不顾,会令他们付出生命的代价,要求国会出面阻止这一决定。

二、国防部官僚体制

2001 年 9 月 10 日,拉姆斯菲尔德在五角大楼演讲说到,"今天要说的是一个对美利坚合众国的安全构成了威胁,甚至严重威胁的敌人……它扼杀

---

① ［美］劳伦斯·科布.五角大楼的沉浮［M］.陈如为,冯立冬,译.北京:新华出版社,1982:147.

自由思想,泯灭新观念……这个敌人就是五角大楼的官僚体制。"①长期以来,几十万名文职人员和一百多万名军职人员形成了美国特有的国防官僚体制,这个庞大的机体具有非常沉重的历史惯性,不管是外部压力因素引起的改变,还是国防部自身进行的改革,这种惯性在各种决策中都会成为牵制的力量。以下两位国防部长的经历可谓非常真切。

20世纪70年代后期,威廉·佩里在国防部担任采办主任,负责整个采办事务。他当时就认识到国防部的采办制度必须进行重大改革,但后来还是决定放弃。他认为,1960年以来,几乎每一任国防部长都看到了采办改革中的问题,并信誓旦旦地要解决,但无一成功者。在整个国防部业已形成的阻力面前,自己一个人孤军奋战,到头来还是白费力气。当时也迫于战略形势,他就重点抓了战略核力量的现代化和以信息技术加强美国战术力量两件事。

20世纪80年代中期,新闻界掀起了一阵风暴,纷纷刊登文章讽刺五角大楼高价采购一把榔头、一个马桶盖的事情。为了应对这种激烈的舆论批评,里根总统任命了一个总统委员会进行调查并提出纠正建议。尼克松当政期间的国防部副部长帕卡德被任命为委员会主席,佩里被邀请参与,那时佩里觉得时机很好,就提出一张改革采办制度的蓝图。蓝图的基本内容是国防设备不必再按军事规格定制,可以采纳商业标准和商业采购的做法。帕卡德向里根总统大力宣传这个计划,总统原则上批准了,但国防部长温伯格在实践上却未能批准执行,这张蓝图被束之高阁、置之脑后。1993年,佩里任国防部主管采办的副部长,他认为实现改革的机会来了,上任后的第一件大事就是大力改革采办制度。对国防采办改革来说,主管的副部长一般有很大的发言权和话语权,尤其是与国防部长关系很好、想法一致的人。当时机会很巧,时任国防部长阿斯平1994年年初离职,由佩里接任国防部长,这给佩里实现改革理想提供了极为有利的条件。这种情况下,对于国防部采办改革事务,如果不与总统的想法有冲突,基本上他就是国防部决策中说了算的人。而且,

---

① [美]约翰·阿尔奎拉.顽敌阻力重重的美军转型[M]. 董浩云、李建涛、王一川,译. 北京:解放军出版社 2013:3.

当时克林顿总统和戈尔副总统都非常支持改革,国会两党也都大力支持。最终,在佩里的带领下,国防部的商业化采办改革才顺利推进。

拉姆斯菲尔德是美国唯一曾经两次担任国防部长的人,1975年在卡特政府时期任过国防部长,2001年在小布什政府又入主五角大楼。第一次任职期间,他就感受到国防部的官僚作风。第二次入主五角大楼后,在小布什总统的支持下,他组织拉开了一场声势浩大的军事转型运动。在转型过程中,他认为,"在信息时代,能够将信息快速传递给需要的人至关重要。要做到这一点,阻碍往往不是计算机或某个设备,而是过时的组织结构和官僚阶层。"[①]虽然他锐意改革,而且也取得了很大的成绩,对美军建设产生了重大影响,可很多事情仍然壮志未酬。这也从一个侧面说明,作为总统的武装部队总司令和意志坚定的国防部长也不过是庞大国防机器上的小齿轮,他们的改革决策有时都未能如愿,足以表明整个国防部官僚体制的根深蒂固。

三、拥有既得利益的防务承包商

"国防采办系统非常复杂且难以改革,因为在采办过程中有许多既得利益。"[②]防务承包商就是这种既得利益者最为典型的代表。

从第一次世界大战到第二次世界大战,从朝鲜战争到越南战争,从海湾战争到21世纪的伊拉克战争,美国的防务承包商们都获得了难得的发展机会,赢得了大量订单。特别是一些军工巨头公司,他们占据着大部分国防采办经费,趋利逐战的本性使他们不愿意让改革触及他们既得的利益。

美国是一个利益集团高度发达的国家,军工企业追求利益的特点表现得非常明显。军工企业不是单打独斗的勇士,他们把相关的利益集团粘合在一起,形成一个复杂的军工复合体,这个军工复合体包括军工企业、军事行政部门、国会议员、相关学术团体(智库和科研机构)。每一个组成部分都能在军工复合体的利益链条中找到自己的位置,发挥自己的作用,获得自己的收益。军

---

① [美]唐纳德·拉姆斯菲尔德.已知与未知[M].魏驿,译.北京:华文出版社,2013:213.
② [美]大卫·索伦森.国防采办的过程与政治[M].陈波,王沙骋,等译.北京:经济科学出版社,2013:3.

工企业想得到更多的利润,国会议员要保住位置,军队想得到更多更先进的武器,智库和科研机构要争取更多的研究经费。军工企业是军工复合体利益集团的核心,在军工利益复合体的互动中,发挥着基础性作用。军工企业以自己雄厚的经济实力,使更多与自己政见相同或相近的人进入政权体系,继而影响国家政策。受惠者在当权后,也必然会积极"回报"。小布什上台后,美国军费的迅速上扬有目共睹;阿富汗和伊拉克战火燃起之后,武器订单像雪片一样飞向军火商,大型军工企业的股票都因此而迅速飙升。

军工复合体的壮大和强势直接影响到国防决策,而且从其产生就存在这样的影响。1961年1月17日,美国总统艾森豪威尔在离任演说中最早提出"军工复合体"这一概念,他说:"庞大的军事机构与庞大的军火企业的结合是美国历史经验中的新现象。它们在政治、组织甚至精神等方面的影响遍及每一个城市、每一个州政府、每一个联邦政府的办事机构……在政府的决策中,我们必须警惕军工复合体有意或无意的不适当的影响。"①美国著名经济学家加尔布雷斯在《新工业国家》一书中指出,军工集团不仅决定着武器的开发和研制,还决定着武器的采购、部署,进而决定着谁是美国的敌人。"冷战"期间,美国的军工企业集团通过夸大苏联的军事威胁,从而使美国政府保持着庞大的国防预算。从这个角度看,美国的国防政策在很大程度上一直受美国军工企业集团的影响甚至操纵,而对于军工企业来说,维持武器订货量与维护国家安全一样重要。

第二节　关键人物的推动

改革是对既有秩序的重构,是对现有利益格局的重组。美军采办改革决策过程既涉及采办权力的再分配问题,也涉及巨额采办经费的使用管理问题。每一步改革都面临着诸多因素的干扰,其决策过程可以说是一种复

---

① Dwight D. Eisenhower, Farewell Address. http://yjs.jlu.edu.cn/article.

杂的利益博弈过程。对于改革决策来说,虽然在美国以及美军的整体管理体系架构中,并不缺乏变化的灵活性和管理的弹性,但是改革的驱动者始终是其中最为关键、最为活跃的因素。不管他们身处庙堂之高或者屈于身份之微,他们前瞻时代发展,适应时代要求,在改革决策中推波助澜、乘风破浪,成为改革决策过程中的关键力量。

一、国防部长主力推动

在美国国防体系构架中,国防部长是一个非常重要的角色,他不仅是国防采办领域举足轻重的管理者,也是采办领域改革决策的核心推动者。

作为文职的国防部长,通过采办系统为美军提供一流的武器装备,既是他的职责所系,也是他的职业理想所在。历数国防部 24 任主政者,在其任期内采办管理体制、机制、政策等变动最大者,其在改革决策中也是主要推动者。麦克纳马拉和拉姆斯菲尔德就是两个典型的代表。

麦克纳马拉在担任国防部长前是福特公司的总裁,他将企业管理的经验充分运用在五角大楼的管理中,并且创造了规划、计划、预算制度。这一制度是国防部采办管理领域的重大变化,对国防部统筹军种资源和加强国防部权力具有重要影响。无疑,在推行这一制度的过程中,麦克纳马拉克服了多方面的强大阻力,采取了甚至有些独断风格的做法。

麦克纳马拉为了推行自己的想法,经常想尽办法对阻碍者进行"铲除"。在接管国防部头两年的时间里,麦克纳马拉把参谋长联席会议的四名成员统统解职,原因就是他们同他的工作方法和决定唱"对台戏"。甚至那些试图支持军方立场的文职人员也在国防部呆不长久,麦克纳马拉任命的各军种的第一批部长在一年之内全都辞职。为了稳住局面,麦克纳马拉最终不得不让他自己手下的工作人员担任这些职务,让这些人变成国防部的"副总经理"。

曾经两任国防部长的拉姆菲尔德也非同凡响。20 世纪 70 年代中期,陆军要发展一种部署在西欧用来抵御苏联入侵的新型主战坦克,拉姆斯菲尔德当时初到五角大楼,非常重视这件事情。由于他有过驻欧洲代表的经历,从在北约盟国实现军事装备标准化角度考虑,要求这种坦克在制造上与欧洲国家有关武器标准相一致。但是,在克莱斯勒和通用汽车竞争坦克设计方案选择上,陆军部领导人强烈推荐通用汽车的设计方案,其中使用的是标准柴油机及105mm口径的加榴炮,这种武器尺寸陆军已经使用多年。陆军部按照以前的强势习惯,自以为国防部长会批准他们的推荐,就向相关国会委员会成员发出了新闻稿,宣称通用汽车已经赢得合同。但是,国防部副部长克莱门茨和国防研究与工程署副署长马尔科姆·柯里博士却推荐克莱斯勒的设计方案,这种方案配备更大的120mm口径加农炮,而且第一次使用涡轮发动机替代柴油机。他们认为,主要的北约盟国,包括英国、法国和德国都拥有120mm口径加农炮的坦克,而且涡轮发动机比柴油机更为灵活、高效。后来,拉姆斯菲尔德经过调查,确定与克莱斯勒公司签订合同。在面临陆军部、国会和军工企业的反对时,他说:"我宁愿面对国会和媒体的恼怒,也不愿意看到我们做出错误决定给我们的国家带来麻烦。"①这种坦克就是现在称作M-1"艾布拉姆斯"的主战坦克,1991年海湾战争期间该型坦克在科威特和伊拉克发挥了巨大的作用。

2001年,拉姆斯菲尔德再一次入主五角大楼。与上次不同的是,"9·11"事件的发生,让推动美军转型任务落在他的头上,而他的经历和性格也让美军转型带着他个人的丰富色彩。他力推转型,在许多重要问题上说一不二,成为国防部改革决策的核心关键人物。

拉姆斯菲尔德上任后立即着手创建了大约20个独立的审查小组。这些小组分工不同,关注着美军的不同方面,包括战略、编制、武器系统、预算需求以及其他事务,以帮助制定新的国防战略。这些小组不让各个军种和美国国会参与,有时连在干什么也不让他们知道,意在避开五角大楼通常的官僚程序,在其之上强行实行快速变革。2001年12月,美国国防部长办公厅部队转型办公室正式宣布成立,该办公室主任由曾经就任海军军事学院

---

① [美]唐纳德·拉姆斯菲尔德.已知与未知[M].魏骅,译.北京:华文出版社,2013:159.

院长、网络中心战的倡导者、海军退役中将亚瑟·塞布罗斯基担任,专门负责推动军事转型。办公室主任在国防部长和常务副部长直接领导下进行工作,并且对军事转型负责,初期的任务是审查、评估各军种部和国防部各局的军事转型计划,即转型路线图计划。为了确保军事转型顺利进行和投资经费的正常使用,美国国防部于2002年4月成立了总检察长办公室,直属国防部长领导,并且具有独立审计的权力。该办公室由若干退休的高级军官和律师组成,主要职责是改革经费使用程序和系统,对整个军事转型经费使用情况行使独立审计和监督的职能,并且进行全程控制和跟踪问效。

为了顺利推动军事转型,拉姆斯菲尔德甚至使用了"不换思想就换人"的做法。在他申请更多军费用于新型武器系统采购的预算请求没有被白宫支持的情况下,他就从削减现有武器项目、裁减军队规模入手,首当其冲的就是美国陆军。他认为陆军应该是小型的、依赖新军事技术的、快速反应和部署的军队,而不是传统的依赖部队规模、重型装备和火力的军队。他还于2002年5月宣布取消价值110亿美元的"十字军"自行火炮发展计划,因为这个火炮重达40吨,既不机动也不灵活,更不具有可部署性。但是,陆军部长汤姆·怀特和参谋长埃里克·辛塞奇不予合作,怀特一直不肯去推动陆军抛弃"冷战"时期的武器系统,不愿向更机动、更灵活的方向发展。2003年4月25日,拉姆斯菲尔德将怀特叫到办公室,告诉他准备接受他的辞职,尽管他还没有起草辞职信。一年后,拉姆斯菲尔德建议由退役的特种部队四星上将皮特·斯库梅克任新一届陆军参谋长,接替任满的辛塞奇将军。他认为,这个将要领导陆军的人必须有能力,同时愿意领导陆军打破现有体制,向国家需要的远征部队转型。在这些问题上,拉姆斯菲尔德得罪了军方很多人,与军方也形成了相当紧张的关系。对此,前国防部部长佩里评价道:"我当部长的时候,主要目标就是与军方展开有效合作。如今,我还是头一次见到国防部和军方的关系差到这种地步。"[1]

---

[1] [美]戴维·罗特科普夫. 美国国家安全委员会内幕[M]. 孙成昊,赵亦周,译. 北京:商务印书馆,2013:463.

不管怎样,拉姆斯菲尔德作为美军军事转型强有力的推动者,对国防部产生了重要影响。在 2006 年底的告别仪式上,小布什总统如此评价拉姆斯菲尔德:"在过去 6 年间,国防部发生了天翻地覆的变化,这是国防部自 20 世纪 40 年代成立以来变化最深的一次。"①

二、总统大力支持推动

总统作为国家安全的最高行政决策者,他们对装备采办管理与决策也具有非常重要的影响。一般来说,这种影响是积极推动决策的因素,总统通常宏观指导装备采办管理,通过国防部长具体实施装备采办管理。国防部长是总统提名的,在国家安全政策和国防政策上需要与总统保持一致。反之,总统为国防建设考虑,也需对国防部长在采办管理上的决策给予大力支持。

20 世纪 80 年代中期,由于公众和国会对国防采办领域的浪费问题非常不满,里根总统就下令成立了一个委员会进行调查,当时佩里是其中之一。佩里深知采办领域需要改革,并借机制定了一个改革蓝图,但最后没有实施。1993 年佩里被任命为国防部副部长,主管国防采办工作,他感觉时机成熟,就极力推动采办改革,提出:国防产品和服务如果没有特殊要求,都要从商业途径竞争购买,不管是计算机软件这样的技术产品,还是浴巾这种非技术性产品,都要贯彻这一原则。当时克林顿总统十分关注国内经济问题,认为这样有利于激发企业活力,刺激经济发展,他和副总统戈尔都大力支持改革。国会两党也都大力支持改革,1994 年佩里担任国防部长,当年国会就"奇迹般地通过了所有必要的立法修改"。

军事转型是新世纪初美军改革的重大举措,从提出到推动都得到了小布什总统的大力支持。2001 年 12 月 11 日,小布什总统公开发表了《加速军事转型是美国当前的第一要务》的讲话,号召进行军事转型。国防部长拉姆

---

① [美]唐纳德·拉姆斯菲尔德.已知与未知[M].魏骅,译.北京:华文出版社,2013:505.

斯菲尔德也先后发表讲话和撰写文章,推动美国军队加快军事转型。此后,美国海军、空军和陆军部分别正式颁布了本军种 2003—2007 年转型计划(路线图),美国国防部也于 2003 年 4 月 10 日颁布了《美国国防部转型指南》。美军此次军事转型的实质是使其军队完成由机械化向信息化的转型,以确立信息时代的绝对军事优势。为了解决转型中不可估量的难度和阻力,美国总统小布什在多种场合都表示支持转型,为转型推动者打气撑腰,2002 年他在海军军事学院毕业典礼上强调指出,"作为总统,我保证营造一种军事文化氛围,鼓励而不是打击那些勇于承担风险、拥有超前思维的人,我保证让那些喜欢想象又敢于承担风险的人得到赏识和提拔。"①

其实,总统的支持是有条件的,国防部长的采办计划和决策要符合他的执政思路。1976 年底卡特当选总统,国防部长拉姆斯菲尔德经常通过对比与苏联的实力差异为国防部不断争取更多预算,但是卡特在对待苏联问题上却希望与苏联展开谈判而不是对抗。因此,他上任后不久就取消了拉姆斯菲尔德授权的 B-1 轰炸机计划。尽管后来卡特的继任者里根决定重建 B-1,但国防部采办计划必须得到总统的支持,无疑是国防部重大武器发展决策的重要条件。

三、其他改革倡议者的戮力推动

在推动改革决策的力量中,不仅有国防部长、总统这样的高层领导人,也有约翰·博伊德、亚瑟·塞布罗斯基这样的重要人物。博伊德是美国二十世纪七八十年代"军事改革运动"的主要代表人物,塞布罗斯基是拉姆斯菲尔德成立的国防部军事转型办公室主任,他们都是改革的中坚和骨干,为推进改革决策竭尽全力,乃至不遗余力。

博伊德(John R. Boyd,1922—1997)是 20 世纪美国杰出的战略思想家和军事理论家。1945 年进入美国陆军航空队服役,参加过朝鲜战争,担任过

---

① 王卫星,李效东.外国军事改革深入发展研究[M].北京:军事科学出版社,2013:63.

空军战斗机武器学校教官,1966 年进入五角大楼空军科研副部长办公室下设的作战需求小组工作,1975 年以上校军衔退役。

博伊德的"OODA 环"理论在全世界都有重要影响,OODA 代表 Observation、Orientation、Decision、and Action(观察、判断、决定与行动)。他认为,所有有生命的机体和人群都按照这种范式彼此交互并与其环境交互,军队也一样,只不过军队这样的复杂组织可以有多个 OODA 环同时发挥作用。为了达成战争目的,军队必须尽可能保持高水平的灵活性和主动性,以使自己的行动迅速而无法预测。以此为基础,他十分强调机动性,这一思想对美国海军陆战队的影响非常大,促使海军陆战队进行了作战理论改革,他的思想最终也进入了陆战队条令。基于战争实践中美国战机机动性差的问题,他还提出能量机动理论,以简约的实用性和广泛的适用性,给空中作战和战斗机设计带来革命性的影响,美军在 20 世纪六七十年代研制的 F-15、F-16、F-18 以及 A-10 战机都是在他的理论直接影响下进行的。1997 年,博伊德去世时,美国空军派出一位中将参加他的葬礼,海军陆战队仪仗队鸣枪致敬。

20 世纪 70 年代,越南战争的失败让国内的民众和军队的军人都在反思,改革的思潮逐渐涌动。博伊德当时是"军事改革运动"的核心人物,他利用他的理论,广泛宣传作战指挥、军事训练、国防管理以至装备采办的改革。1975 年 9 月,博伊德正式退役,但他自愿无薪继续在国防部从事顾问工作,数百次为五角大楼和美军各部队做宣传改革的讲座。在他的影响下,一些现役和退役军官、新闻记者、学术界人士、工业界专家以及国会很有地位的议员,如后来成为国防部长的迪克·切尼,都加入到军事改革运动中。他以及众多人的努力顺应了时代要求,推动了 20 世纪 70 年代后期开始的美国军事改革,促成了 1986 年《戈德华特—尼克尔斯国防部改组法》。

"9·11"事件后,时任国防部长拉姆斯菲尔德全面推进军事转型,将一大批思想敏锐、具有创新精神的改革者任命到国防部和各军种的领导岗位,在国防部"部队转型办公室"这个中枢机构的主任位置上,启用了已经退休的海军上将塞布罗斯基。这个办公室设在国防部长办公厅,是美国防部推进军事改革最重要的协调和咨询机构,直接向国防部长和常务副部长汇报工作。之所以选择塞布罗斯基担任这个重要机构的领导,主要是他大力提倡美国海军的网络化,很多做法和思想与总统和国防部长的转型思想不谋而合。塞布罗斯基曾是海军飞行员,拥有在越南等地作战的经验,并且他还是计算机专家,倾注于在信息系统领域应用新技术,努力通过在传感器、通信设备和高性能灵巧武器制导系统之间联网打造"系统的系统"。塞布罗斯基在"部队转型办公室"这个实现自己理想的岗位上极力推动"网络中心战"等一系列新思想,为美军提升信息时代战斗力做出了重要贡献。后来,随着国防部长拉姆斯菲尔德离开五角大楼,美国国防部在 2007 年 2 月将"部队转型办公室"改组为"部队转型与资源办公室",改设在负责政策的国防部副部长办公室内,职责不变,继续推动美军的转型工作。

第三节　议会政治的左右

议会在美国的政治体制中具有特殊的作用,它所形成的政治生态对国防采办及其相关改革和决策往往具有重要影响。国会议员由选民选举产生,选民的投票对议员影响很大。从这个意义上说,议员都要对自己的选区和选民负责,这一关系直接影响议会政治构架的底层,也决定着议员对国防采办的态度和选择。两党政治是美国政治领域的特色,在议会政治中,两党之间争斗依然影响着国会的决策。另外,国会还有很多办事机构,这些机构本来就源自于国会的作用发挥,他们的工作结果也对国防采办决策产生不可估量的影响。

一、议会中政治分肥的影响

国会作为立法机构,对政府部门有很大的制约权。一般来说,战争时期,国会对总统和政府部门制约少一些、弱一些;而和平时期,国会充分发挥它的作用,时常对总统和政府部门施加影响。对于国防方面,国会议员们经常发表各种意见,要求国防部对军事事务进行改革,由于武器采办经费数额很大,采办改革也就成为议员们非常关注的话题。尽管议员们会对国防部的问题义愤填膺,但一触碰他们的选区利益,他们最终还会回到最势利的立场上去。就如理想遇见现实,最终会让位于现实一样。20 世纪 80 年代,声势浩大的军事改革成为一种潮流,很多议员觉得加入支持改革队伍会提高本人声望,但改革声势稍有减弱时他们就会采取消极态度,而且只要改革倡议与他所代表的利益相抵触,他就会转向反对,而不管这项改革是否有利于全局。当时改革风头最盛时,国会军事核心小组的成员达到 100 多人,而坚持到最后的核心成员则寥寥无几。

政治分肥是国会政治在利益分配上形象且毫无遮拦的表现,这是美国政治构架的体制性特色所造成的。从美国军事物资的政府采购开始到现在,不管国防部和总统在武器采办上进行怎样的改革和决策,这一现象一直没有也不会有根本改变。

20 世纪 60 年代初,空军提出要制造 1000 枚洲际导弹,当时的国防部长麦克纳马拉认为根本不需要那么多,但最终他还是提交了制造 950 枚导弹的计划。他对肯尼迪总统坦率地说,"这是在向国会提交导弹计划时,确保我不被谋杀的最低数量"。① 第 105 届国会参议院多数党成员洛特和众议院议长金里奇,连同其他相关国会议员一道,公然声称"国防预算中的政治分肥是我们的权力"。洛特甚至多次威胁说,如果海军不为密苏里州(他的家乡)的英格尔造船厂投入项目,海军预算就别想在参议院获得通过。金里奇设法对国防预算施加影响,迫使空军购买更多的 C–130 运输机,因为该机制造商洛克希德·马丁公司位于他所在选区乔治亚州。

V–22"鱼鹰"运输机也是一个很好的例子。1982 年底,海军正式启动"鱼鹰"研发项目。1989 年,由于国防预算缩减,因该项目费用超支和多次坠机事件,国防部长切尼提交的预算要求中取消了 V–22。但是,国会反对

---

① Walter A. McDongall, The Heavens and the Earth：A Political History of the Space Age Johns Hopkins，1985，p. 327.

取消,并拨付约计 2.55 亿美元用于该机的研发,还授权可使用其他经费用于该项目。对此,国防部不愿意执行,切尼还命令海军取消所有的生产合同。在 1991 财年的国防预算中,切尼再次忽略这个项目。而国会再次推翻了切尼的决定,并拨付了 4.03 亿美元用于该项目采购。国会之所以坚持这个项目,是由于这个项目涉及一些议员所在选区的利益。1991 年 3 月,国会通过《1991 财政年度紧急状况补充拨款法》,强令国防部发展"鱼鹰"运输机项目。最后,国防部还是按照国会的要求研发和采购了该运输机。

二、议会中政党政治的影响

美国民主党和共和党长期轮流执政,控制着整个国家的政治机构和政治生活。虽然两党在组织上极其松散,仅仅区别于选民登记时的声明,但在重大议题上却能够形成风格不同的党派。在国会中,政党通过选举瓜分政权,通过立法行使执政权,从而在美国政治生活中发挥影响。

在武器采办决策中,国会中的政党与总统所属党派有着千丝万缕的关系。如果总统所属的党派成为国会中的多数,那么总统的国防采办决策就比较容易得到国会的认同。克林顿政府时期的国家导弹防御系统(NMD)部署之争可以很好地说明这一问题。研发和部署 NMD 可以说是"冷战"结束后美国在国防领域所采取一项重大决策,但在具体执行上国会与总统存在不同意见。克林顿政府在执政之初,其工作重心是国内政策,如 1993 年的预算政策和增税问题以及 1994 年的医疗保健问题等,在国家导弹防御系统发展问题上,根据对国际形势、技术发展等因素的判断,没有具体安排该系统的部署问题,而只是向该项目提供一定的研发经费。克林顿政府及其在国会的民主党同僚意见基本一致,并反对为实际部署设定一个期限。但这与共和党的意见相左,共和党考虑通过立法增加用于导弹防御系统研发的经费,并在国防授权法案中为其部署设定期限。克林顿执政的前两年,由于民主党控制国会参众两院,共和党在反对问题上没有大的作为。但是,自共和党在 1994 年中期选举获胜开始控制参众两院,国会拨付的相应款项出现大幅增加,并一直就部署期限问题向克林顿政府施压,从 1995 年到 1998 年双方一直维持着僵持局面,甚至克林顿还对《1996 财政年度国防授权法》行使了否决权。1999 年,共和党几乎操控了美国导弹防御政策,并经国会通过《1999 年国家导弹防御法》,该法案为 NMD 部署确定了唯一标准,即技术可行性。其实,该项目预算的连年增加从实质上来说,也一直在强化着这种技术可行性。最终共和党在部署问题上赢得了胜利,于是 NMD 部署就由"是否"变成"何时"的事情了。①

三、议会中监督机构的影响

国会预算办公室、美国政府问责办公室、国会研究办公室等国会机构每年都要发表大量关于采办改革的研究报告,涉及与国防部、联合司令部和军种相关的众多问题。国防部必须对政府问责办公室等机构的评估结论做出回应,如不同意须说明理由。这些都体现出议会中监督机构的影响。由于前面相关章节已有论述,这里不再介绍。

第四节　社会媒体的参与

在美国,普通民众、公众舆论对政策制定也有很重要的影响,这与其选举政治形式有关。因为总统和议员要靠选民投票支持才能当选,除总统外的其他重要官员需要议会同意通过才能任命,因而不管是议员还是政府官员,其行事和举动都要考虑社会公众的影响。与此同时,每年的军事支出占联邦总支出很大一部分,比如:2011 财年军事支出占联邦自由裁量支出 53% ,为 7370 亿美元。如此一大笔钱大家都很关注,特别是武器采办支出,相当于花纳税人的钱买东西,公众自然要参与议论、监督并以此来影响决策。

一、大众媒体的影响

美国前助理国务卿、哈佛大学教授罗杰·希尔斯提出:"美国的决策者

---

① 参见樊吉社.美国军控政策中的政党政治[M].北京:中国社会科学文献出版社,2014:120.

分为两个圈:第一圈即直接制定政策者,包括总统、国会、联邦政府各部门、国会各委员会、白宫;第二圈即社会力量,包括新闻媒介舆论、政党和利益集团等势力。"①作为决策第二圈的首要力量,新闻媒体对国会和政府的决策具有不可忽略的影响。

对每一个普通人来说,由于受时间、成本、信息不对称等因素的制约,对决策的影响作用非常有限。但是,美国的大众媒体作为舆论的集散地,与普通民众包括读者和作者在内,形成不断互动扩散的话题,却发挥着重要的作用。

美国是世界传媒大国,报纸、电视、网络等媒体都很发达,需要媒体服务已经成为美国人生活的必须品。根据美国皮尤研究中心对美国人新闻消费习惯的调查结果,美国人每天平均花 21% 的时间在工作上,31% 的时间睡觉,48% 的时间做其他事情,而这 48% 时间中的 78% 是花在传媒上的,即 8 小时 52 分钟。公众可能对什么感兴趣,媒体就对什么报道得多,而对公众也即选民感兴趣的事,政府就必须给予更多的关注。这样在无形之中,媒体就可以通过公众舆论间接地影响政府的决策和行为方向。

对 20 世纪 80 年代国防部采办改革来说,媒体影响非常之大。那时还没有互联网,报纸作为主要信息渠道很受关注,仅仅是报纸制造的焦点就让国防部应接不暇。当时,苏联入侵阿富汗,美军营救驻伊朗大使馆被扣人员行动失败,这两件事使美国人意识到国际地位的下降以及军事力量的重要。于是,美军的建设与改革开始日益受到政府、国会和民众的重视。从卡特、里根到布什,历届美国总统都对军队的改革给予了大力支持。整个 20 世纪 80 年代美国国防费相较之前都有大幅增长,用于武器采办的经费也水涨船高,"80 年代的国防预算比 70 年代每年要多出约 700 亿美元,其中一半以上用于采购新的武器装备。"②但与此同时,社会民众和媒体对国防部如何花钱、钱花得怎么样也进行了无孔不入的监督,有些媒体和民众的监督与关注

---

① [美]迈克尔·埃默里、埃德温·埃默里.美国新闻史[M].展江、殷文主译.北京:新华出版社,2001:863.
② [美]詹姆斯·邓尼根,雷蒙德·马塞多尼亚.美军大改革[M].军事科学院外国军事研究部译.海口:海南出版社.1999:204.

甚至还直接引发了当时的军事改革。

欧内斯特·菲茨杰拉德当时是空军的一名文职财务分析人员,在社会上很多人都在议论五角大楼采办浪费情况时,他就着手留意和检查空军的开支情况,希望确定国防部买每件东西到底花了多少钱。他把关注的重点没有放在精密的电子设备或高机械化的合金部件上,而是关心各军种在一般东西上的花费情况。通过调查,他发现空军为 B-52 轰炸机上一个凳子腿帽花了 1000 美元,而这个腿帽既不是黄金做的也不是铂金做的,只是个尼龙塑料帽。他还发现海军为一个家用铁锤花了 436 美元,为一对弯嘴钳花了 600 美元,为一个咖啡壶花了 7600 美元。媒体对这些公众关注的信息非常看重,多家媒体都进行了报道,比较极端的是:《华盛顿邮报》的漫画家赫布洛克描绘国防部长时,在时任国防部长温伯格的脖子处画上了那个价值 600 美元的马桶坐圈。菲茨杰拉德无疑得罪了五角大楼,1985 年,他的上司对他的工作业绩给了很低的评分,想以此将他降级。而有关国会议员则对他进行了保护,《纽约时报》还就此在头版发表了一篇编辑部文章。最后,五角大楼还是屈服了,菲茨杰拉德保住了他的工作,直到他 2006 年退休。①

迪娜·拉索尔是美国一名年轻的广播与电视记者,1979 年辞职来到国家纳税人联合会工作,想在这个位于华盛顿的公益组织干一些她想干的事。当时这个公益组织要她写一篇有关政府浪费行为的文章,经过调查了解,她写了一篇关于武器测试的文章并发表在《理由》杂志上,内容不仅涉及 M1 坦克缺陷,而且指出这些缺陷存在的一个中心原因,即坦克从未经过严格的测试,结果也从未如实地报告。这篇文章发表之后,来自阿肯色州的民主党参议员戴维·普赖尔找到她,让她参与撰写一份议案,提出改革国防部的武器测试问题。当时,原本需要在泥土、泥泞和混乱条件下使用正规军人进行的真实作战环境下的测试,往往被在你好我好的气氛下进行的实验室测试所取代;而且,制造商设计这些测试或给测试打分。正如普赖尔参议员所

---

① 参见[美]温斯洛·T.惠勒,劳伦斯·J.科布.美国军事改革反思[M].陈学惠,杜健等译编.北京:军事科学出版社.2013:47.

说,"学生自己出题,自己监考并自己打分。"

后来,几乎每天都会有一家大报发表一篇文章专门写那些未通过测试的武器、测试情况不良的武器以及捏造测试步骤和报告的测试者们。这些报纸包括参议员和他们的工作人员都要读的报纸,如《华盛顿邮报》、《纽约时报》和《华尔街日报》。媒体的蜂拥而至和报道让这一问题受到公众广泛关注,公众舆论对国会和国防部施加了很大的压力。国防部企图通过国会有关议员抑制普赖尔提出的改革武器测试议案,众议院考特尔议员就提出废弃普赖尔版的修正案,但国会中的改革派也针锋相对,把这件事告诉给《纽约时报》,第二天《纽约时报》就作了报道,让考特尔非常难堪,后来在会议上就没怎么再说话,最后普赖尔测试改革立法提案作为《1984财年国防部授权法》的一部分成为了法律。

民众和媒体关注国防采办是一个方面,而国防采办决策的当家人为了顺利推行一项计划也要争取社会的理解和支持。国防部长作为五角大楼的主人,在美国那种社会环境下,非常注意与媒体搞好关系。上述两个例子的时任国防部长为温伯格,他曾回忆说,"为了使公众不仅支持总统提出的总的重整军备计划,而且支持这项计划的许多细节,我在电视台和电台露面的次数多得令我厌烦,我会见报纸编辑部、记者和专栏作家的次数不胜枚举,我多次同舆论界领导人共同进餐,我发表的演说多得难以记清。"①

以上两个例子只是20世纪80年代美国国防采办改革决策的一个缩影,然而,就是在这些社会个体、大众媒体以及各方面的共同作用下,美国国会成立了军事改革小组,最多时有100多名议员参加,时常讨论美国军事改革问题。后来,1986年《戈德华特—尼克尔斯国防部改组法》应时而出,其中国防部长被赋予了更大的权力来控制国防部,各军种的采购权进一步被集中起来,并且受到更严格的监督。

---

① [美]卡斯伯·温伯格. 在五角大楼关键的七年[M]. 军事科学院外国军事研究部译. 北京:军事科学出版社. 1991:41.

二、公民自发组织的影响

美国人在崇尚个体自由的同时,相互之间的自组织能力也比较强,公民个人之间往往在政府的鼓励下能够围绕一个话题形成一个或大或小的民间组织。美国法律对此也给予支持,《国内税收法典》专门规定,对从事宗教、慈善救助、科学、公共安全测试、教育等方面事业的民间组织可以获得免税资格。民间组织一般被通称为非营利组织,具有组织性、民间性、非利润分配性、自治性和志愿性等特点。著名管理学家彼得·德鲁克认为,民间非营利组织是既非企业又非政府的机关,其目的是人与社会的变革,是向社会提供服务的组织。现在,纷繁多样的民间组织在美国社会的各个领域发挥着重要的作用。

美国关注国防或军事话题的人非常多,他们组织在一起,在美国信息公开的社会大环境下,经常参与和影响美国国防采办决策。不仅如此,美国的很多民间组织,只要他们所关心的事务涉及军事技术、国防工业、装备采办等与国防有关的话题时,便踊跃参与,形成影响决策的一股力量。例如,"政府监督计划组织"就是这样一个典型的民间机构。

"政府监督计划组织"(Project On Government Oversight,POGO)成立于1981年,是一个独立监督机构,主要对政府部门的贪污、渎职、利益纠纷等问题展开调查,使政府更高效、清廉、开放和富有道德正义。一直以来,美国国防部都是POGO的严密监督对象,20世纪80年代美军采办中7600美元咖啡机、436美元天价锤子等,都受到POGO的猛烈抨击,并推动国防部对军事开支进行了一系列改革。POGO也对国防高级研究计划局(DARPA)这样的科研管理机构进行严密监督。例如,2011年8月,POGO指控8名前BAE、Alpha Tech公司雇员在2002—2010年供职DARPA信息创新办公室期间涉嫌合同上的利益输送,部分人员随后返回BAE公司担任高管。为此,国防部总监察长办公室专门启动"DARPA道德项目符合联邦政府标准"的专项调查,虽然最后证明未发现这些雇员有非道德行为,但POGO的工作还是受到国会两党议员、联邦政府工作人员、非营利机构、媒体等的欢迎。

第十三章　决策影响

美军采办管理改革与决策的影响不仅表现为造就了世界一流的武器装备,而且随着时间推移和社会发展,其影响效应渐次扩大、逐级拓展、难以估量。在当今社会,从装备到战争,从美国到世界,都能不同程度地看到美军采办管理及其决策所带来的影响。这种影响已经成为一种制度、一种行为模式甚至是一种思维方式,为美国以及世界其他国家带来深刻的改变。

第一节　对美国发展的强力推动

美军装备采办管理改革决策引领了武器装备和军事技术的重大发展,带动了新军事革命的快速推进,而其社会效益的广泛溢出,同样对经济、科技、工业等众多领域产生了深远的影响,成为美国发展的强大推动力。

一、夯实美国军事技术领先基础

在美军装备采办管理中,始终贯穿着"科技立国、技术强军"的思想,涌现了很多划时代的先进管理理念和制度。美军通过完善系统的技术成熟度管理、技术转移、知识产权保护、市场竞争等制度,带动军事技术和武器装备的快速发展,深刻地改变着军事和战争领域的面貌,使第二次世界大战后的美军逐渐成为世界军事变革的领导者。

剖析历史,学术界所称的第四次军事变革——信息化军事变革,发端于20世纪70年代的美国,预计到21世纪中期结束。在这段时间里,世界高科技蓬勃发展,电子计算机、激光、核技术和航空航天等高科技,给武器装备的发展带来了革命性的变化,其背后绝大部分都能看到美军的身影。这些技术,或诞生于美军军内研究机构,或在 DARPA 灵活先进的管理模式下逐步孵化,或经过国防部各类技术转移计划成功转化,或在美军项目办公室的组织下脱胎于军工企业。但究其根本,是美军通过一系列的采办管理改革,理顺技术研发的管理体制与运行机制,从而使美军成为诸多创新技术诞生的摇篮。其中:以计算机为代表的电子信息技术,奠定美军现代武器装备发展的重要基础;以导弹和军事卫星为代表的航天技术,为全世界开辟了天战的新领域;隐身技术、激光技术、精确制导技术等高技术的应用,使战争更加复杂、残酷。美军引领的军事技术发展,不断刷新和冲击着整个世界军事领域。

二、助力美国科技与经济强劲发展

美军采办管理改革对美国国家发展也产生了深远影响。众多军事技术在民用领域的推广应用,掀起了新科技革命浪潮,不仅改变了美国公众生活和社会发展的基本面貌,而且助推着美国经济迈入高度现代化的发展阶段。

电子计算机的发明是 20 世纪最辉煌的科学成果之一,是军事技术对人类社会产生巨大影响的重要典范。计算机的发明使人类找到了进入信息时代大门的"钥匙"。人类在继化学能、物理能之后,又找到了信息能。第二次世界大战中,美军开始研制电子计算机,1946 年第一部电子计算机(ENIAC)由两位美国工程师在宾州大学"组装"起来,当时这个"庞然大物"的功能还比不上今天的电脑学习机。但美军采办管理改革为这项创新技术的快速发展提供了有利平台。第二次世界大战后,计算机技术向民用领域的顺畅转移使其发展突飞猛进,并逐渐成为世界性的技术,应用领域深入到了社会生活的方方面面。计算机水平和产业规模已成为衡量一个国家经济实力、军事实力、科技实力的重要标志,也成为了美国巩固领先地位、控制关键领域的重要技术基础。此外,当今社会人们耳熟能详的航天技术、卫星通信、GPS、微电子等技术当初都起源于军事技术,发展至今已成为人类文明发展的高度依赖。时至今日，美军仍然在不断进行着采办管理改革，殊不知，巨大的改革效益还会催生出多少无法想象的先进技术，改变我们未来的世界。

美军采办管理改革带来了科技进步，也带来经济的迅猛发展。很多尖端军事技术要经过漫长的研制周期，要经过看不到回报前景的反复论证、试验和改进，这种巨额投入因国家安全需要，能够不计成本地使用公共资金，任何市场都承担不起。然而，军队开发尖端技术后，经过国防部专门设立的技术转移和成果转化等采办管理机制，能促使市场主体以有限的资金进行二次应用开发，并通过资本运作和市场营销，使其产生巨大的社会效益和经济效益。美军采取创新管理方式、军方建设军民共管的 GPS 项目，已成为军民领域广泛应用的现代社会化大工程，为美国带来了难以估量的价值。统计表明，美国军方研究的项目至少有 60% 可以直接用于民用领域。国际互联网、GPS、由 77 颗卫星组成的"铱"星电话系统为美国国库带入源源不断的财富。凭借军民融合机制，美国的军事投入产生了一种军民互动的"增值效应"，军事技术成为推动国家经济增长的"聚宝盆"，而不断进行的美军采办管理改革正是这个"聚宝盆"正常运转并不断改进的最终保障。此外，美国拥有享誉国际的优质武器，其创新技术使美国在世界市场上具有竞争优势，也为美国带来了巨大的军火贸易收益。

三、引导美国工业体系蓬勃发展

科技与经济的发展为美国工业体系蓬勃发展提供了"温床"，而军工产业更是美国工业发展的主力军。军工企业广泛集中在高端科技、高端制造业等领域，对国家金融体系、教育体系都产生着深远影响。在改革实践中，美军通过推行军民融合机制、激励计划、兼并重组与反垄断审查等采办管理措施，不断引导军工企业健康发展，为美国自第二次世界大战以来整个国家的工业体系发展提供了重要保证。

在定位上，美国着力将国防工业根植于整个国家的工业体系之中，通过不断改革采办管理体制机制和法规政策引导工业产业军民融合式发展。首先是政策法规的统筹,国防部通过发布战略规划、政策文件和法规制度,从国家层面指导军民融合发展;其次是规划计划的统筹,通过军民规划计划统一考量,实现军民发展需求的相互衔接、相互协调;再次是军民信息的融合,国防部要求所有采办项目信息,只要不危及国家安全,都要在公开媒体上发布,吸引全社会力量参与国防建设。

在投入上,美国把国防预算的很大一部分资金投入军工企业,将保障军工产业发展作为维护国家安全、带动产业升级和提高综合国力的战略手段。2013 年,美国 GDP 总量约为 16.2 万亿美元,当年政府预算支出为 3.803 万亿美元。其中,国防预算为 6139 亿美元,约占 GDP 总量的 3.8%,约占政府预算支出的 16.8%。同时,从事武器装备制造的军工企业产生了数以百万计的就业岗位,从数据上就可显见其对美国经济和工业产业发展的巨大影响。

在机制上,美军采办管理改革重视营造竞争环境,通过简化市场准入程序、积极扶持小企业等手段,促进军品市场和军工产业活性健康发展。2012 年 7 月,美国优化整合了中央承包商注册数据库等,建立了统一的"合同授予管理系统"平台,向承包商提供了方便快捷的一站式服务。美国国防部还成立了"中小企业帮扶专家组",帮助小企业尽快参与到装备科研生产活动中,推动小企业参与国防市场竞争。据"新一代美国联邦政府采购数据库"统计,2013 年中小企业承担的军品任务经费占总经费的 23%,2014 年(截止 3 月 21 日)为 25%。

在法规建设上,采办相关的法律法规也为军品市场健康发展提供强有力保障。国会《2009 年武器系统采办改革法》明确提出"竞争最大化"的要求。国防部每年发布《国防部竞争报告》对整体竞争态势进行分析评估,并采取措施保证竞争的公平、公开、公正。美国还建立了完善的反垄断和反不正当竞争制度,如颁行《抵制非法限制与垄断保护贸易及商业法》(《谢尔曼法》)、《克莱顿法》和《联邦贸易委员会法》等。在美国司法部网站的判决声明中,可以看到大量不正当竞争的案例,几大军工巨头也在被处罚之列。

第二节　在世界范围的扩散效应

美军重大采办管理改革决策,带来的是先进的采办管理理念和制度,形成的是美军在军事技术和武器装备发展领域的世界领先地位。这种领先地位产生了巨大的扩散效应,在制度、体制和方法工具等不同层面对全世界产生了深远影响。

一、制度层面

美军采办管理改革的众多成果对当今世界管理制度的发展影响巨大,其中较为突出的是规划计划预算系统(PPBS)和项目管理制度。

很多国家的政府预算管理都受到 PPBS 的影响。20 世纪 60 年代 PPBS 被引入国防部后发挥巨大效益,被推广至其他政府部门,其后很多西方工业化国家也掀起了预算制度的改革浪潮,纷纷借鉴和使用 PPBS 制度。例如,英国于 20 世纪 60 年代中期对预算进行了改革,参照美国国防部的预算项目结构,形成了一种包含经常性业务活动和未来军队费用支出的项目分类,以及为军队和财务计划者提供的功能成本核算系统,同时通过项目的量化分析,要求每个项目都要明确支出和量化产出的方法,研究确定完成目标所需的资金数额或备选方案,这些与 PPBS 的要求高度一致。再如,法国也于 60 年代引进 PPBS 并做出本土化改进,其政府推广过程历经两个阶段。第一阶段是 PPBS 在国防部门的运用,国防部借鉴了其制定决策和控制的框架;第二阶段是 PPBS 扩展到民事部门,更加强调在编制规划计划预算过程中各种评估技术的应用,提高效率和科学性。此后,法国政府根据两个阶段的运行情况,吸收了相关经验教训,在整个政府层面建立了"合理性预算决策"制度。

项目管理制度也是一经推出便在全世界范围内得到广泛应用。20 世纪

40 年代中期到 60 年代,项目管理在发达国家的国防工程和工业、民用建筑领域得到较为广泛的应用,这时期的项目管理主要致力于项目规划预算和实现一些特定的管理目标。至 60 年代中期,为了追求投资效率和适应工程建设规模日益扩大的需要,发达国家的学术界和工业界日益感受到项目管理的重要性,其后十几年间,在世界范围相继建立起三个国际性项目管理组织,即国际项目管理协会、美国体系的美国项目管理协会、澳洲体系的澳大利亚项目管理协会。20 世纪 80 年代,项目管理进入了现代发展阶段,逐渐上升为一个管理学科,在理论与实践层面均有很大的进步。90 年代以来,信息系统工程、网络工程、软件工程的发展,以及大型建设工程和高科技项目开发等项目管理的出现,促使项目管理在理论与方法上不断创新,项目管理的应用范围也越来越宽。

此外,美军在采办管理改革中产生的很多管理制度和管理模式,如基线制度、技术转移机制、基础研究投资管理模式等都有不同程度地拓展应用,在许多国家的多个行业和领域的管理工作中都发挥了重要的作用,收到了良好的效果。

二、体制层面

美军在采办管理改革过程中不断对管理体制进行调整和优化,逐步形成了科学合理的管理体系,成为全世界学习模仿的对象。

在管理体系构建上,美军不断加强武器装备采办全系统全寿命的集中统管。在国防部设立负责采办、技术与后勤的国防部副部长,统一管理武器系统从方案论证到退役处置的各个阶段,在解决"拖降涨"问题、提高经费使用效益、节约开支方面取得了显著的效果。其他主要国家也积极吸取有利经验,例如:英国国防部合并国防采购局和国防后勤局,成立武器装备保障总署,负责对装备建设实施统管;俄罗斯在经过多次调整后,在国防部设立了主管装备工作的国防部副部长,建立了国防部集中统一领导的装备领导管理体制;日本也在积极筹备建立防卫装备厅,整合陆海空自卫队的装备部门、负责研发的技术研究部门、负责调度业务的装备设施部门等防务省相关部门,实现装备从研发到部署的一体化管理。

在管理机构设置上,美国国防部根据武器装备信息化建设的需要,裁撤网络与信息集成助理国防部长,加强武器装备信息化集中统管。随后,面临同样问题的德国,将原联邦国防技术与采办总署、联邦国防军信息管理与信息技术总署合并重组,成立了德国的装备、信息技术与使用保障部,将原来由联邦国防军信息管理与信息技术总署负责管理的与信息技术有关的项目,全部纳入新的体系中进行统一管理,加强了武器装备采办与武器装备信息化建设的联系,使信息化建设融入到武器装备采办的全寿命过程中,实现了对全军武器装备信息化建设的集中统管。

在尖端科技的组织管理上,美国国防高级计划研究局(DARPA)是国防部极为特殊的机构,其先进的管理理念和灵活的机制带来了巨大成功,取得了诸多举世瞩目的成就,近年来成为美国政府其他部门和世界各国研究、模仿的热门学习对象。2002 年,美国国土安全部成立高级研究计划局(HS - ARPA);2007 年,能源部成立高级研究计划局(ARPA - E);美国政府在 2011 年创新战略中提出建立国家先进科学研究中心等构想,也受到 DARPA 模式的启发。2012 年 10 月 16 日,俄罗斯仿照美国防高级研究计划局(DARPA)模式,正式组建了国家层面的前沿技术研发管理机构,旨在资助并组织高风险全新技术的研发工作,保障国家和国防安全。2006 年 7 月,日本防卫厅(现为防卫省)对下属的技术研究本部进行了自成立以来最大的组织机构调整,新成立先进技术推进中心,专门负责发展军事高新技术,为未来武器系统研发奠定基础。

三、方法工具层面

美军装备采办管理改革不仅涉及体制机制,还创新应用了多种采办管理方法和手段,为深化落实采办制度、提高采办综合效益创造了条件。这些方法和手段,经过时间和实践的检验,逐步得到世界范围的认可和推广。

目前,世界主要国家基本上都建立了与美国相似的采办程序和方法。每个计划项目通常都要经过几个明确的阶段(一般包括方案与项目确定、研制和设计、生产、服役和退役处置),实现项目的全寿命管理。不同国家对各个阶段的名称叫法略有不同,但重要的计划项目在一个阶段结束时,都要通过审查才能决定是否继续进入下一阶段。不同阶段根据研制、生产任务的需要,签订不同类别合同并拨付经费。

很多国家都利用竞争手段巩固国防工业基础。为避免军工市场可能形成的“自然垄断”,英国政府效仿美国推动竞争,让竞争中获胜的企业赢得较大份额的订单,失败的企业获得小份额的合同,以维持未来的竞争局势。英国的通用电气·马可尼公司和沃斯帕·桑尼克罗夫特有限公司,就曾“享受”过这样的待遇。而法国虽然国家垄断已成为根深蒂固的传统,但政府逐步让更多的非国有企业参与投标,在一定程度上增强了市场的竞争态势。

近年来,美军大力推行一体化试验鉴定,将研制试验鉴定与作战试验鉴定有机结合,作战试验鉴定管理部门介入研制试验鉴定,实现双方数据共享,提高试验效率,缩短试验周期,节约试验成本。英国国防部在“精明采办”改革后,学习美军经验,对装备试验与鉴定采取“一体化试验鉴定与验收”(Integrated TestEvaluation and Acceptance, ITEA)的策略,即对研制试验与鉴定、作战试验与鉴定及合同验收和系统验收实行统一规划,通过有效利用试验与验收资源,使试验与鉴定与验收有机结合,避免重复性工作,更有效地管理技术和操作风险,确保所提供的装备解决方案满足用户需求。

此外,美军装备采办管理中应用的诸如建模仿真、收益值管理、成本核算、风险管理等具体方法,以及各类绩效评估工作中应用的具体评估分析方法等,都在世界各国各领域得到了广泛应用。

近年来,随着信息技术的不断发展、国际交流的不断深化,美军装备采办管理改革决策对美国乃至世界的影响在进一步加深,美国国防部的经验被越来越多地应用到美国政府其他部门和企业,以及其他国家的国防采办和军工生产领域。未来美军装备采办管理改革还将继续,其在世界范围内的影响也会依然持续。

附录一 美国宪法相关条款军事内容辑录①

序言

我们美利坚合众国的人民,为建立一个更加完善的联邦,树立正义,保障本国安宁,建立共同国防,增进全体人民福祉,并保证我们自己及我们后代能够安享自由的护佑,共同决定和制定这部美利坚合众国宪法。

第一条

第八款 国会有权规定并征集包括税额、税种、关税和其他赋税在内的各种税收,用以偿付国债和提供国家共同防务与全民福利之用;宣布战争,颁发逮捕敌船及采取报复行动的特许证,制定在陆地和水上房获战利品的规则;召集陆军并提供给养,但每次拨给其项款项之用的期限不得超过两年;配备并供给海军;制定管理陆军和海军的各种规则;召集民兵,执行联邦法律,镇压叛乱和击退侵略;规定民兵的组织、装备和训练以及用来为合众国服务时的管理,但各州保留其官员任命权以及依照国会的规定训练民兵的权力;对于由某州让出的地区(不超过10英里见方),经国会同意后,可以成为合众国政府的一部分,但国会拥有对其一切事务的立法权;对于那些经州议会同意,向州政府购得,用以建筑要塞、弹药库、兵工厂、船坞和其他必要建筑物的地方,国会也拥有同样的权力。

第九款 除法律规定的拨款外,不得再从国库中提出任何款项;一切公款收支的报告书和账目,应经常予以公开。

第十款 未经国会准许,各州不得征收船舶吨位税,不得在和平时期保持军队和军舰,不得和另外一州或国缔结任何协定或契约,不得进行战争,

---

① 原文节选自美国国家档案馆网站(http://www.archives.gov/exhibits/charters/constitution.html),本附录只选译了与军事相关的部分内容。

除非实际遭受入侵或遇到刻不缓的危急情形。

第二条

第二款　总统是合众国陆军、海军和征调为合众国服役的各州民兵的总司令；总统提名和任命大使、公使及领事、最高法院的法官以及现在没有明确，但以后会依法设置的其他所有合众国官员，必须征求参议院的建议并征得同意；国会认为适当时，可以制定法律，授权总统本人、法院或各部部长任命较低级别官员。在参议院休会期间，总统有权任命官员填补此时空缺的职位，该任期到参议院下届会议结束时止。

第三款　总统应经常向国会报告联邦的情况，并提出他认为必要和适当的方案供国会参考；总统应注重法律的有效执行，并任命所有合众国的高级官员。

第四款　合众国总统、副总统及其他所有文官，因叛国、贿赂或其他重罪和轻罪，被弹劾和判罪者，均应免职。

（刘文平、赵超阳译）

附录二　国防部长及国防部长办公厅职能①

国防部长办公厅是国防部的核心部门。国防部长办公厅主要官员包括国防部常务副部长(兼任国防部首席管理官)、副国防部长、国防部首席管理官帮办、国防部法律总顾问、助理国防部长、国防部长助理、业务局局长或直接向国防部长或常务副部长报告工作的同级别官员、上述官员的参谋助理、国防部总监察长以及根据法律或由国防部长要求在国防部长办公厅设立的协助国防部长完成其职责的其他参谋助理。

(1)国防部长,是国防部的最高领导,联邦政府内阁成员。依据参考文献(e)的113节规定,国防部长是总统在国防事务方面的首席参谋助理和顾问,并且是国防部的领导和首席执行官。国防部长的职责:

① 对国防部实施管辖、指挥与控制。

② 行使国防部长办公厅的职能和职责,并通过其所任命的国防部人员与组织行使其权力。

③ 对国防部各部局的首脑起草和审查计划建议和预算提案提供政策指导,具体包括:

a. 国家安全目标和政策。

b. 优先的军事任务。

c. 计划建议的预算提案在规定期限内预计可获得的资源水平。

d. 支持总统的《国家安全战略》和《联合司令部规划》的战略指南和政策、计划以及资源分配的优先安排。这些指南公布于《国防战略》、《四年一

---

① 节选自美国国防部 5100.01 指令《美国国防部及其主要机构的职能》(*Functions of the Department of Defense and Its Major Components*)。

度防务评审》和《四年一度职责和任务评审》以及其他相关文件中。

④ 在参联会主席的建议和协助下,向各军种部长和联合作战司令部司令提供指导,以便有效地指导军事行动的规划、准备、资源分配及实施。

⑤ 向各军种部长通报可能影响各军种职责的国防部军事行动和活动。

⑥ 为国防部支援非军事部门应对国家紧急事件或灾难性事件、开展国土防御以及对非军事部门实施国防支援提供政策指导。

⑦ 为国防部侦查和监视可能对美国国家安全造成威胁的空域、水域、陆地、太空和网络电磁空间提供政策指导。

⑧ 建立、指导和监督各国防管理委员会及其决策过程,同时保留国防部长的最后决策权。

a. 国防管理委员会根据国防部 5105.79 指令(参考文献 j)的规定或国防部长的指令开展工作。

b. 国防部长主持国防管理委员会会议,并由参联会主席及参考文献(j)规定的人员予以协助。

c. 国防管理委员会成员与相关会议的参与者可根据国防部长的意见有所变化。

d. 国防部长办公厅高级官员和参联会主席及副主席主持所属功能监督委员会的工作,并为相关委员会的工作提供建议与协助。

(2)国防部常务副部长,根据参考文献(e)的规定,除了法律特别规定或者总统及国防部长明令禁止的职权外,可代理国防部长行使法律所赋予的一切权力。作为国防部首席管理官的职权不受上述规定的限制。国防部常务副部长:

① 确保国防部有能力顺利执行其战略规划,保证国家安全目标的实现。

② 确保有效整合国防部的核心业务工作,为国防部的作战任务提供有效支撑。

③ 制定绩效目标与具体措施,推动国防部工作经济性、效率与有效性的提升,并监督和评价国防部工作的进展情况。

④ 制定并实施国防部业务改革战略规划。

⑤ 按照国防部长的指示,参加国防部各管理委员会。

⑥ 在参联会副主席的协助下,主持召开常务副部长咨询小组,小组成员参见参考文献(j)。

(3) 国防部长通过国防部长办公厅及各部局领导(也称为国防部长的首席参谋助理),行使对国防部的管辖、指导和控制。首席参谋助理包括国防部副部长,首席管理官帮办,法律总顾问,总监察长,各助理国防部长,国防部长助理,国防部长办公厅各业务局局长,以及向国防部长或者常务副部长直接报告工作的同级别官员。首席参谋助理为国防部长管理国防部提供建议、协助与支持,并行使国防部长或法律赋予的其他职责。具体来讲,首席参谋助理负责:

① 执行由国防部长或常务副部长制定的政策,并对国防部其他部门首脑分配职责和提供政策指导。

② 对国防规划与计划进行分析、制定政策、发表意见、提供建议、发布指南。

③ 制定和启动各种规划、计划、行动和任务,确保与国防部的政策及国家安全目标保持一致,同时确保满足作战需求,并实现既定的绩效目标。

④ 为监督、管理、检查与评估已批准的规划和计划制定标准并开发相关的管理系统。

⑤ 参与相关规划、计划、预算与执行活动,包括审查新提出的资源计划,编制预算草案,提出资源分配建议,监督已批准计划项目的实施及完成情况。

⑥ 制定政策,提供建议,并代表国防部长处理与其他政府部门、外国政府及国际组织相关的事务。

⑦ 确保国防部长办公厅各部门职能与相关政策纳入国防部指令、指示与及政策指南。

⑧ 参加国防部管理委员会并为其提供支持。

⑨ 向有关组织与个人通报重大政策与动向。

⑩ 履行国防部长与常务副部长所赋予的如下职责与职能：

a. 负责采办、技术和后勤的副国防部长是国防部长和常务副部长在以下事务方面的首席参谋助理和顾问：国防部采办系统、研究与开发、建模与仿真、系统工程、先期技术、研制试验与鉴定、生产、系统集成、后勤、设施管理、军事建筑、采购、环境、安全、职业保健管理、公用设施及能源管理、文档服务、核生化武器防御计划。参见国防部指令 5134.01（参考文献（k））。

b. 负责政策的副国防部长是国防部长和常务副部长在以下事务方面的首席参谋助理和顾问：制定国家安全与国防政策、整合和监督国防政策与规划的实施，以实现国家安全目标。参见国防部指令 5111.1（参考文献（l））。

c. 负责财务与审计的副国防部长（主计长）/国防部首席财务官是国防部长和常务副部长在预算与财务方面的首席参谋助理和顾问，其职责包括：财务管理，会计政策与系统；预算编制和执行；合同审计管理与组织；项目主任内部控制计划；以及综合管理改进计划。负责财务与审计副国防部长（主计长）/国防部首席财务官是国防部长的首席财务管理顾问，负责管理美国法典第 31 篇第 9 章第 3515 节（参考文献（m））规定的职能与职责。参见国防部指令 5188.03（参考文献（n））。

d. 负责人事与战备的副国防部长是国防部长和常务副部长在以下事务方面的首席参谋助理和顾问：部队人员管理；国民警卫队和预备役部门事务；卫生事务；战备和训练；军职与文职人员需求；语言培训；家属教育；机会均等；人员士气、福利与娱乐；生活质量事务。见国防部指令 5124.02（参考文献（O））。

e. 负责情报的副国防部长是国防部长和常务副部长在以下事务方面的首席参谋助理和顾问：情报，反情报，安全，敏感活动，以及其他与情报相关的事务。参见国防部指令 5143.01（参考文献 p）。

f. 国防部首席管理官帮办（DCMO）是国防部长和常务副部长在业务管理和改进国防部业务活动方面的首席参谋助理和顾问。参见国防部指令

5105.82(参考文献(q))。

g. 负责立法事务的助理国防部长是国防部长和常务副部长在处理国防部与国会关系方面的首席参谋助理和顾问,负责监督国防部立法工作的开展。参见国防部指令5142.01(参考文献(r))。

h. 负责网络和信息集成的助理国防部长/国防部首席信息官是国防部长和常务副部长在以下事务方面的首席参谋助理和顾问:网络和以网络中心的政策与概念;指挥和控制;通信;太空事务;国防部信息集成;信息技术,包括国家安全系统;信息资源管理;频谱管理;网络运行;信息系统;信息保证;定位、导航与授时政策,包括航空与军事空中交通管制事务;敏感信息集成;应急作战保障;其他相关事务等。参见国防部指令5144.1(参考文献(s))。

i. 负责公共事务的助理国防部长是国防部长和常务副部长在以下事务方面的首席参谋助理和顾问:国防部与新闻媒体的关系,与公众的联系,内部通信,公共事务与可视信息方面的培训,以及视听事务。参见国防部指令5122.05(参考资料(t))。

j. 国防部法律总顾问是国防部长和常务副部长在国防法律事务方面的首席参谋助理和顾问,是国防部的首席法律官。参见国防部指令5145.01(参考文献(u))。

k. 作战试验与鉴定局局长是国防部长和常务副部长在作战试验与鉴定、实弹试验与鉴定事务方面的首席参谋助理和顾问。参见国防部指令5141.02(参考文献(v))。

l. 国防部总监察长是国防部长和常务副部长在以下事务方面的首席参谋助理和顾问:审计和犯罪调查事务,预防和监督国防部计划与行动中存在的腐败、浪费、滥用职权等事务。参见参考文献(g)。

m. 负责情报监督的国防部长助理是国防部长和常务副部长在情报监督方面的首席参谋助理和顾问,对情报、反情报,以及国防部内部情报有关的活动进行独立监督,以此确保国防部各部门进行的情报活动符合联邦法律、总统行政命令与指令、情报部门指令以及国防部相关规章的规定。参见国防部指令 5148.11(参考文献(w))。

n. 成本评估与计划鉴定局局长是国防部长、常务副部长以及其他国防部高级官员在成本估算方面的首席参谋助理和顾问,负责为其提供独立的分析与建议,确保国防部成本估算与成本分析过程能够为国防部的采办项目成本提供准确的信息与科学的估算。

o. 行政与管理局局长是国防部长和常务副部长在国防部行政、组织与管理方面的首席参谋助理和顾问。行政与管理局局长建立分级的职责体系,为以下领导和部门提供保障:国防部长、常务副部长,国防部,国防部长办公厅,国防业务局、国防部直属单位,五角大楼。参见国防部指令 5105.53(参考文献(x))。

p. 净评估局局长是国防部长和常务副部长在战略综合评估方面的首席参谋助理和顾问。参见国防部指令 5111.11(参考文献(y))。

(4)国防部长对各国防业务局和国防部直属单位实施管辖、指导与控制,并根据参考文献(e)第 192 节的规定将每个国防业务局和国防部直属单位的监管权赋予相关首席参谋助理,或指定的其他官员。相关首席参谋助理或制定的其他官员负责:

① 对指定的国防业务局和国防部直属单位实施管辖、指导与控制。

② 确保相关国防业务局和国防部直属单位持续保持工作的有效性、高效性、经济性与高绩效。

③ 向国防部长报告指定国防业务局和国防部直属单位的任务完成情况。

(5)国防部长委派首席参谋助理监督国防部执行机构的活动,并定期评估其任务开展及管理情况。

(董齐光译　周开郓校)

附录三　负责采办、技术与后勤的副国防部长职责①

国防部指令

编号 5134.01

2005 年 12 月 9 日

2008 年 4 月 1 日修订

题目:负责采办、技术与后勤的副国防部长(USD(AT&L))

参考文献:(a)美国法典第 10 篇第 113、133、186、1702 和 2222 节。

(b) 国防部指令 5134.1,负责采办、技术与后勤的副国防部长(USD(AT&L)),2001 年 4 月 21 日(特此废止)。

(c) 国防部常务副部长帮办备忘录《特许授权》,2008 年 4 月 1 日(特此废止)。

(d) 国防部长备忘录,"依据美国法典第 10 篇第 2402 节的能源授权",2003 年 11 月 24 日(特此废止)。

(e) 至(z),见附录一。

---

① 译自 Under Secretary of Defense for Acquisition, Technology, and Logistics(USD(AT&L))。

1. 修订与目的

国防部长依据参考文献(a)第 113、133 节授权

本指令：

1.1 对参考文献(b)进行修订以更新负责采办、技术与后勤的副国防部长的相关责任、职能、工作关系和权力。

1.2 授权负责采办、技术与后勤的副国防部长，在本指令中规定的职权范围内，颁布相关政策和指示，并作为国防部长在此领域最重要的助手，直接向国防部长汇报。

1.3 授权负责采办、技术与后勤的副国防部长，在必要时，对负责采办与技术的副国防部长帮办(DUSD(A&T))、负责后勤与物资战备副国防部长帮办(DUSD(L&MR))、国防研究与工程事务主管、负责核、生、化国防项目的助理国防部长(ATSD(NCB))等职位相关的国防部指令进行修订。

1.4 废止国防部常务副部长备忘录和国防部长备忘录(参考文献(c)和(d))。

2. 适用范围

本指令适用于国防部长办公厅、军种部、参谋长联席会议主席、各作战司令部、国防部总监察长办公室、国防部业务局、国防部直属机构以及国防部其他实体下属机构(以下统称国防部各部局)。

3. 职责

负责采办、技术与后勤的副国防部长是国防部长在以下领域最重要的助手和顾问：国防采办系统；研究与开发(R&D)；建模与仿真(M&S)；系统工程；先期技术；研制试验与鉴定；生产；系统集成；后勤；军事基地管理；军事建筑物；采购；环境、安全、职业健康管理、公用事业与能源管理、商务管理现代化、文件服务以及核、生、化国防项目等。在此职位上，负责采办、技术

与后勤的副国防部长应:

3.1 作为国防采办执行官,对监督国防采办系统绩效、加强国防部指令 5000.1(参考文献(e))和行政管理预算局第 A109 号通告(参考文献(f))的政策执行负全部责任。

3.2 作为国防采办委员会主席,遵照国防部指示 5000.2(参考文献(g))行事。

3.3 作为国防部采购执行官,负责第 12931 号美国总统行政命令(E.O.)(参考文献(h))和美国法典第 41 篇第 7 章(参考文献(i))所述相关工作。

3.4 制定和颁布国防部国防采办系统和管理监督国防承包商的相关政策和程序。

3.5 制定相关政策并监督研制试验鉴定相关工作;在国防采办 I 类项目试验鉴定主计划方面,与作战试验鉴定局(DOT&E)协调配合;与作战试验鉴定局共同监督联合试验鉴定项目,并管理国外比较试验项目。

3.6 规定相关政策,与国防部总监察长、国防部主计长共同对国防合同相关活动进行审查和监督,避免国防部各部门重复建设。行使这一职责不应影响 1978 年总监察长法案赋予国防部总监察长的权利。

3.7 统筹协调国防部范围内的研究、开发与生产项目,避免重复建设,确保有限资源获得最大限度效益。

3.8 制定相关政策和程序,改进、理顺和强化国防部各部局技术获取与开发项目流程,鼓励市场开放竞争,以技术驱动样机研制,在降低成本、加快部署进度的前提下提高军事能力,同时,通过创新和采购商业现货技术来探索进一步降低成本的可能性。

3.9 制定采办相关的规划、战略、指南等,并实施相关评估,以确保采办里程碑评审和规划计划预算执行(PPBE)过程可以及时有效地开展。

3.10 与国防部负责政策的副部长和法律总顾问协调配合,遵照国防部指令 5530.3(参考文献(k)),共同制定涉及采办事务的、与盟国或国际组织间的各类协议。

3.11　开展国防工业能力评估,制定相关政策,以确保美国国防工业能力能够满足国防部需求。

3.12　依照第 12626 号美国总统行政命令(E.O.)(参考文献(1)),监督指导战略性、关键性装备项目的管理和绩效情况。

3.13　与负责人事与战备的副国防部长协调配合,依据参考文献(a)第 1702 节,为国防部采办、技术与后勤人员队伍的有效管理,制定政策和程序。

3.14　与负责政策的副国防部长协调配合,为采办、技术与后勤项目的有效开展制定政策和程序,为当前安全目标提供支撑。

3.15　与国防部主计长协调配合,为国防部所有资产、工厂、设备等,以及资产会计系统战略规划的拟制和监督,制定会计政策和指南。

3.16　与负责政策的副国防部长协调配合,确保国土防御、特种作战和低强度冲突项目、系统和采办相关活动,能够为作战司令部和作战部门提供有效支撑。与负责情报的副国防部长协调配合,确保情报和情报相关项目、系统和采办相关活动,能够为作战司令部和作战部门提供有效支撑。

3.17　会同负责政策的国防部副部长,发起和管理合作研究发展项目,推进符合国家安全利益的互利型国际合作研究发展项目的设立。

3.18　管理国防部长办公厅研究项目。

3.19　依照参考文献(a)的第 186 节和第 2222 节,担任国防业务系统管理委员会(DBSMC)副主席,设立一个投资评审委员会并担任主席,对自身负责的所有国防业务系统的规划、设计、采办、开发、部署、操作、维护、升级以及各个计划的成本收益与风险进行评审。国防业务系统管理委员会的一方面职能是要确保所有国防业务系统在设计、开发和维护过程中都要保持与国防部信息技术政策法规的一致性和适用性。

3.20　依照美国法典第 29 篇第 794d 部分(参考文献 m)规定,制定采办政策和程序,确保残疾人能够接触、使用到国防部的电子信息技术。

3.21　担任国防科学委员会和国防威胁降低咨询委员会的主办人。

3.22 担任核武器理事会主席。

3.23 依照第12196号美国总统行政命令(参考文献n),行使国防部长职权,任命国防部指定机构的安全与健康官员。

3.24 制定公共事业和能源管理相关的政策、程序。

3.25 制定国防部小企业政策并监督实施。

3.26 制定国防部基础设施和环境管理相关政策、程序,以支持军事准备相关的设施建造、维护、升级,包括:营建;基地的停用与启用,包括对受影响社会团体的经济补偿;私有化和竞争性采购;基地运行;能源使用与存储;不动产管理;针对基础设施容纳和维持能力的环境管理系统;安全;职业健康;火灾防范;防疫管理;爆炸物安全。

3.27 针对所有国防部长负责的或其他政府机构授权国防部长负责的基地关闭和调整事宜,制定政策和程序,包括颁布条例、行使法令条例相关的职权,但不包括:

3.27.1 公法101-510(参考文献o)中第26篇规定的与特定设施的关闭与调整相关的国防部长职权与责任。

3.27.2 公法102-484(参考文献p)中第330节规定的与赔偿相关的国防部长职权。

3.28 依照"国家披露政策-1"(参考文献q),以及"国际武器贸易条例"(参考文献r)、"出口管理条例"(参考文献s)中规定的出口许可证审批程序,会同负责政策的国防部副部长、国防安全合作局局长,针对采办、技术与后勤相关的信息、技术与系统,制定对外披露和销售的政策、程序(包括国际合作、对外军售和直接商业销售)。

3.29 依据国防部指示S-5230.28(参考文献t),担任低可探测/应对低可探测(LO／CLO)执行委员会主席。

3.30 依据参考文献q和t,根据低可探测/应对低可探测(LO/CLO)出口议题,向国防部常务副部长提供技术、武器系统出口方面的建议,为国家披露政策决策提供支持。

3.31　作为装备部长参加北约装备部长会议以及其他类似的装备部长级的双边或多边会谈。制定并发布政策、程序,管理国防部采办系统事务,为北约装备部长会议、北约高级后勤会议、北约研究与技术组织以及其他类似的多边、双边论坛提供支撑。

3.32　依照国防部指令2060.1(参考文献u),制定政策和程序,确保所有国防部的活动完全符合美国已参与的军控协议,并确保国家安全信息不外泄。

3.33　依照国防部长备忘录(参考文献v),担任国防后勤执行官,全面负责改善和维护国防后勤和全球供应链管理系统。与参谋长联席会议副主席共同主持国防后勤委员会,评估和确认物资准备状态和供应链的可用性,就全球供应链资源分配的决策问题向国防后勤局长提供咨询。

3.34　制定政策和程序,确保国防部内外的试验与鉴定设施和资源能够满足国防部的试验与鉴定需求。

3.35　依照国防部指令5000.59(参考文献w),设立和维护国防部建模与仿真的管理和行政结构。担任国防部建模与仿真执行理事会的发起人。制定政策、计划和方案,协调、统一、理顺国防部的建模与仿真工作,包括国防部建模和仿真主计划和投资计划。确保国防部建模与仿真方面的投资能够有效支撑:作战需求和采办进度;通用工具、方法和数据库的开发;制定标准和协议,以提高互操作性、数据可交换性、系统架构开放性和软件可重用性。

3.36　同步本身和各个下属机构的战略规划工作,尤其是"平衡计分卡"和"战略规划"。同步各个方面的改革倡议,包括问题和差距解决方案。

3.37　发布政策指南,规范国防部各部门间文件服务的运作与管理(打印、快速大量复制、文档转换以及自动化服务)。代表国防部与印刷联合委员会、政府印刷局、行政管理与预算局以及其他政府机构,协调印刷相关政策事宜。

3.38　依照参考文献a的第1746节,构建和维护国防采办大学的架构。

3.39　依据国防部指令5101.1(参考文献x),定期对自身分管的国防部执行机构进行评估,评估其是否仍然必要、经费运转如何以及是否能够满足最终用户的有效性和效率要求。

3.40　确保采办、技术与后勤相关政策、方案的制定确实有助于绩效、经济性、有效性和效率的提升。确保所有负责采办、技术与后勤的国防部副部长管理、领导和控制下的国防机构和国防领域事务能够积极有效地满足国防部内外的用户需求。

3.41　履行国防部长交予的其他职责。

4. 关系

4.1　在履行承担的职责和职能时,负责采办、技术与后勤的国防部副部长应该:

4.1.1　直接向国防部长报告。

4.1.2　根据参考文献a第133节规定,在国防部长和国防部常务副部长领导之下,在处理法律授权其管理的所有国防部事务和国防部长授权其管理的所有国防部事务时有优先权。在其他所有事务上,其管理优先权排在国防部长、国防部常务副部长以及各军种部长之后。

4.1.3　对以下官员进行授权、指导和指挥:

4.1.3.1　负责采办与技术的副国防部长帮办

4.1.3.2　负责后勤与物资战备的副国防部长帮办

4.1.3.3　国防研究与工程主管

4.1.3.4　负责核、化、生计划的助理国防部长

4.1.3.5　负责军事设施与环境的副国防部长帮办

4.1.3.6　通过国防研究与工程主管对国防高级研究计划局局长

4.1.3.7　通过负责后勤与物资战备的副国防部长帮办对国防后勤局局长

4.1.3.8　导弹防御局局长

4.1.3.9　通过核、化、生计划的助理国防部长对国防威胁降低局局长

4.1.3.10　通过负责采办与技术的副国防部长帮办对国防合同管理局局长

4.1.3.11　国防业务转型局局长

4.1.3.12　通过负责军事设施与环境的副国防部长帮办对经济调整办公室主任

4.1.3.13　国防部试验资源管理中心主任

4.1.3.14　通过国防研究与工程署署长对国防技术信息中心主任

4.1.3.15　通过负责采办与技术的副国防部长帮办对弱小企业利用主管

4.1.3.16　法律许可的前提下,在国防部长提供的资源范围内成立或可能成立的其他类似机构。

4.1.4　为避免重复及实现最大效率和效益,在可行的情况下,可以利用国防部现有的系统、设施和机构,以及其他联邦政府部门。

4.1.5　国防部信息技术政策和法律许可的前提下,在信息技术管理事务上与国防部首席信息官进行协调。

4.1.6　直接与军种采办执行官进行工作联系。

4.1.7　与其他国防部长办公厅官员和国防部其他有职责联系的部局领导相互配合并交换信息。

4.2　国防部部局领导在为国防采办委员会评审的计划项目任命计划执行官或项目管理人员,或者重新任命上述官员时,应当咨询采办、技术与后勤副国防部长。

4.3　国防部部局领导在任命国防合作办公室主任或安全援助机构负责人,或者履行与其他国家在武器装备项目领域开展国防合作职能的国家打击办公室或安全援助机构相关人员,或者重新任命上述人员时,应当咨询采办、技术与后勤副国防部长。

4.4　国防部主计长在采办、技术与后勤副国防部长相关权限范围内,批准项目转移或重新安排项目资金之前,应当与采办、技术与后勤副国防部长进行协调。

4.5 负责政策的副国防部长应当与采办、技术与后勤副国防部长进行协调,以确保出口控制政策和程序能够保护美国国家安全利益,并且这些政策和程序在技术方面是可靠的。

4.6 其他国防部长办公厅官员和国防部其他部局领导应当在与此指令相关的授权、职责和功能的所有事务上与采办、技术与后勤副国防部长进行协调。

5. 职权

采办、技术与后勤副国防部长被授予以下职权:

5.1 在所有被委派的义务与职责范围内对国防部各部门领导进行指导。

5.2 决定采取适当的措施来回应国防采办委员会的评审结果。采办、技术与后勤副国防部长的决定应当写入由采办、技术与后勤副国防部长发布的,由国防部各部门贯彻执行的采办决策备忘录中。

5.3 若采办、技术与后勤副部长认为有必要,可要求国防部主计长停止向采办项目发放资金,以确保采办项目满足国防部指令设立的里程碑出口标准,以及由国防部长或采办、技术与后勤副部长设立的其他出口标准。

5.4 如果无法从国防部其他部局得到所需的设备或服务,可在国防采办大学安置相关设备。新的设备和服务应通过标准程序、项目和预算流程进行安置。

5.5 在授权和所分配职责范围内,通过国防部指示发布国防部政策,包括确定国防部长办公厅官员和国防部部局首脑等附带职责。此类指示应与国防部指示 5025.01 要求保持一致。此外,在所分配的职、责范围内,采办、技术与后勤副部长有权发布其他指示、出版物、一次性指令性备忘录,用以执行经国防部长批准的政策。致军种部的指示应通过军种部长发布。致作战司令部的指示通常应通过参联会主席发布。

5.6　根据国防部指示8910.01要求，获得执行所分配职、责需要的报告和信息。

5.7　必要时直接与国防部各部局首长联系，以履行所分配的职、责，包括发出建议与援助请求。与军种部联系应通过军种部长或其指定人员，或者是法律、其他国防部指示规定的国防部长指派人员。与作战司令部指挥官的联系应通过参联会主席予以传达。

5.8　在非国防部负责的政府项目中，采办、技术与后勤副部长被指派为国防部主要责任人时，其应为国防部的参与做出工作安排。

5.9　必要时与其他行政部门官员、立法部门代表、州及地方政府官员、公众，以及外国政府代表联系，以履行所分配的职、责。与立法部门代表联系应通过负责立法事务的助理部长协调，并与国防部立法计划保持一致。

5.10　在授权委派部局采办执行官时，可以批准一些指定的位置为关键领导位置。

5.11　执行授权委派见附件2。

6. 发布

本指令经批准公开发布，并且可以通过因特网从国防部网站获取 http://www.dtic.mil/whs/directives.

7. 生效日期

本指令立即生效。

E2. 附件 2

授权

E2.1.1　除法律或行政命令对国防部长做出特殊限制的权力外，根据国防部长赋予的权力，并在其职权、指导和管控范围内，遵照国防部政策、指令和指示要求,授权采办、技术与后勤副部长在其所分配的职责范围内行使法律、行政命令、条例等相关权力,以及部门协议赋予国防部长的所有权力,这些权力包括但不限于以下方面:

E2.1.1.1　行使商务部授予国防部长有关"国防优先等级与分配系统"(DPAS)的所有权利。此外,行使 1991 年 1 月 8 日行政命令 12742 授予国防部长的权力。

E2.1.1.2　根据 1958 年 8 月 28 日公法 85 - 804 "授权制定、修改和修订合同以促进国防发展的法案"要求,在与 1958 年 11 月 14 日行政命令 10789、联邦采办条例第 50 部分保持一致的情况下,代表国防部长行使合同处置权。

E2.1.1.3　在美国法典第 10 篇赋予的职责范围内,为国防高级研究计划局、导弹防御局、国防合同管理局、国防后勤局、国防威胁降低局、国防业务转型局、经济调整办公室、国防部试验资源管理中心、国防技术信息中心、国防采办大学,以及国防部其他部局做出部长决策、声明和审批,适当时,授予采办、技术与后勤副部长的权力可转授予这些机构及其他部门首脑。

E2.1.1.4　根据购买美国货法案要求,代表国防部长制定决策,以及授权豁免执行该法案。

E2.1.1.5　根据公法 96 - 39 第三篇、1979 年贸易协定法案(美国法典第 19 篇第 2511 节及其后内容)、1980 年 12 月 31 日美国行政命令 12260 等法规规定,代表国防部长接受美国商务代表授权,免除从特定国家采购的禁令。

E2.1.1.6　根据 1950 年 12 月 27 日第 81 届国会第 2 次会期公法 891 规定,代表国防部长行使批准免于执行航海和船只检查法律申请的权力,国防部长向陆军部长授权的情况除外。

E2.1.1.7　根据 1953 年 9 月 3 日行政命令 10485(1978 年 2 月 3 日行政命令 12038 对其做出修订)规定,对跨越美国边境运输电能和天然气的设备向能源部提出建议。

E2.1.1.8　根据美国法典第 10 篇第 2404 节规定,就采办、交易和销售既定燃料源和服务,行使国防部长的权力和职责。

E2.1.1.9　代表国防部长执行行政管理与预算局 1976 年 4 月 5 日 A - 109 通告中"重要系统采办"的相关权力。

E2.1.1.10　根据美国法典第 50 篇第 1512(1)款要求,就致命化学品或生物战制剂的运输或试验做出决策。

E2.1.1.11　根据联邦咨询委员会法案 10(d)部分(美国法典第 5 篇附录 II 10(d)款)规定,就其职权内联邦咨询委员会的所有闭门会议制定书面决策。

E2.1.1.12　代表国防部长执行 2003 年 5 月 29 日修订的行政管理预算局 A - 76 通告,国防部指令 1100.4 授权给负责人力与战备副部长的职责除外。

E2.1.1.13　国防部长保留高度敏感机密项目的决策权,除此以外,按美国法典第 10 篇第 2430 节规定,行使国防部长指定重大国防采办项目的职权。

E2.1.1.14　代表国防部长对美国法典第 10 篇所要求的重大国防采办项目和重大系统,履行确认、提交报告和批准豁免等职责和权力。权力包括但不限于以下事项:

E2.1.1.14.1　提交采办报告选(SARs)(美国法典第 10 篇第 2432 节),包括 SAR 豁免通告和只含研究、发展、试验与鉴定内容的 SAR。

E2.1.1.14.2　制定和提交单位成本报告所要求的证明材料(美国法典第 10 篇第 2433 节)。

E2.1.1.15　行使 1987 年 1 月 23 日行政命令 12580 授予国防部长的所有权力,根据综合环境反应、赔偿和责任法案(美国法典第 42 篇第 9601 节及后续章节)对国防部设备和船只排放有害物质的情况做出回应。

E2.1.1.16　依据《美国法典》第 10 篇第 160 章的规定,代表国防部长履行有关国防环保计划的权利和义务。

E2.1.1.17　依据《美国法典》第 10 篇第 2354 节的规定,代表国防部长履行对国防部各部局和各军种的管理职责。

E2.1.1.18　根据修订后的《联邦采购政策办公室法案》第 25 节的规定,担任联邦采办审查委员会委员。在负责采办、技术和后勤的副部长不在位时,由副部长首席帮办行使副部长职责。根据修订后的《联邦采购政策办公室法案》第 25 节、1992 财年和 1993 财年的《国防授权法案》第 809 节,以及 1991 年《公法》第 102 - 190 号的规定,该项职责将会以书面形式予以明确。

E2.1.1.19　履行修订后的《联邦采购政策办公室法案》第 25 节(d)所规定的职责。第 25 节(d)(1)分节规定,与采购相关的审查和法规审批的职责,不会转授给负责采办、技术和后勤的副部长办公室以外的任何人。

E2.1.1.20　根据《美国法典》第 10 章第 2350 节 a 的规定,代表国防部长行使联合研究与发展项目的决策权。根据《美国法典》第 10 章第 2350 节 b 和《武器出口控制法案》第 27 节的规定,负责北大西洋公约组织的联合工程项目。《美国法典》第 10 章第 2350 节 a(b)(2)规定的决策权和《美国法典》第 10 章第 2350 节 b(c)(3)规定的自动放弃权不可转授。

E2.1.1.21　根据《美国法典》第 10 章第 2535 节的规定,代表国防部长履行提供全面连续的国防工业保护计划的权力和职责。

E2.1.1.22　根据 1988 年 2 月 25 日总统行政命令第 12626 号的规定,代表国防部长履行《战略和关键材料储备积累法案》(《美国法典》第 50 章第 98 节,下同)中规定的职责。

E2.1.1.23　根据《美国法典》第 40 章第 501 节、《联邦管理条例》、《联邦法典条例》第 41 条第 102 - 82.25 部分的规定,或者依据今后总务管理局长颁布的其他授权,代表国防部长签订期限在 10 年内的公共事业服务合同。

E2.1.1.24　根据《1991 财年国防授权法案》(公法第 101 - 501 号)第 248 节的规定,代表国防部长制定日本国防技术办公室的政策导向,并实施监督。

E2.1.1.25　根据《美国法典》第 10 章第 2410 节 i、1993 年《国防部拨款法案》（公法第 102 - 396 号）第 9069 节、1992 年《国防部拨款法案》（公法第 102 - 172 号）第 8072 节 A 的规定,针对无法证实是非以色列次级抵制的国外机构,可代表国防部长解除合同授予禁令。

E2.1.1.26　根据 1991 年 10 月 18 日总统行政命令第 12777 号、《联邦水污染控制法案》（《美国法典》第 33 章第 1321 节）和《1990 石油污染法案》（《美国法典》第 33 章第 2701 节,下同）的规定,代表国防部长履行联邦自然资源管理的责任。

E2.1.1.27　根据《1998 联邦机构清单改革法案》（《公法》第 105 - 270 号）的规定,代表国防部长履行相关职责。

E2.1.1.28　根据《美国法典》第 10 章第 2865 节的规定,代表国防部长负责管理能源节约投资项目、能源年度报告和其他能源事务。

E2.1.1.29　根据用于明确联邦能源管理领导机构的《国家能源节约政策法案》（《公法》第 95 - 619 号,法令（Stat.）第 92 章第 3206 节,《美国法典》第 42 章第 8252 节,下同）的规定,以及《1992 能源政策法案》（《公法》第 102 - 466 号,法令（Stat.）第 106 章第 2776 节）、《美国法典》第 3 章第 301 节和总统行政命令第 13123 号的规定,代表国防部长履行相关职责。

E2.1.1.30　根据《美国法典》第 10 章第 2688 节的规定,在防止国防部公用系统私有化方面履行国防部长的全部职责和权力。

E2.1.1.31　根据《美国法典》第 10 章第 2222 节的规定,对任何用于保障采办、后勤和其他国防部基础设施和环境的国防业务系统的规划、设计、采办、部署、作战、维持和现代化,代表国防部长进行审查、批准和监督。

E2.1.1.32　根据《美国法典》第 10 章第 2865 节的规定和第 10 章第 2801 节的补充规定,担任国防部高级能源官员,并履行国防部长全部职责和权力。

E2.1.1.33　根据《2002 财年国防授权法案》第 318 节、公法第 107 -

107（2001）的规定，代表国防部长负责管理轻型运货车辆的采购政策和需求。

E2.1.1.34　根据《美国法典》第 42 章第 13212 节的规定，确保采购的用于军事目的的摩托车辆，能够满足联邦海军代用燃料车辆的采办要求。

E2.1.1.35　根据《美国法典》第 35 章第 181 节、第 182 节和第 184 节的规定，代表国防部长行使有关发明创造的保密管理和专利质押职责。

E2.1.1.36　与国防部指令 5025.01 一致，有必要对相关条款进行再次说明：

E2.1.1.36.1　根据《美国法典》第 10 章第 133 节 a 的规定，国防部指示 5134.13 调整了负责采办和技术的副国防部长帮办的责任、职能、关系和权力。

E2.1.1.36.2　根据《美国法典》第 10 章第 133 节 b 的规定，国防部指示 5134.12 调整了负责后勤与装备战备的副国防部长帮办的责任、职能、关系和权力。

E2.1.1.36.3　根据《美国法典》第 10 章第 139 节 a 的规定，国防部指示 5134.3 调整了国防研究与工程署署长的责任、职能、关系和权力。

E2.1.1.36.4　根据《美国法典》第 10 章第 142 节的规定，国防部指示 5134.8 调整了 ATSD（NCB）的责任、职能、关系和权力。此授权不可被转授。

E2.1.2　负责采办、技术与后勤的副国防部长可在适当的时候，转授上述职权，法律、总统行政命令、国防部指令或条例以书面形式确禁止转授的除外。

魏俊峰　谢冰峰　刘文平　　　　译
赵超阳　张成鲁
张代平　魏俊峰　　　　　　校

附录四　美国与国防采办相关的主要法律简介

美国与国防采办相关的法律数量很多,这些法律有效期和作用范围不完全相同,有的长期起作用,有的只管某个财年的计划预算;有的事关全局性问题,有的只针对某些特定事项。下面对一些长期性的、年度的和针对特定问题的重要法律作一简要介绍。

1.《反托拉斯法》(Antitrust Act)

美国 1890 年制定《反托拉斯法》,其根本目的在于保证市场富有竞争性,制止各竞争的公司间达成协议或谅解以妨碍市场法则发挥作用。鉴于排斥竞争或限制正常交易的不法行为常能导致大幅度地抬高合同价格,因而应对违反者追究刑事、民事或行政责任。违反商业竞争原则的典型的不法行为是指:合谋提出投标,采取统一合同价格,轮流以低价谋求政府合同,合谋实行统一的定价方法,合谋共同分享交易额等。

2.《沃尔什·希利政府合同法》(Walsh – Healey Public Contracts Act of 1936)

美国国会 1936 年制定的《沃尔什·希利政府合同法》规定,所有政府部局委托厂商制造或提供材料、供应品或设备而签订金额超过 1 万美元的合同时,这样的合同应符合下列要求:(1)必须与制造商或正式商人签订,由他们提供履行合同要求的供应品。(2)合同内必须附有供查证的表明承包商是合法制造商或正式商人的身份证书,并根据法律要求列入有关最低工资、最高工时定额、职业安全和保健条件等规定。目前该法已列入到《美国法典》第 41 篇第 35 章至 45 章、《联邦采办条例》第 22.6 部分和《联邦采办条例国防部补充条例》第 222.6 小部分中。

3.《国家安全法》(National Security Act of 1947)

美国国会 1947 年通过的《国家安全法》是美国军事法律体系中一部带全局性的基本法,是规范美国防务及其有关活动的基本依据。就国防采办管理而言,《国家安全法》一方面奠定了防务政策基础,另一方面确立了国防部长对三军实行集中统一领导的管理体制,并规定了国防部范围内有关国防采办的管理机构及其职责。该法于 1949 年和 2001 年作出部分修订,目前纳入《美国法典》第 50 篇 401、402、404 等章节。

4.《武装部队采购法》(Armed Services Procurement Act of 1947)

美国国会 1947 年制定的《武装部队采购法》是美国三军和国防后勤局管理武器装备采购工作的基本法律,规定了军事采购的基本政策和程序。该法明确规定在和平时期除了下列 17 种特殊情况可以通过谈判的方法外,正常的采购办法是要正式招标、公开竞争。这 17 种特殊情况是:(1)在国会或总统宣布国家处于紧急状态时;(2)公众的急需不允许由于公开招标而延误时间;(3)采购项目的累计款额不超过 2500 美元;(4)个体或专业服务的项目;(5)由任何一所大学或其他教育机构提供的任何服务;(6)需在境外采购和使用的供应品和服务项目;(7)药品或医疗供应品;(8)供内部零售的供应品;(9)给养供应品;(10)不适于进行竞争的供应品和服务项目;(11)属于实验、开发或研究工作所需的供应品或服务项目;(12)不能公开采购的供应品或服务项目;(13)要求零件标准化和具有互换性的技术设备;(14)公开招标后收到的投标价格不合理的;(15)其他法律授权的项目;(16)需要大量原始投资或长期制造准备的专用技术供应品;(17)有利于国防或工业动员的采购。该法后来相继修订为《国防采办条例》,以及《联邦采办条例》和《联邦采办条例国防部补充条例》,目前该法部分纳入《美国法典》第 10 篇 2302 等章节,主体内容纳入《联邦法规汇编》第 32 篇和第 33 篇的部分章节中。

5.《联邦财产与管理服务法》(Federal Property and Admistrative Services Act of 1949)

该法规范了政府部门动产的采购与供应、政府财产的使用、多余财产的处置等问题,内容涉及合同签订、产品储存、产品规范、运输管理等问题。国防部门多余财产的处置遵守该法的规定。该法的内容目前已纳入美国法典第40篇471－514与第41篇251－260等章节。《联邦财产与管理服务法》与《武装部队采购法》以及《签订合同竞争法》被作为美国政府合同签订与联邦采办过程的基本法律。

6.《国防生产法》(The Defense Production Act of 1950)

美国国会1950年制定的《国防生产法》规定了在战争和国家处于紧急状态期间实行特定的国防生产计划与能源计划,确立了优先履行军品合同、保障战略物资供应、扩大国防生产能力、充分发挥小企业作用等方面的基本政策。因而,《国防生产法》是一部有关工业动员和储备事项的主要法律,其主旨是保军、备战,增强应付突发事件的军工基础与生产能力。美国国会于1951、1952、1953、1955、1974、1975、1980、1984、1986、1992、1995年对该法作出修订,1977和1991年进行了两次主要扩充,2003年,美国国会针对工业基础能力不足的问题,再次修订了该法,再一次阐明了总统的职权,授权总统在一定资金限额内采取有效措施以弥补工业资源的不足。

7.《国防工业储备法》(The Defense Industrial Reserve Act of 1973)

1973年美国国会制定的《国防工业储备法》规定,美军所需武器装备的最大部分应该依靠从事国防生产的私人企业,但是国防部要制定综合、持续的计划,提供国有的工业工厂以及机床与其他工业加工设备之类的工业储备,以确保在国家处于危急关头时能立即投入使用,为武装部队提供所需的产品。该法是在1948年制定《国家工业储备法》基础上,于1973年为加强国防储备管理,修订原法案之后更名而来的,目前该法已列入《美国法典》第50篇451等章节中。

8.《重要战略材料储备法》(Strategic and Critical Materials Stock Piling Act)

美国国会 1979 年制定的《重要战略材料储备法》要求采取必要措施确保战略材料的储备量必须满足三年战争消耗的需要。该法对储备材料的品种、数量、质量、管理办法、处置权以及有关材料的研究与开发等事宜均有明确规定。美国国会于 1939 年 6 月制定《重要战略材料储备法》,1979 年根据《公法 96－41》对其做出调整,1992 年为说明库存量确定方法以及相关细则又再次修订这一法案。目前该法已被列入到《美国法典》第 50 篇第 5 章第 3 分章"战略性原材料的采办与研制"中。

9.《史蒂文森－杯特勒技术创新法》(The Stevenson－Wydler Technology Innovation Act)

《斯蒂文森－韦德勒技术创新法》于 1980 年制定,是国会支持技术转让工作的一项重要法律。1986 年,《斯蒂文森－韦德勒技术创新法》修订后改称《美国联邦技术转让法》(Federal Technology Transfer Act),后经多次修订,更加强调技术转让的作用。该法的主要内容有:

(1) 各政府机构可同政府其他机构、州和地方单位、工业组织、公共和私人基金会、非营利组织(包括大学)或个人签订合作科研协议和技术转让协议。政府研究所可接受、保留和使用来自合作方的经费、人员和劳务,可向合作方提供人员、劳务和设备。

(2) 成立"联邦研究所技术转让联合体",负责技术、培训班和与技术转让有关的资料的开发和管理,加强政府研究所职工对技术、发明的商业潜力的了解;向政府研究所提供有关技术转让的咨询和帮助;提供信息交流;帮助有关单位制定科研和技术转让计划。各研究所每年要从其科研经费中抽出 0.5% 给联合体作为其活动经费。

(3) 拥有研究所的政府机构要从所获得的专利权使用费或其他技术转让收入中提出至少 15% 奖给技术发明人,其余 85% 大部分交给技术发明人所在研究所,研究所可用这些钱支付管理费、手续费、劳务费,奖励该所对技术转让做出贡献的科技和工程人员,用于进一步开展科技交流,用于职工的教育和培训。

10.《签订合同竞争法》(Competition in Contracting Act of 1984)

1984 年美国国会通过的《签订合同竞争法》,要求在签订军品合同时要进行全面、公开的竞争,要求在武装部队中设立"竞争倡议人",要简化采购程序,尽可能使用民品。该法指出,采用密封投标方式对于大部分国防采购项目是不适宜的,而那种可以兼顾质量和价格的"谈判竞争法"则是完全可取的竞争方式。该法还为适当采用独家承包合同明确规定了若干条款。美国的一些学者认为,《签订合同竞争法》在某种意义上讲是对《武装部队采购法》的一种修订。据报道,自该法通过以来,美国国防采购项目的竞争已有很大程度的加强,自 1984 年至 1987 年通过竞争签订的合同从 37% 增至 58% 。

11.《戈德华特—尼克尔斯国防部改组法》(The Goldwater Nichols DoD Reorganization Act of 1986)

《戈德华特 - 尼克尔斯国防部改组法》,简称为《戈德华特—尼克尔斯法》,其主要内容是加强军种管理部门同作战指挥系统在武器采办过程中的合作。它规定新设置参谋长联席会议副主席一职,指使参谋长联席会议主席直接介入国防资源与作战需求的规划/决策过程之中。新设参联会副主席兼任国防采办委员会副主席(该委员会主席为国防部负责采办的副部长)。这样,作战系统(即武器装备用户)在武器采办决策过程中便有了法定代言人和正式表决权。在 1987 年之前,参谋长联席会议主席并没有以任何有意义的方式介入国防预算过程或武器需求过程"。而戈氏改组法"增强了参谋长联席会议主席的作用,使之得以提供统一的军事观点去平衡军种的较为狭隘的看法"。

12.《国防采办队伍加强法》(Defense Acquisition Workforce Improvement Act)

为了从根本上改善国防采办队伍中人员的素质,美国国会 1990 年制定了《国防采办队伍加强法》。该法规定了国防采办人员的职务分类、等级标准,要求国防部建立"采办教育、训练与职业发展主任办公室"作为全军采办队伍人事管理中心。该法还规定成立国防采办大学,并对大学课程的水平提出具体要求,以便培训高级采办管理人员。

13.《1994 年联邦采办精简法》(The Federal Acquisition Streamlining Act of 1994)

该法于 1994 年 10 月签署生效,立法的目的在于精简采办过程。它全面总结和肯定了冷战结束以来美国武器采办调整改革的经验,对建立军民一体化的国防工业基础和提高采办工作经济效益产生了巨大和深远的影响。该法对 225 条法律进行了大幅度的修订,以简化文书工作与小额产品的采办程序,同时强调工业成品的采购,鼓励采用电子商务的采办方法,提高采办效率。该法对小额产品的资金限额提高到 10 万美元,低于该数额的采办采用简化程序。

14.《联邦采办改革法》(Federal Acquisition Reform Act (FARA) of 1995)

《1995 年联邦采办改革法》是在 1994 年的联邦采办精简法的基础上制定的,该法连同 1996 年的《联邦采办改革法》以及《信息技术管理改革法》等构成了美国采办管理改革的主要法律文件。该法明确规定承包商进行竞争的基础上,必须考虑承包商竞争的效率,提出 50 万美元到 1000 万美元的项目可以进行非充分与公开竞争,之前该类合同的资金数额为 10 万到 100 万美元。投标诉讼是降低联邦政府采办效率的重要因素,该法对投标诉讼进行了规范,并提倡进行现货采购。《1995 年联邦采办改革法》还对采办队伍、价值工程、联合采购、人员管理等问题也进行了规范,以提高采办工作的效率。

15.《克林格—科恩法》(Clinger – Cohen Act)

《1996 年联邦采办改革法》和《信息技术管理改革法》本是两条独立的

法案,但由于它们对采办管理领域产生了重大影响,同时两条法案在内容上相互补充,因此后来两条法令合称为《克林格－科恩法》。

《1996年联邦采办改革法》提高了合同签订官的管理权限,在遵守《签订合同竞争法》规定的基础上,对承包商参与竞标进行管理,以提高合同签订的效率。承包商在参与竞标之前,合同签订官将对承包商进行初始审查,审查不合格的承包商将不予参加竞标。该法同时提高了采用简化采办流程的产品价格门限值,将门限值从过去的100万美元提高到了500万美元。

《信息技术管理改革法》废除了《布鲁克斯法》,强调对信息技术资源的应用和对信息技术资源的全寿命管理。该法提出,在美国每个部局都设立一个首席信息官,向部局的高级官员提供信息资源方面的管理建议,提出改善信息技术投资规划与控制的管理体系,鼓励信息技术系统采用递增式的采办方式。《信息技术管理改革法》修订了1995年的《文书削减法》,提出了一系列提高政府工作效率的做法。

16.《诚实谈判法》(Truth in Negotiations act)

该法规定,国防部、国家航宇局和海岸警卫队要求主承包商或任何转包商根据一定条件出并核实合同的成本或价格数据。该法还要求在合同中应列入这样的条款:由于承包商或转包商提供的成本或价格数据不当而造成的费用增长应予以扣除。

17.《购买美国货法》(Buy American Act)

该法规定,美国政府优先采购国产的成品,承包商只应提交国产的成品,属于以下情况作为例外处理:(1)只供在美国境外使用的产品;(2)政府认定不能在美国按合理的商用批量和合格的质量要求进行开采、生产或制造的产品;(3)政府部局认定优先在国内采购是不符合美国国家利益的产品;(4)部局认定在国内采购是费用上很不合算的产品。

18.《国防授权法》(Defense Authorization Act)

国防授权法是国会控制国防采办过程的主要工具。1959年通过的

"86 - 149 号公法"规定,飞机、导弹和舰船的采购经费,须经特别授权方可拨出。从此,此项公法经常修订,不断增加授权拨款项目的范围。1963 年以后,所有研究、发展、试验与鉴定(即科研)项目的拨款都必须经过授权。经逐年补充、修改,国防授权拨款的范围几乎囊括所有采购与科研项目。

自 70 年代以来,国会越来越热衷于对国防采办工作推行"立法上的微观管理",所以国防部授权法的内容几乎涉及国防科研生产整个过程的所有问题。国防部采办计划是按类提出的,授权法也按类规定,一般约分十余个大类(或部分)。

国会为了了解和检查国防部对授权法的落实情况,还在国防部授权法中明确规定国防部必须向国会汇报的具体要求。

19.《国防拨款法》(Defense Appropriation Act)

国防拨款法分门别类规定国防部某财年军事活动的拨款数额,其中包括国防科研与采购款项。例如,《2004 年国防部拨款法》共分 9 大类、62 小类帐目。在 9 大类中,I 类为军事人员费,II 类为使用与维修费,III 类为采购费,IV 类为研究、发展、试验与鉴定费(即科研费)……。II 类采购费包括 16 小类帐目,诸如陆军的飞机采购、导弹采购、武器与履带式战车采购、弹药采购,海军的飞机采购、武器采购、造船与改装,海军陆战队的采购,空军的飞机采购、导弹采购,国防部各业务局的采购,国民警卫队与预备队装备和《国防生产法》采购项目等。

国防拨款中规定的采购费和科研费,其界线有时不太好截然划分,至少有 10% ~ 15% 的重要计划项目可列入这两类中的任何一类。如工具制造、样机制造、生产工程和试验鉴定等项目需经常调整它们的类别。

拨款法规定,计划项目按类拨款,国防部一般也得按其规定专款专用。但在实际工作中,由于军事需求或具体项目的变化,国防部有时需要国会追加拨款或在现有经费内调整计划项目。追加拨款当然要重新申请,另行审批。项目调整分两种,一是同类项目调整(如从这一型号的飞机改为另一型号的飞机),二是不同项目转变(如从飞机转为导弹)。同类项目调整,有的国防部可自行决定,有的则需经国会批准或事先报告;不同类项目转变则一律须经国会审批。按规定,不管是同类调整还是不同类转变,一般不得随意进行,除非是为了应付更紧急、更重要项目的需要。有关改变原定拨款用途的情况,国防部每年要向国会汇报两次。

(王磊　编译)

附录五　历任美国国防部长[①]

Ⅲ. 历任国防部长

詹姆斯·V. 福莱斯特 1947 年 9 月 17 日—1949 年 3 月 28 日

- 生卒年月:1892 年 2 月 15 日—1949 年 5 月 22 日
- 一战中在美国海军服役
- 1916 年到 1940 年任职狄龙 – 里德公司
- 1940 年到 1944 年任海军部副部长
- 1944 年到 1947 年任海军部长

路易斯·A. 约翰逊 1949 年 3 月 28 日—1950 年 9 月 19 日

- 生卒年月:1891 年 1 月 10 日—1966 年 4 月 24 日
- 一战中在法国战场上为美国陆军服役
- 曾从事律师职业
- 参与组建美国退伍军人协会(1932 年到 1933 年任主席)
- 1937 年 6 月到 1947 年 7 月任陆军部长助理

乔治·C. 马歇尔 1950 年 9 月 21 日—1951 年 9 月 12 日

- 生卒年月:1880 年 12 月 31 日—1959 年 10 月 16 日
- 1902 年进入美国陆军服役

---

① 选译自《国防部主要官员 1947 –2014》(Department of Defense Key Officials 1947 –2014, Historical Office, Office of the Secretary of Defense)。

- 1939 年 9 月到 1945 年 11 月任陆军参谋长, 任期涵盖整个二战
- 1947 年到 1949 年任美国国务卿
- 1949 年到 1950 年任美国红十字会主席
- 就任国防部长得到国会特别批准, 因为国家安全法案规定近十年内有从军经历人员不得就任国防部长

罗伯特・A. 洛维特 1951 年 9 月 17 日—1953 年 1 月 20 日
- 生卒年月:1895 年 9 月 14 日—1986 年 5 月 7 日
- 一战中作为飞行员在美国海军服役
- 任职布朗兄弟公司
- 1940 年 12 月就任陆军部长特别助理,1941 年 4 月到 1945 年 12 月任陆军部长空军助理
- 1947 年到 1949 年任副国务卿
- 1950 年 10 月 4 日到 1951 年 9 月 16 日任国防部常务副部长

查尔斯・E. 威尔逊 1953 年 1 月 28 日—1957 年 10 月 8 日
- 生卒年月:1890 年 7 月 18 日—1961 年 9 月 26 日
- 1909 年到 1919 年任职西屋电子公司
- 1919 年到 1952 年任职通用汽车公司(1941 年到 1952 年任首席执行官)

尼尔・H. 麦克尔罗伊 1957 年 10 月 9 日—1959 年 12 月 1 日
- 生卒年月:1904 年 10 月 30 日—1972 年 11 月 30 日
- 1925 年到 1957 年任职宝洁公司(1948 年到 1957 年任首席执行官)

小托马斯・S. 盖茨 1959 年 12 月 2 日—1961 年 1 月 20 日
- 生卒年月:1906 年 4 月 10 日—1983 年 3 月 25 日

- 二战中在美国海军服役
- 1928 年到 1953 年任职德雷克赛尔公司
- 1953 年到 1957 年任海军部副部长
- 1957 年到 1959 年任海军部长
- 1959 年 6 月 8 日到 1959 年 12 月 1 日任国防部常务副部长

罗伯特·S. 麦克纳马拉 1961 年 1 月 21 日—1968 年 2 月 29 日
- 生卒年月：1916 年 6 月 9 日—2009 年 7 月 6 日
- 1943 年到 1946 年在美国空军服役
- 1946 年到 1961 年任职福特公司并曾任公司首席执行官
- 1968 年到 1981 年任世界银行行长

克拉克·M. 克利福德 1968 年 3 月 1 日—1969 年 1 月 20 日
- 生卒年月：1906 年 12 月 25 日—1998 年 10 月 10 日
- 二战中在美国海军服役；1944 年到 1946 年任总统海军助理
- 1946 年到 1950 年任总统特别法律顾问
- 1950 年到 1968 年从事律师职业

梅尔文·R. 莱尔德 1969 年 1 月 22 日—1973 年 1 月 29 日
- 生卒年月：1922 年 9 月 1 日 –
- 1942 年到 1946 年在美国海军服役
- 1953 年到 1969 年任威斯康星州众议员

埃利奥特·L. 理查森 1973 年 1 月 30 日—1973 年 5 月 24 日
- 生卒年月：1920 年 7 月 20 日—1999 年 12 月 31 日
- 1942 年到 1945 年在美国陆军服役
- 1957 年到 1959 年任卫生、教育和福利部助理部长

- 1965 年到 1967 年任马萨诸塞州副州长
- 1969 年到 1970 年任副国务卿
- 1970 年到 1973 年任联邦卫生、教育和福利部部长
- 1973 年任美国总审计长

詹姆斯·R. 施莱辛格 1973 年 7 月 2 日—1975 年 11 月 19 日

- 生卒年月：1929 年 2 月 15 日 –
- 1963 年到 1967 年任职兰德公司
- 1969 年任联邦预算局局长助理
- 1970 年到 1971 年任管理与预算办公室主任助理
- 1971 年到 1973 年任原子能委员会主席
- 1973 年任中央情报局局长
- 1977 年到 1979 年任首任能源部部长

唐纳德·H. 拉姆斯菲尔德 1975 年 11 月 20 日—1977 年 1 月 20 日

- 生卒年月：1932 年 7 月 9 日 –
- 20 世纪五十年代以飞行员身份在美国海军服役
- 1963 年到 1969 年任伊利诺伊州众议员
- 1969 年任理查德·尼克松总统助理和顾问
- 经济机会办公室主任和生活费用委员会主任
- 1973 年到 1974 年任美国驻北约代表
- 1974 年到 1975 年任杰拉尔德·福特总统助理和白宫办公厅主任
- 1977 年到 1985 年任 G. D. 西尔制药公司首席执行官
- 1985 年到 1990 年任职私人企业
- 1990 年到 1993 年任通用电气公司董事长和首席执行官
- 1993 年到 2001 年任职私人企业

哈罗德·布朗 1977 年 1 月 21 日—1981 年 1 月 20 日

· 生卒年月:1927 年 9 月 19 日 -

· 1952 年到 1960 年任劳伦斯·利弗莫尔实验室职员;1960 年到 1961 年任实验室主任

· 1961 年到 1965 年任国防研究与工程署署长

· 1965 年到 1969 年任空军部长

· 1969 年到 1977 年任加州理工学院院长

卡斯帕·W. 温伯格 1981 年 1 月 21 日—1987 年 11 月 23 日

· 生卒年月:1917 年 8 月 18 日—2006 年 3 月 28 日

· 二战期间在美国陆军服役,任道格拉斯·麦克阿瑟将军情报部成员

· 1972 年到 1973 年任管理与预算办公室主任

· 1973 年到 1975 年任卫生、教育与福利部部长

· 1975 年到 1981 年任贝克特尔公司副总裁、董事兼总法律顾问

弗兰克·C. 卡卢奇 1987 年 11 月 23 日—1989 年 1 月 20 日 *

· 生卒年月:1930 年 10 月 18 日 -

· 1952 年到 1954 年在美国海军服役

· 1970 年到 1972 年任经济机会办公室主任

· 1972 年到 1974 年任卫生、教育与福利部副部长

· 1975 年到 1978 年任驻葡萄牙大使

· 1978 年到 1981 年任中央情报局副局长

· 1981 年 2 月 4 日到 1982 年 12 月 31 日任国防部常务副部长

· 1986 年到 1987 年任国家安全顾问

*1989 年 1 月 20 日到 1989 年 3 月 21 日国防部常务副部长威廉姆·H. 塔夫特任国防部执行部长

理查德·B. 切尼 1989 年 3 月 21 日—1993 年 1 月 20 日
- 生卒年月：1941 年 1 月 30 日 –
- 1969 年到 1970 年任经济机会办公室主任特别助理
- 1970 年到 1971 年任总统顾问的副职
- 1971 年到 1973 年任生活费用委员会执行主任助理
- 1975 年到 1977 年任总统助理
- 1978 年到 1989 年任怀俄明州众议员

莱斯·阿斯平 1993 年 1 月 21 日—1994 年 2 月 3 日
- 生卒年月：1938 年 7 月 21 日—1995 年 3 月 21 日
- 1966 年到 1968 年在美国陆军服役
- 1968 年到 1970 年在马凯特大学教授经济学
- 1971 年到 1993 年任威斯康星州众议员（1985 年到 1993 年任众议院军事委员会主席）

威廉·J. 佩里 1994 年 2 月 3 日—1997 年 1 月 23 日
- 生卒年月：1927 年 10 月 11 日 –
- 1946 年到 1947 年在美国陆军服役
- 1954 年到 1964 年任 Syvania/GTE 国防电子实验室主任
- 1964 年到 1977 年任 ESL 公司董事长
- 1977 年 4 月到 10 月任国防研究与工程署署长
- 1977 年到 1981 年任负责研究与工程的国防部副部长
- 1989 年到 1993 年任斯坦福大学国际安全与军控中心主任
- 1993 年 3 月到 1994 年 2 月任国防部常务副部长

威廉·S. 科恩 1997 年 1 月 24 日—2001 年 1 月 20 日
- 生卒年月：1940 年 8 月 28 日 –

· 从事律师职业

· 1971 年到 1972 年任缅因州班戈市市长

· 1973 年到 1979 年任缅因州众议员

· 1979 年到 1997 年任缅因州参议员

唐纳德·H. 拉姆斯菲尔德 2001 年 1 月 20 日—2006 年 12 月 18 日

· 见前文

罗伯特·M. 盖茨 2006 年 12 月 19 日—2011 年 6 月 30 日

· 生卒年月：1943 年 9 月 25 日 –

· 1967 年到 1969 年在美国空军情报部门服役

· 1966 年到 1974 年任职于中央情报局

· 1974 年到 1979 年任国家安全委员会成员

· 1979 年到 1989 年任职于中央情报局

· 1989 年到 1991 年任总统国家安全事务助理和国家安全副顾问

· 1991 年到 1993 年任中央情报局局长

· 1999 年到 2001 年任德克萨斯 A&M 大学乔治·布什政府和公共事务学院临时院长

· 2002 年到 2006 年任德克萨斯 A&M 大学校长

莱昂·E. 帕内塔 2011 年 7 月 1 日—2013 年 2 月 26 日

· 生卒年月：1938 年 6 月 28 日 –

· 1964 年到 1966 年在美国陆军情报部门服役

· 1977 年到 1993 年任加利福尼亚州众议员（1989 年到 1993 年任国会预算委员会主席）

· 1993 年到 1994 年任管理与预算办公室主任

· 1994 年到 1997 年任白宫幕僚长

· 2009 年到 2011 年任中央情报局局长

查克·T. 哈格尔 2013 年 2 月 27 日—
· 生卒年月：1946 年 10 月 4 日 –
· 1967 年到 1968 年在美国陆军步兵部队服役
· 1981 年到 1982 年任美国退伍军人管理署副署长
· 1990 年到 1992 年任私人机构委员会董事长、首席执行官
· 1992 年到 1996 任麦卡锡公司董事长
· 1996 年到 2009 年任内布拉斯加州参议员

（赵超阳、张成鲁译）

附录六　历任负责采办的国防部副部长①

　　1977 年 10 月 21 日,美国国防部设立了国防部副部长一职,职级略低于国防部常务副部长。最早被任命为这一职务的两名官员一位是负责政策的国防部副部长,另一位是负责研究与工程的国防部副部长(后来由国防研究与工程署署长取代)。1986 年颁布的《军人退休改革法案》中设立了负责采办的国防部副部长一职,该头衔在 1994 财年的《国防授权法案》中被更改为负责采办与技术的国防部副部长,2000 财年的《国防授权法案》将这一头衔进一步更改为负责采办、技术与后勤的国防部副部长。

　　理查德·戈德温——曾任职于国家原子能委员会。1961 年 ~ 1986 年间在柏克德公司任职,是国防科学委员会的成员。1986 年 9 月 30 至 1987 年 9 月 30 日任负责采办的国防部副部长。

　　罗伯特·科斯特洛——二战期间服役于美国海军。1960 年 ~ 1986 年间任职于通用汽车公司。1987 年任负责生产与后勤的助理国防部长。1987 年 12 月 18 日至 1989 年 5 月 12 日任负责采办的国防部副部长。

　　约翰·贝蒂——1952 年 ~ 1962 年间任职于克莱斯勒公司。1962 年 ~ 1989 年间任职于福特公司。1989 年 8 月 11 日至 1990 年 12 月 31 日任负责采办的国防部副部长。

　　唐纳德·约克——1944 年 ~ 1966 年间服役于美国陆军和空军。1966 - 1986 年间任职于罗克韦尔国际公司。1990 年 3 月至 12 月任负责采办的国防部副部长首席帮办。1991 年 1 月 1 日至 6 月 20 日代理负责采办

---

① 部分选译自《美国国防采办大学:为采办队伍进行专业化培训 1992 - 2003》(The Defense Acquisition University: Training Professionals for the Acquisition Workforce 1992—2003)。

的国防部副部长。1991 年 6 月 20 日至 1993 年 1 月 20 日任负责采办的国防部副部长。

约翰·马克·多伊奇——1961 年 ~ 1965 年间任职于国防部长办公厅。1979 年 ~ 1980 年任美国能源部副部长。1993 年 4 月 2 日至 1994 年 3 月 11 日任负责采办(后期为负责采办与技术)的国防部副部长。1995 年 ~ 1996 年间还曾任中情局第 13 任局长。(互联网资料)

保罗·卡明斯基——曾任负责研究与工程的国防部副部长空军专职助理。1994 年 10 月 3 日至 1997 年 5 月 16 日任负责采办与技术的国防部副部长。

雅克·甘斯勒——曾任助理国防部长帮办(负责军品采办)、国防研究与工程署署长助理,并先后供职于辛格、雷声等公司。1997 年 11 月 10 日至 2001 年 1 月任负责采办与技术(后期为负责采办、技术与后勤)的国防部副部长。

爱德华·皮特·奥尔德里奇——1986 年 ~ 1988 年间任美国第 16 任空军部长。1988 年 ~ 1992 年间任麦道电子系统公司主席。还曾任航天工业公司首席执行官。2001 年 5 月 8 日至 2003 年 5 月 30 日任负责采办、技术与后勤的国防部副部长。

肯·克雷格——曾任计划分析与鉴定办公室主任、国防部长专职助理等职。2005 年 5 月 26 日被任命为负责采办、技术与后勤的国防部副部长。

约翰·杨——曾任海军助理部长(负责研究、发展与采办)、国防研究与工程署署长,并担任国防部的首席技术官。2007 年 11 月被任命为负责采办、技术与后勤的国防部副部长。

阿什顿·卡特——1990 年 ~ 1993 年间在哈佛大学肯尼迪学院任教。1993 年 ~ 1996 年间任国防部负责国际安全政策的助理部长。2009 年 4 月 27 日至 2011 年 10 月 5 日任负责采办、技术与后勤的国防部副部长。2011 年 10 月 6 日起担任国防部常务副部长。

弗兰克·肯德尔——曾任陆军科学委员会成员、雷声公司工程部副手，并曾任教于西点军校。2010 年 3 月至 2012 年 5 月任国防部副部长首席帮办。2012 年 5 月起任负责采办、技术与后勤的国防部副部长。

（詹鸣、王磊译）

参 考 文 献

[1] [美]麦迪逊.辩论:美国制宪会议记录[M].尹宣,译.辽宁教育出版社,2003.

[2] [美]彼得·F·德鲁克.非营利机构的管理工作[M].上海:上海译文出版社,1999.

[3] [美]卡斯伯·温伯格.在五角大楼关键的七年[M].军事科学院外国军事研究部,译.北京:军事科学出版社,1991.

[4] [美]劳伦斯·科布.五角大楼的沉浮[M].陈如为,冯立冬,译.北京:新华出版社,1982.

[5] [美]约翰·阿尔奎拉.顽敌阻力重重的美军转型[M].董浩云,李建涛,王一川,译.北京:解放军出版社,2013.

[6] [美]唐纳德·拉姆斯菲尔德.已知与未知[M].魏骅,译.北京:华文出版社,2013.

[7] [美]大卫·索伦森.国防采办的过程与政治[M].陈波,王沙骋,等译.北京:经济科学出版社,2013.

[8] [美]迈克尔·埃默里,埃德温·埃默里.美国新闻史[M].展江,殷文主,译.北京:新华出版社,2001.

[9] [美]詹姆斯·邓尼根,雷蒙德·马塞多尼亚.美军大改革[M].军事科学院外国军事研究部,译.海口:海南出版社,1999.

[10] [美]温斯洛·惠勒,劳伦斯·科布.美国军事改革反思[M].陈学惠,杜健,等译.北京:军事科学出版社,2013.

[11] [美]斯图尔特·约翰逊,马丁·利比基,格雷戈里·特雷弗顿.防务决策的新挑战和新工具[M].郑敏,谭永华,邓宁丰,译.北京:中国宇航出版社,2006.

[12] [美]布鲁斯·史密斯.科学顾问:政策过程中的科学家[M].温珂,李乐旋,周华东,译.上海:上海交通大学出版社,2010.

[13] [美]艾什顿·卡特,威廉·佩里.预防性防御[M].胡利平,杨韵琴,译.上海:上海人民出版社,2000.

[14] [美]马克斯威尔·泰勒.不定的号角[M].王群,译.北京:解放军出版社,1963.

[15] [美]道格拉斯·金纳德.国防部长[M].唐平,王新民,李文政,译.北京:解放军出版社,1989.

[16] [美]威廉·W·考夫曼.麦克纳马拉战略[M].北京:中国人民解放军总参谋部情报部译印,1965.

[17] [美]马克斯威尔·泰勒.剑与犁[M].伍文雄,朱曼罗,奚博铨,译.北京:商务印书馆,1981.

[18] [美]雷蒙德·加特霍夫.冷战史:遏制与共存备忘录,伍牛,王薇,译.兰德公司:国家安全的思想库.

[19] [美]杰弗里·佩雷特.肯尼迪传[M].武汉:长江文艺出版社,2009.

[20] [美]戴维·罗特科普夫.美国国家安全委员会内幕[M].孙成昊,赵亦周,译.北京:商务印书馆,2013.

[21] [美]迈克尔·奥汉隆.技术变革与未来战争[M].杨晖,等译.北京:军事谊文出版社,2009.

[22] [美]麦蒂亚·克莱默.联邦预算——美国政府怎样花钱[M].上海金融与法律研究院,译.北京:三联书店,2013.

[23] [美]查尔斯·琼斯.美国总统制[M].毛维维,译.南京:译林出版社,2013.

[24] [美]弗雷德里克·卡根.寻找目标[M].王春生,杨斌,等译.北京:军事科学出版社,2009.

[25] [美]雪莉·琳内.汤姆金.透视美国管理与预算局[M].苟燕楠译.上海:上海财经大学出版社,2009.

[26] [美]R.道格拉斯·阿诺德.美国国会行动的逻辑[M].邓友平译.上海:上海三联书店,2010.

[27] [美]伯纳姆(BURNHAM,W.).英美法导论[M].林立芝译.北京:中国政法大学出版社,2003.

[28] [德]赫尔弗里德·明克勒.新战争[M].章林,译.北京:中央编译出版社,2006.

[29] [荷]弗兰斯·奥辛格.科学战略战争[M].杨斌,姚云竹,译.北京:军事科学出版社,2009.

[30] [德]K.茨威格特,H.克茨.比较法总论[M].潘汉典,等译.北京:法律出版社,2003.

[31] 高连奎.为何美国是老大:美利坚200年改革实录[M].上海:上海文化出版社,2013.

[32] 吕德宏.从思想到行动—解读美军战略规划[M].北京:长征出版社,2008.

[33] 陈学惠,杜健,等.美军作战指挥体制改革[M].北京:军事科学出版社,2013.

[34] 赵超阳,等.外军对军工企业实施管控的思路与举措研究[M].北京:中国国防科技信息中心,2014.

[35] 美、英、法、德、日国防采办系统比较[M].北京:中国国防科技信息中心,2001.

[36] 王卫星,李效东.外国军事改革深入发展研究[M].北京:军事科学出版社,2014.

[37] 樊吉社.美国军控政策中的政党政治[M].北京:中国社会科学文献出版社,2014.

[38] 俞燕敏,鄢利群.无冕之王与金钱[M].北京:中国社会科学出版社,2001.

[39] 孙哲.左右未来:美国国会的制度创新和决策行为[M].上海:上海人民出版社,2011.

[40] 熊志勇.美国政治与外交决策[M].北京:北京大学出版社,2007.

[41] 汤珊红,等.世界一流智库发展研究[M].北京:中国国防科技信息中心,2014.

[42] 刘杰.当代美国政治[M].北京:社会科学文献出版社,2001.

[43] 王义山.核潜艇的故事[M].北京:科学普及出版社,1986.

[44] J S Przemieniecki. Acquisition of Defense Systems[M]. Air Force Institute of Technology,1993.

[45] 孟良.美国军事风云录[M].北京:光明日报出版社,1996.

[46] CAROL L DeCANDIDO. AN EVOLUTION OF DEPARTMENT OF DEFENSE PLANNING, PROGRAM-MING, AND BUDGETING SYSTEM:FROM SECDEF McNAMARA TO VCJCS OWENS[M]. U. S. Army War College,1996.

[47] 赵澄谋,等.外军武器装备采办管理[M].北京:国防工业出版社,2006.

[48] 樊吉社,张帆.美国军事冷战后的战略调整[M].北京:社会科学文献出版社,2011.

[49] 陈学惠,杜健,等.冷战后外国军事改革的经验教训[M].北京:军事科学出版社,2014.

[50] 杨永康.美国宪法军事条款的渊源与变迁[M].北京:法律出版社,2012.

[51] 资中筠.美国十讲[M].桂林:广西师范大学出版社,2014.

[52] 周琪,袁征.美国的政治腐败与反腐败——对美国反腐败机制的研究[M].中国社会科学出版社,2009.

[53] 林榕年.外国法制史[M].北京:中国人民大学出版社,1999.

[54] 潘华仿.英美法论[M].北京:中国政法大学出版社,1997.

[55] 由嵘.外国法制史[M].北京:北京大学出版社,2003.

[56] 尹凡.2012 年世界军工百强解读[J].舰船技术经济简报,2013,(22).

[57] 夏万利.美国工业发展历程及经验借鉴[J].主要国家工业发展专题之二,2008.

[58] 孟亚波.美国 2013 财年国防预算评析[J].国际资料信息,2012,(3).

[59] 赵建元.美国国防科技工业发展对我国国防科技工业改革的启示[J].军事经济研究,2009,(3).

[60] 王云.科学技术与军事变革[J].科技与社会,2008,(10).

[61] 张代平,周德勇.美军渐进式采办方式的运行、影响及成效[J].现代军事,2007,(11).

[62] 张守连,孙波.美国科技决策管理的多元运行与现实评估[J].生产力研究,2008,(23).

[63] 郑安光.新思想库与奥巴马政府的亚洲政策决策[J].当代亚太,2011.

[64] 王秀霞.试论美国法的形成与发展及其渊源[J].潍坊学院学报,2007(1):46-49.

[65] 胡富生.中美两国地方立法权比较研究[J].黑龙江省政法管理干部学院学报,2004,(2).

[66] 黄宏.美国科技政策的形成和发展[J].全球科技经济瞭望,1999,(5).

[67] 李乐.美国科技领域法律政策框架概览[J].全球科技经济瞭望,2004,(11).

[68] 张义芳.美国阿波罗计划组织管理经验及对我国的启[J].北京:世界科技研究与发展,2012,(12).

[69] 吴国兴.美国载人航天计划的系统管理[J].北京:载人航天信息,1996,(5).

[70] 刘早荣.论艾森豪威尔政府的新面貌战略[J].武汉大学学报(哲学社会科学版),2008,61(3).

[71] 潘锐.冷战时期美国外交战略研究[J].国际商务研究,2004,(2).

[72] 王保存,董海燕.对麦克纳马拉军事改革的历史剖析[J].解放军报,1987-1-16.

[73] 张利亭.美国国防部管理改革的主要特点[J].外国军事学术,2010,(7).

[74] 张代平,等.美国国防采办法规体系研究[R].中国国防科技信息中心,2004.

［75］魏俊峰,等.美国国防预研法规制度研究［R］.中国国防科技信息中心,2008.

［76］王磊等.美军装备采办管理改革历史沿革及经验教训研究［R］.中国国防科技信息中心,2014.07.

［77］程享明等.美军武器装备需求生成机制研究［R］.中国国防科技信息中心,2007.07.

［78］王磊等.美国国防合同管理制度改革综合研究［R］.中国国防科技信息中心,2011.07.

［79］谢冰辉等.美国军内科研机构科研绩效评估及启示研究［R］.中国国防科技信息中心,2013.07.

［80］陈亮.冷战前期美国海军建设研究(1945-1969)［D］.山东:山东师范学院学报,2010.

［81］郭道平.美国第三、四代战斗机效费比比较［D］.中国人民大学,2005.

［82］美国国防部5100.01指令《美国国防部及其主要机构的职能》,中国国防科技信息中心译,2011.10.

［83］陈航辉.因势而变的美军"战争中枢"［EB/OL］.2013.http://www.chn.chinamil.com.cn/.

［84］赵小卓.美军领导指挥体制及其运行机制［EB/OL］.2009.http://www.china.com.cn/.

［85］走近美国总统科技顾问:他们如何影响决策［EB/OL］.http://www.sina.com.cn.2014-8.

［86］美国军事法的渊源［EB/OL］.2014-7.http://www.fatianxia.com/blog_view.asp? id=436& classid=174.

［87］余高能.美国判例法的运作机制［EB/OL］.2014-7.http://www.civillaw.com.cn/llfx/more.asp? channel=% C0% ED% C2% DB% B7% A8% D1% A7&type1= % B7% A8% CA% B7% D1% A7.

［88］莫于川.国外应急法制的七个特点［EB/OL］.2014-7.http://www.civillaw.com.cn/ Article/default.asp? id=34895.

［89］国外国防科研生产法律法规制度研究［EB/OL］.2014-7.http://stxx.costind.gov.cn/ n435777/ n497407/n497408/n997556/index.html.

［90］郑雨.战后美国科技政策评析［EB/OL］.2014-7.http://info.feno.cn/econ/macro/ policy/.

［91］大陆法系和英美法系［EB/OL］.2014-7.http://mzen.blog.sohu.com/entry/ 4908457/.

［92］Office of the Secretary of Defense［EB/OL］.2014.http://www.defense.gov/.

［93］Secretary of the Army［EB/OL］.2014.http://www.army.mil/.

［94］Secretary of the Navy［EB/OL］.2014.http://www.navy.mil/.

［95］DEBORAH LEE JAMES［EB/OL］.2014.http://www.af.mil/.

［96］US CODE. GPO Web［EB/OL］.2014-8.http://frwebgate.access.gpo.gov/.

［97］CFR. GPO Web［EB/OL］.2014.http://www.access.gpo.gov/.

［98］Circulars. OMB Web［EB/OL］.2014.http://www.whitehouse.gov/omb/circulars.

［99］DoD Directives. DTIC Web［EB/OL］.2014-7.http://www.dtic.mil/whs/directives/index. html.

［100］About. DODGC Web［EB/OL］.2014-7.http://www.dod.mil/dodgc/gc/.

［101］Anderson, Michael H. A Study of the Federal Government's Experiences with Commercial Procurement Practices in Major Defense Acquisitions［EB/OL］.2014-7.http://lean.mit.edu/index.php?

option = com_docman&task = doc_view&gid = 98.

［102］ Drezner, Jeffrey, et al. Measuring the Statutory and Regulatory Constraints on DoD Acquisition: Research Design for An Empirical Study, Santa Monica［EB/OL］. 2014 − 7. http://www. rand. org/pubs/technical_reports/TR347/.

［103］ Ferrara, Joe. DoD's 5000 Documents: Evolution and Change in Defense Acquisition Policy ［EB/OL］. 2014 − 7. http://www. dau. mil/pubs/arq/94arq/ferrar. pdf.

［104］ Glossary of Defense Acquisition Acronyms and Terms. 11th ed. Fort Belvoir, Va. : Defense Acquisition University Press . ［EB/OL］. 2014 − 7. http://www. jpeocbd. osd. mil/documents/DefenseAcroynms. pdf.

［105］ Department of Defense INSTRUCTION NUMBER 5000. 02［EB/OL］. 2008. http://dod5000. dau. mil/.